WORLD BANK GROUP

典型国家预算绩效管理与政策评估丛书

丛书主编/马海涛

丛书执行主编/曹堂哲

政策影响评估实践（第二版）

Impact Evaluation in Practice
(SECOND EDITION)

［美］保罗·J. 格特勒/Paul J. Gertler
［美］塞巴斯蒂安·马丁内斯/Sebastian Martinez
［美］帕特里克·普瑞曼/Patrick Premand　　　◎著
［美］劳拉·B. 罗林斯/Laura B. Rawlings
［美］克里斯特尔·M. J. 维米尔施/Christel M. J. Vermeersch

曹堂哲　王美桃　于东仪　彭珮文　◎译
王美桃　曹堂哲　姜　玲　◎校

中国财经出版传媒集团
中国财政经济出版社
·北京·

图书在版编目（CIP）数据

政策影响评估实践：第二版／（美）保罗·J.格特勒（Paul J. Gertler）等著；曹堂哲等译. ——北京：中国财政经济出版社，2024.8

书名原文：Impact Evaluation in Practice Second Edition

ISBN 978-7-5223-3147-8

Ⅰ.①政… Ⅱ.①保… ②曹… Ⅲ.①经济政策-政策分析 Ⅳ.①F110

中国国家版本馆 CIP 数据核字（2024）第 104997 号

责任编辑：潘　飞　陆宗祥　　　责任印制：张　健
封面设计：卜建辰　　　　　　　责任校对：张　凡

政策影响评估实践（第二版）
ZHENGCE YINGXIANG PINGGU SHIJIAN（DIERBAN）

中国财政经济出版社 出版

URL：http://www.cfeph.cn
E-mail：cfeph@cfeph.cn

（版权所有　翻印必究）

社址：北京市海淀区阜成路甲 28 号　邮政编码：100142
营销中心电话：010-88191522
天猫网店：中国财政经济出版社旗舰店
网址：https://zgczjjcbs.tmall.com
中煤（北京）印务有限公司印刷　各地新华书店经销
成品尺寸：170mm×240mm　16 开　20 印张　330 000 字
2024 年 8 月第 2 版　2024 年 8 月北京第 1 次印刷
定价：68.00 元
ISBN 978-7-5223-3147-8
（图书出现印装问题，本社负责调换，电话：010-88190548）
本社图书质量投诉电话：010-88190744
打击盗版举报热线：010-88191661　　QQ：2242791300

Copyright ©2016 by International Bank for Reconstruction and Development / The World Bank

This work was originally published by The World Bank in English as *Impact Evaluation in Practice* (*Second Edition*) in 2016. This Chinese translation was arranged by China Financial & Economic Publishing House. China Financial & Economic Publishing House is responsible the quality of the translation. In case of any discrepancies, the original language will govern.

The findings, interpretations and conclusions expressed in this work do not necessarily reflect the views of The World Bank, its Board of Executive Directors, or the governments they represent.

The World Bank does not guarantee the accuracy, completeness, or currency of the data included in this work and does not assume responsibility for any errors, omissions, or discrepancies in the information, or liability with respect to the use of or failure to use the information, methods, processes, or conclusions set forth. The boundaries, colors, denominations, links/footnotes and other information shown in this work do not imply any judgment on the part of The World Bank concerning the legal status of any territory or the endorsement or acceptance of such boundaries. The citation of works authored by others does not mean the World Bank endorses the views expressed by those authors or the content of their works.

©2016年，本作品版权由国际复兴开发银行/世界银行所有。

本作品英文原版由世界银行于2016年出版，英文书名为《政策影响评估实践（第二版）》。本中文版由中国财政经济出版社安排翻译并对译文质量负责。中文版与英文版在内容上如有任何差异，以英文版为准。

本作品中所述之发现、解释和结论并不一定反映世界银行、其执行董事会或各执行董事所代表之政府的观点。

世界银行不保证本报告数据的准确性、完整性或实时性，不对内容中的任何错误、遗漏或差异负责，也不对使用或未使用某种信息、方法、过程或结论承担责任。本作品中的边界、颜色、名称、链接/脚注和其他信息，并不意味着世界银行就任何领土的法律地位作出任何判断，也不表示认同或接受这些边界。引用他人作品并不意味着世界银行认同这些作者表达的观点或其作品的内容。

北京市版权局著作权合同登记号　图字：01－2024－2607

丛书总序

自 20 世纪初期启动预算绩效评价以来，我国预算绩效实践先后经历了预算绩效评价（2001—2011 年）、预算绩效管理（2011—2017 年）、全面实施预算绩效管理（2017 年至今）三个阶段。2017 年 10 月，党的十九大报告明确提出"全面实施绩效管理"改革目标；2018 年 9 月，《中共中央 国务院关于全面实施预算绩效管理的意见》（中发〔2018〕34 号，以下简称《意见》）正式发布，要求"力争用 3—5 年时间基本建成全方位、全过程、全覆盖的预算绩效管理体系"等。

五年来，各地区、各部门、各单位围绕落实《意见》目标，精心谋划、认真组织、大力推动，已基本完成这一阶段性目标。值得注意的是，全面预算绩效管理仍面临着预算与绩效融合不够深入、绩效管理系统性不强、绩效管理各环节质量有待提升、绩效结果运用有待深化、绩效立法有待推进等问题。下一步，如何进一步深化预算绩效评价与管理改革，推动预算绩效管理提质增效成为亟须解答的重大课题。

习近平总书记在党的二十大报告中指出，"世界之变、时代之变、历史之变正以前所未有的方式展开"。为了健全完善中国特色的现代化预算制度，深化预算绩效管理和评价制度，我们有必要及时梳理分析国际组织，美国、英国等典型国家和地区在预算绩效管理和评价制度的成功经验做法及发现的问题，聚焦我国"面向世界科技前沿、面向经济主战场、面向国家重大需求、面向人民生命健康"的发展目标，做好比较分析和批判性借鉴，实现为我所用。

世界银行、国际货币基金组织，以及美国、英国、加拿大、新西兰等部分经济合作与发展组织（OECD）成员国在实践发展历程中，预算与绩效不断深度融合、绩效评价方式方法不断优化、绩效结果运用不断完善、绩效治理体系不断健全，这些正是当前我国深化预算绩效评价和管理改革可资利用和借鉴的地方。以美国为例，自1993年美国国会颁布《政府绩效与成果法案》以来，预算绩效管理取得迅猛发展。其中，一个重要方向是预算绩效向政策评估的扩展，如2017年特朗普政府推动出台的《基于证据的决策基础法案》，将绩效评价等绩效信息作为预算决策的基础，要求预算配置要和资金的实际效果建立因果联系。我国刚刚印发的《预算评审管理办法》将"政策评估"作为预算评审的重要方法，其他主要国家也从法律和实践层面，将政策评估作为预算绩效管理的重要支撑。

近年来，我国不断健全完善政策评估评价制度。2019年10月，习近平总书记在中央经济工作会议上指出，重大政策的出台和调整要进行综合影响评估。2020年11月，党的十九届五中全会通过《中共中央关于制定国民经济和社会发展第十四个五年规划和二〇三五年远景目标的建议》，明确提出，健全重大政策事前评估和事后评价制度。政策评估和评价是循证决策的重要环节。循证决策源自循证医学，核心要义是"使决策建立在经过严格检验而确立的客观证据之上"。美国管理和预算局（OMB）描述了四种相互依赖的证据种类：政策分析、项目评估、基础事实结论、绩效测量。正如乔舒亚·安格里斯特所说："使用数据回答特定因果关系的经验研究最有价值。"这四类证据的最终指向是找到政策干预与产出效果的因果关系，并作为预算决策的依据。

最近20年来，因果推断及其理论与实践的长足发展，不仅促进了应用经济学领域涌现了大量估计因果效应或因果推断的方法，还开启了学者们在公共政策或项目中应用因果推断来进行效应评估的探索之路：英国、美国等国家在循证决策中愈发重视数据基础设施的建设以及调查证据、定量证据的归因过程。2021年的诺贝尔经济学奖有3位获奖者。分析发现，3位获奖者的研究领域有部分交叉：加州大学伯克利分校教授戴维·卡德主要应用因果推断对劳动经济学领域的问题进行研究，美国麻省理工学院教授乔舒亚·安格里斯特和美国斯坦福大学教授吉多·因本斯因则在计量经济学方法论研究中对因果效应以及因果推断进行了深入挖掘与精彩诠释，并将其运用于劳动经济学与教育经济学领域的研究。可以看出，"以因果推断的方法进行实证研究"是3位经济学家获得经济学诺贝尔奖的共同之处。

可见，预算绩效向政策拓展是预算绩效管理的重要方向，而政策评估是预算绩效管理深化的重要支撑，将政策评估纳入译丛，既有助于我们从一个相对全面的视角把握国际预算绩效管理的发展演变历程，也能够反映预算绩效管理发展的最新方向。

基于"古为今用、洋为中用"的原则，我们拟编纂"典型国家预算绩效管理与政策评估译丛"，译丛主要翻译世界银行，国际货币基金组织，美国、英国、加拿大、日本、新西兰等OECD成员国的预算绩效管理制度、技术指南、典型案例和先进的评估方式方法等，为我国的预算绩效评价和管理改革提供借鉴。译丛选题分为预算绩效管理和政策评估的基础类、技术指南类、体系制度类和前沿评估方式方法类。

基础类主要反映预算绩效管理的多学科基础最新成果，比如政策评估、政府绩效管理、绩效预算、政府成本与会计等方面。技术指南类反映预算绩效管理各环节、各领域、各层次的技术指南。体系制度类主要编译和整合典型国家预算绩效管理的体系和进展，比如美国预算绩效管理、英国预算绩效管理等。前沿方法类反映政策评估、绩效评价等方面的最前沿的评估方式方法。

我们按照"成熟一本出版一本"的原则，久久为功，经过持续的努力，一定能在更宽广视野中，借鉴有益成果，推动预算绩效管理与政策评估理论研究的深化和实践的提质，推动我国新一轮财税体制改革的进程，推动现代预算制度的建立，加速国家治理体系与能力现代化进程。

马海涛
2024年1月1日

中文版序言

《政策影响评估实践》一书是世界银行的保罗·J. 格特勒、塞巴斯蒂安·马丁内斯等多位教授的联袂力作，于2011年首次出版，已被世界各地的发展界和学术界广泛使用。该书第一版已被翻译成英语、法语、葡萄牙语和西班牙语等多个语种出版。更新后的版本涵盖了政策影响评估的最新技术、典型案例及线上辅助资料等。经与世界银行在华代表处反复沟通，我们很荣幸获得了《政策影响评估实践（第二版）》中文版的翻译出版资格，也希望中文版本和英文版本一样成功，希望能够给国内公共政策影响评估的从业者、大学和决策者提供宝贵的资源。

公共政策评估或政策影响评估的重要性不言而喻，它对政府决策的科学性和公正性具有重要影响，同时对于公众参与和公信力的建立也起到关键作用。纵观我国在公共政策评估理论和实践上的探索，本书译者作为公共政策影响评估工作的研究者和实践者，我们深知国内在政策影响评估领域的成就，但要迈上"提质增效"的新阶段，影响评估方法有限和定量评估不足等"瓶颈"问题也不容忽视。《政策影响评估实践（第二版）》中用大量篇幅介绍了影响评估方法及应用实践，这对完善我国现行政策评估实践、丰富评估方法、强化政策实施各阶段数据采集及使用等都有其理论意义和现实意义。

译者分工情况：前言由彭珮文、曹堂哲翻译；第一章、第二章由于东仪、曹堂哲翻译；第三章至第十章由王美桃翻译；第十一章、第十二章由于东仪翻译；第十三章至第十六章由彭珮文翻译；第十七章由于东仪翻译；其他由彭珮文翻译。曹堂哲教授、王美桃副研究员负责全书通读校译，姜玲教授也承担了部分章节的校译工作。但是，由于本书专业性强，涉及计量经济学、绩效评估评价等多个领域，翻译难度较大。凡书中出现的错误纰漏不当皆由译者负责，因水平有限，盼业内专家和读者不吝指正。最后译者还要感谢中国财政经济出版社的热心帮助，感谢世界银行驻华代表处对翻译团队的认可，大家的共同努力才使本书能够顺利面世。

本书翻译组

2023 年 12 月

前　　言

本书对政策影响评估及其发展实践做了通俗易懂的介绍。它提供了设计和开展影响评估的实用指南，以及影响评估方法的简要概述。

本书是《政策影响评估实践手册》的第二版。该手册于 2011 年首次出版，已被实践部门以及世界各地的学术界广泛使用。第一版已有英语、法语、葡萄牙语和西班牙语等译本。

更新后的版本涵盖项目评估的最新技术，包括最先进的实施建议以及方便读者借鉴使用的近期试行干预措施的一组扩展案例及案例研究。该版本还包含关于研究伦理和开展政策影响评估的其他配套材料。贯穿全书的案例研究说明了影响评估的应用。本书的补充教学材料可通过链接线上获取。

本书中的影响评估方法在很大程度上是直观的，我们已尽量减少晦涩难懂的专业符号。政策影响评估方法直接来自社会科学的应用研究，并与自然科学的研究方法有许多共同之处。由此来看，政策影响评估将经济学和其他社会科学中广泛使用的实证研究工具，与政策实施操作和政治经济学现实需求有机结合起来了。

我们的影响评估方法也是很务实的。我们认为最合适的方法应该适用于实际操作环境，而不是相反。最好在项目一开始就实现这一点，将影响评估方法纳入项目的前瞻性影响评估。我们认为，在关键利益相关者之间达成共识，并确定适合政治和运营背景的评估设计与方法本身同样重要。我们还认为，政策影响评估应坦诚地说明其局限性和注意事项。最后，我们强烈建议政策制定者和项目管理者将影响评估视为完善变革理论的一部分，该理论清楚地阐明了项目发挥作用的因果路径、项目产出和最终成效，我们鼓励将影响评估监测和补充评估方法相结合，以全面了解项目成效。

关于如何在实践中进行影响评估，我们的经验和教训来自与数百个优秀的政府部门、学术机构和发展伙伴的教学实践。本书汇集了数十年来在全球范围内开展影响评估工作的实践经验,并致力于服务未来几代的从业者和政策制定者。

我们希望本书将成为国际发展界、大学和决策者的宝贵资源,也希望建立更好的证据,证明什么在发展中起作用。更多更好的影响评估将有助于强化世界各地发展政策和项目的证据基础。我们希望,如果政府和从业者能够根据证据(包括通过影响评估产生的证据)做出政策决定,那么发展资源将更有效地用于减少贫困和改善人民生活。

本书的框架结构

第一篇——政策影响评估导论(第一章和第二章)。本部分讨论了为什么要开展影响评估,以及何时应该开展影响评估。我们回顾了影响评估可以实现的各种目标,并强调影响评估可以解决的基本政策问题。我们坚定地认为,有必要仔细追踪一种变革理论,以解释项目影响最终产出的路径。我们敦促认真地考虑产出指标和预期效果的大小。

第二篇——如何评估(第三章至第二十章)。本部分回顾了产生可用于评估项目影响对照组的各种方法。我们首先介绍反事实作为任何影响评估的关键,解释反事实估计必须具有的属性,并提供反事实无效估计的示例。其次,我们提出了一系列影响评估选项的清单,可以产生反事实的有效估计。尤其是,我们讨论了随机分配、工具变量、断点回归、双重差分和匹配等五种影响评估方法背后的基本直觉。我们讨论了每种方法为何以及如何产生反事实的有效估计,每种方法可以在哪些政策背景下实施,以及每种方法的主要局限性。

在本书的这一篇,通过一个案例研究——健康保险补贴项目(HISP),来说明如何应用上述评估方法。此外,我们还提供了使用各种方法开展影响评估的具体示例。第二篇最后讨论了如何结合方法解决实施过程中可能出现的问题,并认识到影响评估设计通常不会完全按照最初的计划实现。在此背景下,我们回顾了影响评估过程中遇到的共同挑战,包括不完全依从性或溢出效应,并讨论了如何解决这些问题。第十章总结了对综合项目的评估指导,尤其是那些具有不同处理水平和交叉设计的项目。

第三篇——如何实施影响评估(第十一章至第十四章)。本部分集中介绍如何开展一项政策影响评估。第十一章开始介绍如何使用项目操作的规则,即将项目的可用资源、选择受益人的标准和实施时间等作为选择影响评估方法的基础。本部分制定了一个简单的框架,以确定第二部分中的哪种影响评估方法最适合给定的项目,具体取决于其操作规则。第十二章讨论了研究团队和政策团队之间的关系,以及他们在评估小组中的角色。我们回顾了独立性和公正性之间的区别,并强调了在进行影响评估时可能被证明是敏感的领域。我们提供了关于如何管理预期的指导,强调开展影响评估时涉及的一些共同风险,并给出了如何管理这些风险的相关建议。本章最后概述了如何管理影响评估活动,包括建立评估团队、确定评估时间、编制预算、筹集资金和收集数据。第十三章概述了影响评估的行为伦理学,包括不得为了评估而拒绝向符合条件的受益人提供福利的重要性;概述了机构审查委员会的作用,该机构负责批准和监督涉及人类受试者的研究工作;讨论了按照开放科学实践进行评估登记的重要性,即公开数据以供进一步研究和复制结果。第十四章深入介绍了如何使用影响评估结果来完善政策的见解,包括如何使结果具有相关性的提示;讨论影响评估能够和应该提供的产品类型;以及关于如何产生和传播调查结果,以最大限度地发挥政策影响。

第四篇——如何获取影响评估数据(第十五章至第十七章)。这部分主要讨论了如何为一项政策影响评估收集数据,包括选择样本和确定评估样本的适度规模(第十五章),以及寻找充足的数据源(第十六章)。第十七章总结并提供了一些辅助清单。

补充在线资料

辅助材料查阅《政策影响评估实践》官网(http://www.worldbank.org/ieinpractice),包括书中健康保险补贴计划案例研究问题的解答、Stata 软件中相应的数据集和分析代码,以及提供更正式的数据处理分析的辅助技术。辅助材料中还包含各章节相应的 PPT 演示文稿,带有网站的超链接可以转到本书的在线版本,以及其他相关材料。

《政策影响评估实践》网站还可以链接到世界银行战略影响评估基金(SIEF)、发展影响评估(DIME)和影响评估工具包网站的相关材料,以及泛美开发银行的影响评估门户网站和加州大学伯克利分校的应用影响评估方法课程。

影响评估在实践中的发展

《政策影响评估实践》一书的第一版以核心教材为基础,该教材是由人类问题首席经济学家办公室与世界银行的区域经济发展研究小组联合举办的主题为"把承诺变成证据"的研讨会而编写。在编写第一版时,研讨会已经在世界各地举办了 20 多次。

这些研讨会和本手册的第一版、第二版之所以能够成功举办和出版,得益于西班牙政府、英国国际发展部(DFID)和儿童投资基金会(CIFF UK)对战略政策影响评估基金的慷慨资助。第二版的出版还得到泛美开发银行(IDB)战略规划和发展效益办公室的支持。

近年来,该领域取得的成就涵盖最新的技术和最先进的实施建议,已在第二版中予以更新。我们还扩展了示例集和案例研究,以反映影响评估在发展业务领域的广泛应用,并强调其与实施政策的相关性。最后,我们使用 HISP 案例研究数据集,将影响评价技术及其在 Stata 中的应用,作为本书在线补充材料的一部分。

致　　谢

本书所依据的教学材料已经过了无数次的转化,许多才华横溢的教师、教授都在本书所倡导的影响评估方法上留下了自己的印记。我们要感谢并承认这些教师的贡献和实质性投入,他们共同参与了第一版的研讨会。这些教师包括 Paloma Acevedo Alameda、Felipe Barrera、Sergio Bautista – Arredondo、Stefano-Bertozzi、Barbara Bruns、Pedro Carneiro、Jishnu Das、Damien de Walque、David Evans、Claudio Ferraz、Deon Filmer、Jed Friedman、Emanuela Galasso、Sebastian Galiani、Arianna Legovini、PhillippeLeite、GonzaloHernández Licona、Mattias Lundberg、Karen Macours、Juan Muñoz、PlamenNikolov、BerkÖzler、NancyQian、Gloria M、Rubio、Norbert Schady、Julieta Trias 和 Sigrid Vivo Guzman。我们感谢同行审稿人对该书第一版(Barbara Bruns、Arianna Legovini、Dan Levy 和 Emmanuel Skoufifias)和第二版(David Evans、Francisco Gallego、Dan Levy 和 Damien de Walque)以及 Gillette Hall 的评论。我们还要感谢才华横溢的研讨会组织团队的努力,包括 Holly Balgrave、Theresa Adobea Bampoe、Febe Mackey、Silvia Paruzzolo、Tatyana Ringland、Adam Ross 和 Jennifer Sturdy。

本书的部分内容正是基于 2009 年 7 月在中国北京召开的研讨会,我们感谢所有参与起草本次会议笔录的人员,特别是 Paloma Acevedo Alameda、Carlos Asenjo Ruiz、Sebastian Bauhoff、BradleyChen、Changcheng Song、Jane Zhang 和 Shufang Zhang。我们感谢 Garret Christensen 和伯克利社会科学透明度倡议(Berkeley Initiative for Transparency in the Social Sciences),以及 Jennifer Sturdy 和 Elisa Rothenbühler 对第十三章提出的意见。我们还要感谢 Marina Tolchinsky 和 Kristine Cronin 提供的出色研究协助;Cameron Breslin 和 Restituto Cardenas 提供的日程安排;Marco Guzman 和 Martin Ruegenberg 设计插图;Nancy Morrison、Cindy A Fisher、Fiona Mackintosh 和 Stuart K. Tucker 在本书第一版和第二版出

版印刷过程中提供的编辑支持。

我们非常感谢世界银行和泛美开发银行的管理人员，特别是 SIEF 团队，包括 Daphna Berman、Holly Blagrave、Restituto Cardenas、Joost de Laat、Ariel Fiszbein、Alaka Holla、Aliza Marcus、Diana Iuliana Pirjol、Rachel Rosenfeld 和 Julieta Trias，感谢他（她）们对本书的持续支持和热情。我们非常感谢 SIEF 管理层的支持，包括 Luis Benveniste、Joost de Laat 和 Julieta Trias。我们还感谢泛美开发银行的 Andrés Gómez Peña 和 Michaela Wieser，以及世界银行的 Mary Fisk、Patricia Katayama 和 Mayya Revzina 在通信和出版过程中提供的帮助。

最后，我们要感谢在阿比让、阿克拉、亚的斯亚贝巴、安曼、安卡拉、北京、伯克利、布宜诺斯艾利斯、开罗、开普敦、库尔纳瓦卡、达喀尔、达卡、福塔莱萨、加德满都、基加利、利马、马德里、马那瓜、马尼拉、墨西哥城、新德里、帕帕、巴拿马城、比勒陀利亚、里约热内卢、圣萨尔瓦多、圣地亚哥、萨拉热窝、首尔、索菲亚、突尼斯和华盛顿特区等地区举办的众多研讨会的与会者。

通过他们有趣且尖锐的问题和激烈的讨论，我们得以逐步了解决策者在影响评估中寻求的是什么。我们希望本书能反映他们的想法。

作者介绍

保罗·J. 格特勒（Paul J. Gertler）是加州大学伯克利分校李嘉诚经济学教授，并在哈斯商学院和公共卫生学院任职。他还是加州大学全球有效行动中心的科学主任。2004—2007年他曾担任世界银行人类发展网络首席经济学家，2009—2012年担任国际影响评估倡议（International Initiative for Impact Evaluation，3IE）董事会创始主席。在世界银行期间，他领导了一项旨在将影响评估制度化并推广应用，以了解哪些因素在人类发展中起作用。他曾是多个影响评估的首席研究员，包括墨西哥的有条件现金转移计划、"进步/机会"项目和卢旺达的医疗健康绩效付费计划。他拥有威斯康星大学经济学博士学位，曾在哈佛大学、兰德大学和纽约州立大学石溪分校担任学术职务。

塞巴斯蒂安·马丁内斯（Sebastian Martinez）是泛美开发银行（IDB）战略规划和发展效率办公室的首席经济学家。他的工作重点是加强社会和基础设施部门的证据基础和发展效力，包括医疗、社会保护、劳动力市场、水和卫生设施以及住房和城市发展。他领导着一个经济学家团队对发展计划和政策的影响评估进行研究，支持实施运营影响评估，并协助客户和员工加强业务能力建设。在加入泛美开发银行之前，他在世界银行工作了六年，负责对拉丁美洲和撒哈拉以南非洲地区的公共项目进行评估。他拥有加州大学伯克利分校的经济学博士学位，专攻发展和应用微观经济学。

帕特里克·普瑞曼（Patrick Premand）是世界银行社会保护和劳工全球实践部门的高级经济学家。他负责社会保护和安全网的分析和业务工作，如劳动力市场、青年就业和创业，以及学前儿童发展。他的研究重点是通过对大规模社会和人类发展项目的影响评估，建立关于发展政策有效性的证据。他曾在世界银行担任各种其他职务，包括非洲区域人类发展经济股、人类发展办公室首席经济学家以及拉丁美洲和加勒比区域贫困股。他拥有牛津大学经济学博士学位。

劳拉·B. 罗林斯（Laura B. Rawlings）是世界银行首席社会保障专家,在人类发展项目的设计、实施和评估方面拥有超过20年的经验。她负责运营和研究工作,专注于为在资源匮乏的环境下有效、可扩展的社会保障系统开创新方法。她曾担任《2012—2012年世界银行社会保护和劳工战略》的团队负责人,并曾担任该战略的影响评估基金（SIEF）的会长。她还曾担任中美洲人类发展部的负责人,负责管理世界银行的卫生、教育和社会保障业务。她的职业生涯始于世界银行的发展研究小组,具体负责公共项目的影响评估。她曾在拉丁美洲和加勒比地区及撒哈拉以南非洲地区工作,在有条件现金转移、公共工程、社会基金、幼儿发展和社会保障制度等领域牵头实施了许多项目和研究计划。在加入世界银行之前,她曾在海外发展委员会工作,负责为美国国会的工作人员管理一个关于发展问题的教育项目。她在评估和人类发展领域出版和发表了许多书籍和文章,并且是华盛顿特区乔治城大学全球人类发展项目的兼职教授。

克里斯特尔·M. J. 维米尔施（Christel M. J. Vermeersch）是世界银行健康、营养和人口全球实践部的高级经济学家。她致力于解决卫生部门筹资、基于成果的筹资、监测和评估以及影响评估等有关问题。她曾在教育、学前儿童发展和技术领域工作。她与他人共同研究了阿根廷和卢旺达以产出为基准的融资项目影响评估、牙买加学前儿童干预项目的长期跟踪研究,以及世界银行的医疗影响评估工具包。在加入世界银行之前,她是牛津大学的博士后研究员,拥有哈佛大学经济学博士学位。

缩　　写

3IE 国际影响评估倡议

ATE 平均处理效应

CCT 有条件的现金转移

CITI 协作机构培训项目

DD 双重差分或倍差法

DIMED 发展影响评估（世界银行）

HISP 健康保险补贴计划

ID 身份证号码

IDB 泛美开发银行

IHSN 国际家庭调查网络

IRB 机构审查委员会

ITT 意向性处理

IV 工具变量

J–PAL Abdul Latif Jameel 扶贫实验室

LATE 局部平均处理效应

MDE 最小可检测效应

NGO 非政府组织

NIH 美国国立卫生研究院

ODI 海外发展研究所

OSF 开放科学框架

RCT 随机对照实验

RDD 断点回归设计

RIDIE 国际发展影响评估登记处

SIEF 战略影响评估基金（世界银行）
SMART 具体的、可衡量的、可归因的、现实的、有针对性的
SUTVA 个体处理稳定性假设
TOT 平均处理效应
UN 联合国
USAID 美国国际开发署
WHO 世界卫生组织

目录

第一篇 影响评估概述

第一章 为什么要评估？ ··· 3
循证政策制定 ·· 3
什么是政策影响评估？ ·· 6
前瞻性与回顾性影响评估 ·· 9
功效研究和有效性研究 ·· 10
补充方法 ·· 12
监测 ·· 12
事前模拟 ·· 13
综合方法 ·· 14
过程评估 ·· 15
成本效益分析 ·· 17
关于政策影响评估的伦理考虑 ·· 19
对政策决定的影响评估 ·· 20
决定是否开展影响评估 ·· 25
本章补充材料 ·· 26
本章参考文献 ·· 27

第二章 评估前期准备 ··· 31
初始步骤 ·· 31
构建变革理论 ·· 31
建立结果链 ·· 33

指定评估问题 ··· 35

选择结果和绩效指标 ·· 39

核对清单：获取评估指标数据 ··· 40

本章补充材料 ··· 41

本章参考文献 ··· 42

第二篇　如何评估

第三章　因果推理与反事实 ·· 45

因果推理 ·· 45

反事实 ·· 46

估计反事实 ·· 48

两个伪反事实评估 ·· 51

本章补充材料 ··· 57

本章参考文献 ··· 57

第四章　随机分配 ·· 59

根据分配原则评估项目 ··· 59

随机分配原则 ··· 59

随机分配如何才能产生出色的反事实评估？ ····················· 62

外部性和内部性 ·· 65

什么时候可以使用随机分配法 ··· 69

如何实施随机分配 ·· 70

在什么层面使用随机分配 ·· 72

随机分配下的影响评估 ··· 73

随机分配对照表 ·· 74

本章补充材料 ··· 77

本章参考文献 ··· 78

第五章　工具变量 ·· 80

存在不完全依从时的影响评估 ··· 80

影响评估的类型 …………………………………………… 82

不完全依存 ………………………………………………… 83

项目的随机分配及最终采用 ……………………………… 85

在不完全依存随机分配下的影响评估 …………………… 86

局部平均处理效益评估说明 ……………………………… 90

工具变量的随机推广 ……………………………………… 91

什么是"推广"? …………………………………………… 93

随机推广过程 ……………………………………………… 94

在随机推广下的影响评估 ………………………………… 95

随机推广法的局限性 ……………………………………… 99

备忘录：随机推广作为一个工具变量 …………………… 99

本章补充材料 ……………………………………………… 100

本章参考文献 ……………………………………………… 100

第六章　断点回归　101

评估使用资格指数的项目 ………………………………… 101

模糊断点回归设计 ………………………………………… 105

断点回归设计的有效性检验 ……………………………… 106

断点回归设计法的解释及有限性 ………………………… 110

清单：断点回归设计 ……………………………………… 111

本章补充材料 ……………………………………………… 112

本章参考文献 ……………………………………………… 112

第七章　双重差分法　114

当分配规则不明确时的项目影响评估 …………………… 114

双重差分法 ………………………………………………… 114

双重差分法的作用如何？ ………………………………… 117

双重差分法中"趋势相同"的假设 ……………………… 119

检验双重差分法中"趋势相同"假设的有效性检验 …… 120

双重差分法的局限性 ……………………………………… 124

清单：双重差分法 ………………………………………… 124

本章补充材料 ………………………………………………………… 125
本章参考文献 ………………………………………………………… 125

第八章　匹配法 …………………………………………………… 126

构建人工对照组 ……………………………………………………… 126
倾向得分匹配法 ……………………………………………………… 127
匹配法与其他方法的结合 …………………………………………… 130
匹配法的局限性 ……………………………………………………… 136
清单：匹配 …………………………………………………………… 138
本章补充材料 ………………………………………………………… 138
本章参考文献 ………………………………………………………… 138

第九章　解决方法论上的挑战 …………………………………… 140

异质性实验效果 ……………………………………………………… 140
损耗 …………………………………………………………………… 148
时间效应和可持续性效果 …………………………………………… 150
本章补充材料 ………………………………………………………… 151
本章参考文献 ………………………………………………………… 151

第十章　综合项目评估 …………………………………………… 153

综合利用多种评估方法来评估项目 ………………………………… 153
评估具有不同干预水平的项目 ……………………………………… 154
评估多重干预措施 …………………………………………………… 157
本章补充材料 ………………………………………………………… 159
本章参考文献 ………………………………………………………… 160

第三篇　如何开展一项政策有效性评估

第十一章　政策影响评估方法的选择 …………………………… 163

给定项目特征决定使用哪种评估方法 ……………………………… 163
项目操作规则如何帮助选择影响评估方法 ………………………… 163

政策影响评估方法的比较 …… 168
评估备选方案 …… 170
寻求最小可行的样本 …… 171
本章补充材料 …… 173
本章参考文献 …… 173

第十二章　政策影响评估管理 …… 175

管理评估团队、时间和预算 …… 175
政策研究团队的角色和责任 …… 175
谁在乎政策影响评估，为什么？ …… 176
评估期间研究团队和政策团队之间的合作关系 …… 178
建立合作关系 …… 181
如何安排评估时间 …… 186
如何为影响评估做预算 …… 188
本章补充材料 …… 195
本章参考文献 …… 195

第十三章　影响评估的伦理学与科学 …… 198

管理伦理和可信性评估 …… 198
运行影响评估的伦理学 …… 198
通过开放科学确保评估可靠可信 …… 203
清单：影响评估的道德和可信度 …… 208
本章补充材料 …… 209
本章参考文献 …… 210

第十四章　宣传评估成果和实现政策影响 …… 212

政策的坚实证据基础 …… 212
为不同受众定制沟通策略 …… 214
宣传评估结果 …… 217
本章补充材料 …… 221
本章参考文献 …… 221

第四篇　如何获取影响评估数据

第十五章　选择样本 ······ 225

　　采样和统计效力计算 ······ 225
　　绘制样本 ······ 225
　　确定影响评估的样本规模：统计效力计算 ······ 229
　　超越基准案例 ······ 243
　　本章补充材料 ······ 245
　　本章参考文献 ······ 247

第十六章　寻找足够的数据来源 ······ 249

　　需要的数据类型 ······ 249
　　利用现成的定量数据 ······ 251
　　收集新测量数据 ······ 256
　　本章补充材料 ······ 269
　　本章参考文献 ······ 270

第十七章　结论 ······ 274

　　影响评估：有价值但复杂的练习 ······ 274
　　清单：精心设计的影响评估核心要素 ······ 274
　　清单：减轻影响评估中常见风险的提示 ······ 275

词汇表 ······ 278

生态审计：环境效益声明 ······ 290

第一篇

影响评估概述

第一篇影响评估概述。第一章讨论了为什么影响评估是重要的,以及它是如何适应道德的、基于政策制定的背景。本章将影响评估与监测进行对比分析,以介绍影响评估的定义特征,并讨论了影响评估的补充方法,包括成本效益分析法和成本收益分析法。本书的核心之一是基于项目的可用资源、选择受益人的资格标准、时间安排等因素确定选择影响评估方法的选项。最后,我们介绍了影响评估的不同模式,如前瞻性评估和回顾性评估,以及有效性试验,并讨论了何时使用影响评估的结论。

第二章讨论如何提出对政策有用的评估问题和假设。这些问题和假设决定了评估重点。我们还介绍了变革理论的基本概念、结果链和绩效指标使用等内容。第二章首次引入一个虚拟案例——健康保险补贴计划(HISP),相关辅助性材料可查阅《政策影响评估实践》官网(www.worldbank.org/ieinpractice)。

第一章 为什么要评估？

循证政策制定

发展项目或者政策的制定通常旨在改变结果，如提高收入水平、提高教育水平或者减少疾病。这些变化能否实现是一个至关重要的公共政策问题，但这一问题却不常被审视。更常见的是，项目管理者和政策制定者专注于衡量和披露项目的投入和直接产出，如花费多少钱、分发了多少教科书、参加就业培训项目的人有多少，而不是评估项目是否实现了改善结果的预期目标。

影响评估是循证政策制定程序中的一环。这日益增长的全球趋势标志着工作重心从"重投入"转向"重结果"，并正在重塑公共政策。政策实施成效不仅被用于制定和跟踪国家和国际目标，而且也越来越多地被项目管理者用来强化问责制、确定预算分配、指导项目设计和政策决策。

监测和评估是循证政策制定的核心步骤。它们提供了一套核心工具，利益相关者可以使用这些工具来验证和改进政策的质量、效率和有效性以及处于不同实施阶段的项目，或者换句话说，专注于结果。在项目管理层面，需要了解哪些项目方案设计是最具成本效益的，或者向决策者说明项目正在实现其预期目标和结果，以便获得预算拨款来继续或者推广该项目。在国家层面，各部门之间为从财政部获得资金相互竞争。最后，各国政府有责任向民众通报公共项目的执行情况。证据可以构成透明度和问责制的坚实基础。

影响评估产生的有力证据越来越多地成为加强问责、创新和学习的基础。在政策制定者和社会大众要求从公共项目中获得成果并承担责任的背景下，影响评估可以为项目实施绩效提供强有力的和可信的证据，更重要的是，可以为特定项目是否已经实现或正在实现其预期结果提供强有力的证据。政策影响评估也越来越多地用于测试项目设计或服务交付方面的创新。在全球层面，影响评估对于了解发展项目的有效性至关重要，它可以阐明哪些措施对减少贫困和改善福利有效、哪些无效。

简言之，影响评估通常可用来衡量特别项目、活动或者政策实施对个人福祉的影响。这种对因果关系的关注是政策影响评估的标志。相应地，实现有效政策影响评估的核心挑战是确定项目或者政策与利益结果之间的因果关系。

政策影响评估通常是对项目、项目模式或者创新设计平均影响的测算。例如，一项供水或者卫生设施项目是否增加了获得安全水的机会并改善了人们的健康状况？新课程是否提高了学生的考试成绩？将非认知技能纳入青年培训项目的创新是否成功地促进了创业精神和提高了收入？在上述案例中，政策影响评估都提供了项目是否引起预期结果变化的信息，如与特定案例研究或轶事相比，后者只能提供部分结果信息，可能无法代表项目整体的影响。从这个意义上说，设计精良、实施良好的政策影响评估能够提供令人信服和全面的证据，可为政策决策提供信息、塑造公众舆论和改善项目运营。

经典影响评估涉及项目实施及未实施情况下项目效果的对比分析。专栏1-1描述了墨西哥有条件的现金转移支付项目（Mexico's conditional cash transfer，CCT）影响评估的成功，说明该评估如何促进项目推广的政策讨论。[①]

【专栏1-1】

成功的影响评估可以促进发展项目的可持续性
——以墨西哥有条件的现金转移支付项目为例

在20世纪90年代，墨西哥政府创建了有条件的现金转移支付项目（CCT），该项目最初被命名为"Prospera"（其项目名字及部分项目内容后来变更为"Oportunidades"，再后来又变回原来的"Prospera"）。该项目旨在为贫困家庭提供短期收入补贴，并激励加大对儿童人力资源的投资，主要是向贫困家庭的父母提供现金转移支付，以此激励他们带孩子按规定上学并定期去保健中心体检。

项目实施前，政府就认为有必要对该项目进行监测和评估。项目管理层与

---

① 有关有条件现金转移支付项目的概述以及墨西哥项目所发挥的重要作用及其影响评估，请参见Fiszbein 和 Schady（2009）。

一组研究人员通过合同约定,由他们负责设计影响评估方案,并评估该项目向其他社区推广应用的可能性。

2000年的总统选举改变了执政党。2001年,Progresa项目的外部评估人员向新政府提交了他们的调查结果。结果显示,项目实施成效令人印象深刻,其为穷人家庭改善人力资源带来了希望。舒尔茨(Schultz,2004)认为该项目显著提高了儿童入学率,人均受教育年限增加了0.7年。格特勒(Gertler,2004)认为该项目使儿童患病率降低了23%,且成人患病或伤残天数也减少了19%。在改善营养方面,Behrman和Hoddinott(2001)认为该项目使12—36个月龄范围内儿童每年发育迟缓约1厘米的可能性降低了。

这些评估结果支持了基于证据的政治对话,并促成新政府继续实施该项目的决定。之后,新政府扩大了项目实施范围,推出了高中奖学金和青少年强基计划。与此同时,研究结果被用于修改完善其他社会援助项目,如压减规模庞大但目标不明确的墨西哥玉米饼补贴项目。

世界各地的有条件现金转移也得到了Progresa项目成功评估的助推,并促使墨西哥通过立法明确对所有公共项目开展影响评估。

资料来源:Behrman和Hoddinott,2001;Fiszbein和Schady,2009;格特勒,2004;利维和罗德里格斯,2005;舒尔茨,2004;Skoufi和McClafferty,2001。

专栏1-2描述了影响评估如何影响莫桑比克的教育政策,表明社区学前班可以解决早期教育,并促进适龄儿童就读小学的问题。

【专栏1-2】

创新学前教育模型的政策影响评估
——以莫桑比克学前儿童教育发展项目为例

虽然学前教育被认为是一项良好的投资,也是为儿童上学和后期生活做好准备的有效方法,但发展中国家一直在努力地解决如何引入一种可扩展且成本效益高的学前教育模式的问题。在莫桑比克,只有大约4%的儿童上过学前班。上小学后,一些来自农村社区的儿童表现出发育迟缓的迹象,并且往往没有为满足教育系统的要求做好准备。此外,尽管该国的小学入学率接近95%,但仍有1/3的儿童没有在适龄阶段入学。

2006年,莫桑比克儿童救助组织试点了一项以社区为基础的学前教育项目,该项目旨在提高农村社区儿童的认知、社交、情绪和身体发育素质。2008年,一个研究小组对该项目进行了影响评估,这被认为是对非洲农村学前教育项目开展的首次随机评估。基于评估的积极结果,莫桑比克政府决定将儿童救助组织以社区为基础的学前教育模式扩展至600个社区。

评估发现,与对照组的儿童相比,参加学前班的儿童入学率提高了24%,在适龄阶段进入小学的可能性增加了10%。在小学期间,上过学前班的孩子花费在家庭作业上的时间和其他学校相关活动的时间增加了近50%。评估结果还显示入学准备方面取得了积极进展,上过学前班的孩子在认知、社会情感和精细运动发育测试方面比对照组儿童表现得更好。

其他家庭成员也因孩子入读学前班而受益,因为他们有更多的时间从事生产活动。当家里有小孩上学前班时,过去30天内,年长的兄弟姐妹上学的可能性增加了6%,看护者工作的可能性增加了26%。该评估表明,即使在低收入环境下,学前教育也是促进认知发展、为孩子上小学做好准备,并提高孩子在适龄阶段开始上小学可能性的有效措施。

资料来源:Martinez、Nadeau 和 Pereira,2012。

除了解决一个项目是否有效的基本问题,影响评估也可用于明确测试备选的方案模式或设计创新。随着政策制定者越来越注重如何更好地理解改进项目实施和获得资金价值,测试设计备选方案的方法可以迅速得到普及。例如,评估过程中可能会比较分析培训项目的执行情况与促销活动的执行情况,看看哪个举措在提高金融知识方面更有效。影响评估可以测试哪种营养和儿童干预组合方法对儿童发展的影响最大,或者评估测试一项设计创新是否有助于改进现有项目的成效,例如通过短信提示患者按时服药的规定。

什么是政策影响评估?

影响评估是支持循证政策的众多方法之一,包括监测和其他类型的评估。

监测是一个连续的过程,它跟踪项目实施进程,并使用收集到的数据为项目实施、日常管理和决策提供信息。监测过程主要使用行政数据,跟踪比较财政支出、项目实施成效与预期结果之间的差异,并分析在一段时间内的变动趋势。① 监测对所有项目都是必要的，是关于项目执行情况的重要信息来源，包括实施情况和运行成本。在通常情况下，监测跟踪项目的投入、活动和产出，偶尔也包括效益，例如在实现国家发展目标方面取得的进展。

评估②是对计划中的、正在开展的或已完成的项目、计划或政策等的定期、客观评估。评估被选择性地用于回答与设计、项目执行和结果相关的具体问题。与连续监测相比，它们是在离散的时间点进行的，通常会咨询有关技术专家的外部观点。评估设计、方法和实施成本在很大程度上取决于通过评估试图回答的问题类型。一般而言，评估可以解决三种类型的问题（Imas 和 Rist，2009）③：一是描述性问题阐述正在发生的事情。它们关注项目执行过程、运行保障、组织关系和利益相关者的观点。二是规范性问题通过比较分析正在发生的事情与应该发生的事情，来评估活动以及目标是否实现。规范性问题适用于项目投入、活动和产出。三是因果关系问题侧重于归因。它们主要回答干预措施对结果有何影响。

评估类型和评估方法有许多种，利用定量和定性数据。定性数据不是用数字来表达，而是通过语言或图像来表达。定量数据是数值测量，通常与尺度或度量相关联。定量和定性数据均可用于回答上述类型的问题。在实际中，许多评估依赖于这两种类型的数据。有多种数据源可用于评估，利用为评估专门收集的原始数据或可用的二手数据（参见第十六章有关数据源的内容）。本书重点关注使用定量数据进行影响评估，但强调了监测、补充评估方法以及使用定量和定性数据的价值。

影响评估是一种特殊类型的评估，旨在回答特定的因果关系问题，即项目实施对相关结果有什么影响（或因果效应）？这个基本问题包含一个重要的因果维度。重点仅放在影响上。也就是说，直接归因于项目、项目形式或设计创新的变化。

基本评估问题——一个项目对目标结果的影响或因果效应是什么？这种评

---

① 管理数据是项目管理的一部分例行收集数据，包括成本、登记注册和交易信息，通常作为服务交付的一部分。

② 评估是对计划中的、正在进行的或已完成的项目、规划或政策等的定期、客观评估。评估用于回答特定的问题，通常与设计、执行或结果有关。

③ 评估有许多类型。参见 Berk 和罗西（1998），罗西、利普西和弗里曼（2003）。

估程序可以应用于许多情况。例如，奖学金发放对学校出勤率和学业成绩的因果影响是什么？将基本医疗服务外包给私人提供者对获取医疗保健有什么影响？如果把脏地板换成水泥地板，对孩子的健康有什么影响？改善道路是否会增加就业机会并提高家庭收入，如果是的话，会提高多少？班级规模是否会影响学生的成绩，如果有影响，影响程度有多大？正如上述例子所表明的，基本评估问题可以扩展为检查项目模式或设计创新的影响，而不仅是一个项目。

对因果关系和归因关系的关注是影响评估的标志。所有的影响评估方法都涉及某种形式的因果关系。解决因果关系的方法决定了可以使用的评估方法。为了能够评估某项目对预期结果的因果效应和影响，所选择的任何影响评估方法可用于估计所谓的反事实。也就是说，如果有资格参与项目的参与者没有参与该项目，他们的结果会是什么。在实践中，影响评估要求评估团队找到一个对照组，用以估计如果没有项目，项目的参与者会发生什么，并参与项目的实验组进行对比。第二篇罗列可用于确定恰当对照组的主要方法。

本书的主要信息之一是，影响评估方法的选择取决于被评估项目的操作特性。当项目运行规则是公开、透明及权责清晰时，只要在项目设计或实施初期就设计了影响评估，那么都可以找到良好的影响评估设计。拥有清晰、明确的项目运作规则不仅对完善公共政策和项目管理具有内在价值，而且对构建良好的对照组（这严格影响评估的基础）也是必不可少的。具体来说，影响评估方法的选取取决于项目的运作特征，特别是其可用资源，选择受益人的资格标准以及计划实施的时间安排。① 正如我们将在本书第二篇和第三篇中讨论的那样，可以就给定项目的实施环境提出以下三个问题：该项目是否有足够的资源为所有符合条件的受益人提供服务？该项目是专用项目还是通用项目？该项目是一次性项目，还是要逐步扩展到所有受益人？对上述问题的回答将决定在第二篇中介绍的评估方法（随机分配法、工具变量法、断点回归法、双重差分法或匹配法）中哪一种最适合现行的实施环境。

---

① 影响评估方法的选择取决于被评估项目的运作特征，特别是其可用资源、选择受益人的资格标准和项目实施的时间。

前瞻性与回顾性影响评估

影响评估可分为两类：前瞻性评估和回顾性评估。前瞻性评估[①]在项目规划设计的同时进行，并被纳入项目实施中。在项目实施之前收集基础数据，其中接受干预的组（称为"实验组"）和用于比较的未接受干预的组（称为"对照组"）。回顾性评估是在项目实施后评估项目的影响，事后寻找实验组和对照组。

前瞻性影响评估更有可能产生有力、可信的评估结果，原因有三。一是收集基础数据，以便在项目实施之前确定预期产出的衡量标准。基础数据对测量干预前的产出至关重要。应对比分析实验组和对照组的基础数据，以确保两组样本的相似性。基础数据也可以用来评估项目目标的有效性，即该项目是否惠及其受益人。二是在项目规划阶段界定项目成功的衡量标准，则可将工作重点放在项目和预期结果的评估上。正如我们将看到的，影响评估根植于项目的变革理论或结果链。影响评估的设计有助于阐明项目预期目标，特别是因为它需要明确定义项目成功的衡量标准。政策制定者应该为项目设定明确的目标，并明确要回答的评估问题，以确保评估结果与政策高度相关。事实上，政策制定者充分支持是评估成功的先决条件，除非政策制定者确信评估的合法性及其为重要决策提供信息的价值，否则不应进行影响评估。三是在前瞻性评估中，应在项目实施之前确定实验组和对照组。这也是最重要的。正如我们将在接下来的章节中更深入地解释的那样，当在项目实施之前就规划好了影响评估，那么开展有效评估的选择就多得多了。我们在第二篇和第三篇论证了，如果是前瞻性评估，那么对任何具有明确、透明的分配规则的项目，几乎可以找到反事实的有效评估。简言之，前瞻性评估最有可能产生有效的反事实。在设计阶段，可以考虑使用其他方法来估计一个有效的反事实。影响评估设计也可以完全与项目操作原则保持一致，以及与项目的推出或扩展路径保持一致。

相比之下，在回顾性评估中，评估团队掌握的信息通常非常有限，以至于很难分析项目是否成功实施，以及其参与者是否真正从中受益。许多项目不收

[①] 前瞻性评估是在项目实施之前设计和实施的。

集基础数据，除非从一开始就内置了评估程序，否则一旦项目开始实施，再收集基础数据就为时已晚。

利用现有数据进行回顾性评估对已实施的项目影响评估是必要的。在这些情况下，获得对反事实有效评估的选项则要有限得多。影响评估取决于有关利益分配机制是否明确，它还取决于项目实施前后是否有充分覆盖实验组和对照组的可用数据。因此，回顾性评估的可行性取决于项目实施的具体情况，并且无法保证。即使可行，回顾性评估也经常使用准实验方法并且依赖于更强的假设。因此，他们可以提供更具争议的证据。[①]

功效研究和有效性研究

影响评估的主要作用是向政府官员、项目经理、大众社会和其他利益相关者提供项目绩效的证据。当评估结果可以应用于更广泛的相关人群时，则影响评估的结果特别有用。对决策者而言，普遍性问题是关键，因为它决定了评估结果是否可以复制，如果项目具有推广性，那么说明评估结果可复制到评估研究对象之外的群体。

在开展项目影响评估的早期，很大一部分证据是基于有效性研究。在严格控制的条件下，在特定环境中进行研究，以确保评估设计与项目实施之间的准确性。因为功效研究通常是在项目实施过程中作为试点进行的，且有大量技术人员参与其中，因此这些小规模功效实验的影响通常不能反映正常情况下大规模实施类似项目的影响信息。功效研究探索通常是为了测试新项目或特定变革理论的可行性。如果某项目在这些精心管理下未产生预期影响，则在正常情况下推出就不太可能奏效。例如，新医疗方案可能在具备优秀管理人员和医务人员的医院试点时会起作用，但是同样的干预措施可能在管理人员不太专心和医务人员有限的普通医院就不起作用。此外，成本效益计算也会有所不同，因为在小型功效实验研究中可能无法获得固定成本和规模经济效应。因此，虽然功

---

① 准实验方法是反事实使用的影响评估方法，但与实验方法不同的是，准实验方法不是基于随机分配的干预措施。

效研究可用于测试一种创新方法,但其实验结果的普适性通常有限,并不总能够代表更一般的情况,而这些情况通常是政策制定者最关心的问题。

相比之下,有效性研究①提供了在正常情况下干预措施的证据,使用常规的实施渠道,目的是产生可以推广到普罗大众的结果。当有效性评估设计和实施恰如其分时,只要扩展使用与评估样本相同的实施环境并覆盖相似的人群,则项目结果就可以推广到评估样本之外的预期受益人。这种外部有效性对政策制定者至关重要,因为它使决策者能够使用评估结果为项目整体决策提供信息,并使其适用于评估样本之外的预期受益人(见专栏1-3)。

【专栏1-3】

测试评估结果的普适性:对一项有助于缓解 极度贫困的脱贫项目的多站点评估

通过在多种情况下评估一个项目,研究人员可以验证影响评估的结果是否具有一般性。这些所谓的多站点评估有助于提供越来越多的评估证据,说明发展中的哪些措施有效、哪些无效,并可以为各国决策者制定政策提供依据。

例如,2007年,班纳吉等(Banerjee等,2015)开始对缓解极端贫困的"分级"方法开展多站点评估。该模式在孟加拉国取得了骄人的成绩,引起了全球关注。该项目由孟加拉国农村促进委员会(the Bangladesh Rural Advancement Committee,BRAC)——一个大型的全球发展组织所开发,旨在通过现金、生产性资产转移和强化培训帮助赤贫人口摆脱极度贫困。

班纳吉和他的同事试图通过在埃塞俄比亚、加纳、洪都拉斯、印度、巴基斯坦、秘鲁同时进行的6次随机影响评估,探索孟加拉国的"分级"方法是否在各国都有效。在每个国家,研究人员都与当地的非政府组织(NGO)合作实施了一项类似的脱贫项目。虽然项目实施方案根据每个国家的实际情况做了调整,但关键原则保持不变。项目实施的目标对象是每个国家最贫困地区村庄中的最贫困家庭。在24个月里,向受益家庭提供了生产性资产、培训支持、生活技能指导、现金、健康信息以及金融包容性帮助。影响评估提供了系列福

---

① 功效研究评估一个项目是否能在理想条件下工作,而有效性研究评估一个项目是否能在正常条件下工作。

利有效性的证据。

该研究评估脱贫项目对10组结果的影响。该项目在埃塞俄比亚等6国实施一年后，在10组结果中有8组有显著改善，包括人均消费、食品安全、资产价值、金融包容性、工作时间、薪酬和收入、心理健康和政治参与。影响程度因国家不同而不同，除一个国家外，其他国家的资产价值都受到了重大影响，但对身体健康指数没有统计学上的显著影响。

评估结果因国家而异。洪都拉斯和秘鲁的人均消费水平改善得并不显著，洪都拉斯的资产价值改善得也不显著。然而，总体而言，评估指出这种综合干预措施有望在一系列环境中改善赤贫人群的生活。

资料来源：Banerjee 等，2015；BRAC，2013。

补充方法

如前所述，影响评估回答了特定的因果关系问题。其他方法——包括对项目的密切监测，以及其他评估方法的补充使用，如事前评估模拟，利用定性定量相混合的评估法——可作为影响评估有价值的方法补充。这些方法的用途也很广泛，例如在改革之前评估改革实施的效果，关注影响评估的核心问题，跟踪项目实施情况以及解释影响评估的结果。

在与其他信息来源隔绝的情况下开展影响评估在技术质量和政策相关性方面都很脆弱。虽然影响评估结果可以提供关于是否有影响的有力证据，但它们通常在深入了解政策或政策影响观察结果的渠道方面受到限制。如果没有将项目性质、过程评估信息置于特定环境，政策制定者可能会疑惑为什么某些结果实现了，而其他未实现。此外，如果没有关于如何、何时以及在何处实施项目的监测数据，评估将无法确定预期受益人是否获得福利以及何时获得福利，否则对照组的评估将是盲目的。

监　　测

利用行政数据监测项目的实施情况，在影响评估中至关重要。它可以让评估团队验证活动是否按计划实施,哪些参与者接受了项目,项目推广进度如何,以及资源配置使用情况。这些信息对实施影响评估至关重要,例如,确保将项目引入评估样本前收集基础数据,并验证实验组和对照组的完整性。监测是至关重要的,可用于确定受益人实际上参与了项目,而非受益人没有参与。此外,行政数据包括项目实施成本信息,这也是成本效益分析法所需要的。

事前模拟

事前模拟是利用现有数据模拟评估项目或政策改革对相关结果预期影响的评估。它们在评估一系列备选方案相关预期效果方面是非常有用的。这些常用方法依赖于大量高质量的可用数据,这些数据可用于适合问题的模拟模型(见专栏1-4)。与影响评估不同,事前模拟法可模拟项目的潜在影响,而不是衡量已实施项目的实际影响。这些类型的方法对可能的项目效果进行基准测试和建立现实的目标,以及估算成本、回报率和其他经济参数方面非常有用。它们通常被用作项目经济分析的基础,特别是在引入改革或实施项目之前。

【专栏1-4】

通过结构性建模模拟可能的项目效果

——利用墨西哥Prospera项目数据建立一个测试备选设计方案的模型

某种类型的事前模拟,如结构建模,可以用来评估一系列备选项目的效果。在专栏1-1描述的Oportunidades/Prospera项目评估中,收集到的数据足够丰富,研究人员可以建立一个模型,用以模拟替代方案设计的预期效果。

Todd和Wolpin(2006)使用来自影响评估的基础数据建立了一个父母对孩子决策影响的评估模型,包括学校教育。他们模拟了不同项目工作方案下可能会产生什么效果。他们发现,如果取消对低年级学生出勤率的现金奖励的同时,将其用于增加对高年级学生的现金激励,则对平均学业完成的影响评估可能会更大。

在这种情况下,预测是利用已开展影响评估的项目基础调查数据进行的。也可以测试预测结果,看看它们是否产生了与实际项目实施相同的影响。然而,这通常是不可能的。这类模拟方法通常在项目正式实施之前使用,用以检查各种备选项目方案的可能影响。因此,它们可以缩小实践中基础测试的选项范围。

资料来源:Todd 和 Wolpin,2006。

注:有关结构建模的另一个示例,请参见 Bourguignon、Ferreira 和 Leite,2003。

综合方法

综合利用定量和定性数据的混合法是对仅使用定量数据进行影响评估的关键补充,特别有助于在收集定量数据之前形成假设和重点研究问题,并为项目实施前后的成效提出改进意见和建议。定性的方法有很多,它们都有自己的研究领域。[①] 一般采用开放式的方法生成定性数据,并不依赖于受访者的预设回答。数据是通过一系列方法生成的,包括焦点小组、生活经历和访问特定受益人和其他关键信息的提供者(Rao 和 Woolcock,2003)。它们也可以包括各种观察和人种学评估。虽然在定性工作中收集到的观察、观点和意见通常不能在统计上代表项目的受益人,因此不具有普遍推广性,但它们有助于理解为什么某些结果已经实现或未实现(见专栏 1-5)。

【专栏 1-5】

综合评估法的应用实践
——将印度人种学研究与随机对照试验相结合

当项目评估结果难以用定量调查数据衡量时,综合评估法就特别有用。民主和治理项目就是这样的例子。

Ananthpur、Malik 和 Rao(2014)在对"人民运动"项目设计评估策略时,将一项随机对照试验(RCT,见术语表)与一项人类学研究相结合,该项研究拟使用 10% 的评估样本进行随机对照试验。定性研究使用了匹配方法,以确保样本中的实验组和对照组之间具有相似的特征。一名经验丰富的现场调查员被指派到每个村庄驻点,并研究该项目对村庄社会和政治结构的影响。

[①] 关于定性研究方法的概述,请参见 Patton(1990)。

当随机对照试验结束后，人种学研究仍持续了两年，以观察项目更长期的影响。尽管 RCT 实验发现该干预措施在统计上是不显著的，但定性研究提供了干预失败的原因解析。定性研究确定了几个阻碍干预措施发挥效用的因素，即关于项目促进质量的变化，缺乏自上而下的支持以及根深蒂固的地方权力结构。

定性证据还揭示了一些不容易被观察到和意想到的项目影响。在实验村，该计划促进了服务供给争议的解决和提高妇女对村庄发展活动的参与度。此外，现场研究人员观察到在实验村的村政府能更好地发挥作用。

如果没有由定性成分提供的对环境和局部动态的细致解释，研究人员将无法理解为什么定量数据分析没有发现影响。人种研究能够提供更丰富的评估，便于深入了解对改进程序有用的因素。

资料来源：Ananthpur、Malik 和 Rao, 2014。

结合定性和定量分析的评估具有使用混合方法的特点（Bamberger、Rao 和 Woolcock，2010）。

在开发混合方法时，Creswell（2014）定义了三个基本方法：

第一，收敛平行。同时收集定量和定性数据，并将其用于对调查结果进行三角测量或生成有关项目该如何实施和受益人如何看待的早期结果。

第二，解释顺序。定性数据为定量结果提供了背景和解释，探索成功和失败的异常情况，并根据定量结果中对项目实施情况进行系统性分析。通过这种方式，定性工作可以帮助解释为什么在定量分析中观察到某些结果，也可用来分析项目实施中出现的"黑匣子"事件（Bamberger、Rao 和 Woolcock，2010）。

第三，探索顺序。评估团队可以使用焦点小组、问题清单、对关键知情人的访谈以及其他定性方法，提出关于该项目如何以及如何发挥作用的假设，并澄清定量影响评估工作中需要解决的研究问题，包括通过影响评估来测试最合适的备选设计方案。

过程评估

过程评估关注一个项目是如何实施和运作的，评估其是否符合其原始设计并记录其开发和运营情况。过程评估实施起来相对便捷，且成本合理。在项目试点和实施的初始阶段，它们可以是关于如何改进项目实施的有价值的信息来源，通常被用作开发项目的第一步，以便在项目设计最终确定之前进行调整。它们可以测试某项目是否按项目运行，以及是否与项目变革原理相一致（见专栏1-6）。

【专栏1-6】

通过过程评估为坦桑尼亚政府扩大项目实施范围提供信息

一个项目的功能有很多方面。来自过程评估的证据可以补充影响评估的结果，并提供一个更完整的项目绩效画面。这对于试点项目尤为重要，可以让人们了解新机构和新制度是如何运作的。

2010年，坦桑尼亚政府决定在三个地区试点以社区为基础的有条件现金转移项目（a community-based conditional cash transfer, CCT）。该项目根据某些教育和健康要求向贫困家庭提供现金转移。社区组织协助将现金转移分配到社区中最脆弱的家庭。为评估这个由社区驱动的系统在坦桑尼亚是否有效，世界银行的一组研究人员决定将过程评估纳入传统影响评估。

过程评估使用定性和定量数据。在试点地区进行基期调查一年后，研究人员组织了一次社区记分卡练习，由社区人员组成的焦点小组对该项目实施的各个方面进行评价。焦点小组也会就难以量化的项目进行深入讨论，例如家庭成员或社区之间关系的动态变化。过程评估的目的是了解项目在实践中运作情况，并提出改进意见和建议。

影响评估发现，该项目对关键教育和健康产生了积极的影响且统计显著。参与家庭的孩子完成小学学业的可能性增加了15%，而生病的可能性降低了11%。有老师参与的焦点小组进一步披露，实验组的学生准备得更充分，注意力更集中。

然而，社区焦点小组成员表示，人们对选择受益人的过程存在一定程度的不满。参与者对受益人选择缺乏透明度以及补贴到位不及时等问题表示不满。过程评估使项目经理能够解决这些问题，并改进项目操作。

评估结果促使坦桑尼亚政府决定扩大项目规模。基于社区的有条件现金转移项目借鉴吸收了本次评估的经验教训，预计到2017年将使近100万户家庭受益。

资料来源：Berman, 2014; Evans等, 2014。

过程评估应包括以下要素，通常取自结果链或逻辑模型（见第二章），并辅以项目文件以及对关键知情人和受益人的焦点小组访谈①，包括：

（1）项目目标和项目运行环境；

（2）用于设计和实施项目的过程描述；

（3）项目运行描述，包括操作中的任何更改；

（4）项目实施过程数据，包括财务数据和面上指标；

（5）识别和描述可能影响项目实施和成果的干预措施；

（6）文档，如概念说明、操作手册、会议纪要、评估报告和备忘录等。

如果某项目的运作过程未得到验证，贸然应用其影响评估结果可能会带来以下风险：一是当更简单的过程评估就足够时，影响评估的资源会被滥用；二是影响评估一旦开始，就要对项目设计进行调整，从而改变被评估项目的性质和影响评估的效用。

成本效益分析

至关重要的是，影响评估必须辅以有关被评估的项目、规划或政策的成本信息。

一旦获得了影响评估结果，就可以将它们与项目成本信息结合起来，以回答另外两个问题。首先，对于影响评估的基本形式，添加成本信息有利于开展成本效益分析，这有助于回答以下问题，如在项目成本给定的情况下，项目实施能带来什么好处？其次，成本效益分析可以测算比较项目的总预期收益与总预期成本。它试图以货币形式量化项目的所有成本和收益，以评估确定项目收益是否大于成本。②

在理想情况下，基于影响评估的成本效益分析不仅适用于特定项目，也适用于一系列项目或项目备选方案，这样决策者就可以评估哪些项目或备选项目在实现某一特定目标方面最具成本效益。当影响评估用于测试项目备选方案

---

① 改编自司法援助局。

② 关于成本效益分析的详细讨论，见 Zerbe 和 Dively，1994；布兰特，1996；Belli 等，2001；博德曼等，2001。

时，增加成本信息可以回答第二个问题——如何比较不同项目实施方案的成本效益情况？这种成本效益分析比较了两个或多个项目或替代项目在达到共同结果（如农业产量或学生考试成绩）时的相对成本。

在成本效益或成本效益分析中，影响评估提供收益或有效性方面的信息，成本分析提供成本信息。本书重点关注影响评估，未详细探讨如何收集成本数据或进行成本效益或成本效益分析。① 然而，使用与成本相关的信息来修订完善正在评估的项目、规划或政策的影响评估是至关重要的。一旦获得了各个项目的影响和成本信息，成本效益分析可以确定哪些投资产生的回报率最高，并协助政策制定者作出明智的决定。专栏1-7详细说明了如何使用影响评估来确定最具成本效益的项目，并完善资源分配。

【专栏1-7】

评估成本效益：比较影响小学学习效果的项目评估

通过评估一些具有相似目标的项目，就可以比较不同方法在改善项目成果方面的相对成本效益，如小学学习。为此，评估人员不仅必须提供影响评估的结果，还必须提供有关干预措施的详细成本信息。Kremer、Brannen 和 Glennerster（2013）在一项关于发展中国家学习成果的系统分析中，使用了来自30项影响评估的成本信息，分析了不同类型教育干预措施的成本效益。

他们比较了几种类型的教育干预措施，包括受教育机会、维持现有投入水平、教育教学创新、教师问责制和校本管理。他们特别调查了考试成绩的提高情况，即每花费100美元测试分数（以标准差表示）提高的水平。如果项目大规模实施，成本可能会下降，但研究人员仍使用评估报告中的成本以保持一致性。他们发现，教学改革、加强问责制以及教师激励机制通常是最具成本效益的。另外，研究人员得出结论，在不改变教学方法或问责制的情况下，投入更多相同的资源，对考试成绩的影响是有限的。例如，肯尼亚政府通过增加教师数量来改善学生考试成绩的项目就几乎没有效果。

---

① 成本—收益分析是比较分析一个项目的总预期收益与总预期成本。成本效益分析是比较两个或多个项目或项目备选方案在达到共同结果时的相对成本。

通过以学校为基础的管理干预赋予当地社区权力的项目似乎是最成功和最具成本效益的,特别是当这项改革被正式化时。例如,虽然在印度尼西亚创建和培训当地的学校委员会并没有对学生考试成绩产生显著影响,但通过选举使这些委员会更具代表性却具有很高的成本效益。

Kremer、Brannen 和 Glennerster（2013）研究指出,比较评估目标相似的不同干预措施,可以揭示不同背景下各干预措施的有效性。尽管如此,研究人员必须认识到,不同项目的执行环境差异会很大。符合跨项目比较的成果测量、影响评估和成果信息数据则相对较少。

资料来源：Kremer、Brannen 和 Glennerster, 2013。

关于政策影响评估的伦理考虑

在设计影响评估时,必须考虑一些重要的伦理问题,甚至有人质疑影响评估本身是否合乎伦理的问题。这场辩论的出发点之一是将大量公共资源投入有效性未知的项目的伦理规范。在这种情况下,缺乏评估本身可被视为不道德的。影响评估所产生的关于项目有效性的信息可以促使公共资源的投资更加有效和合乎伦理。

除此之外,还有一些与伦理有关的其他考虑,包括分配项目的规则,研究人类受试者的方法,以及记录研究项目、数据和结果的透明度。这些问题将在第十三章中详细讨论。

评估中最基本的伦理原则是不应仅仅为了评估而拒绝或延迟提供具有已知益处的干预措施。本书认为,影响评估不应作为项目分配的原则,相反,影响评估应符合公平和透明的项目分配规则。在这种情况下,对项目分配规则的任何伦理问题都不是源于影响评估本身,而是直接来自项目操作规则。影响评估有助于厘清项目运营规则,并帮助审查受益人资格标准的公平性和透明度。

项目收益的随机分配通常会引发伦理问题,即拒绝向符合条件的受益人提供项目福利。然而,大多数项目都是在财政和行政资源有限的情况下开展的,因此不可能同时惠及所有符合条件的受益人。从伦理角度来看,所有符合条件的人应该有平等的机会参加公共项目。随机分配也符合这一伦理要求。在项目分阶段实施的情况下，可以根据随机选择的顺序来确定哪些受益人优先获得该项目。在这种情况下，较晚加入项目的受益人可作为早期受益人的对照组，从而产生可靠的评估设计，并为分配稀缺资源提供透明和公平的方法。

影响评估的伦理问题不仅涉及项目分配规则的伦理，还涉及对人类进行研究的伦理问题，以及进行透明、客观和可重复研究的伦理，如第十三章所述。

许多国家和国际机构已成立了审查委员会或伦理委员会，它们负责规范涉及人类受试者的研究。这些委员会具体负责评估、批准和监督研究，其主要目标是保护所有受试者的权利和促进其福祉。虽然影响评估主要是业务活动，但它们也构成研究性调查，因此应遵守人类受试者的研究准则。

让影响评估客观、透明和可重复是做研究的重要伦理组成部分。为了使研究透明度高，影响评估计划可以包含在预先分析中，并提交给研究登记处。一旦研究完成，分析中使用的数据和代码就可以公开，这样其他人就可以在保护受试者匿名的情况下复制上述研究。

对政策决定的影响评估

进行影响评估，可以为政策制定者提供一系列决策信息，包括削减低效项目、扩大有效的干预措施、调整项目效益以及选择替代工作方案等。影响评估通常在有选择地回答最重要的政策问题时最有效，它们通常被应用于创新的试点项目，这些项目正在测试一种未经证实但有希望的方法。专栏1-1描述的墨西哥有条件现金转移评估之所以具有影响力，不仅是因为该项目的创新性，还因为其为影响评估提供了可信而有力的证据，这些证据在随后的政策制定中不容忽视。该项目在国内外的应用推广得益于评估结果的强烈影响。

影响评估可用于探索不同类型的政策问题。影响评估的基本形式将测试给定方案的有效性。换句话说，它将回答这样的问题，给定的项目或干预与没有项目相比是否有效？如第二部分所讨论的，这种类型的影响评估依赖于将接受创新、项目或政策的实验组与未接受创新、项目或政策的对照组进行比较，用以估计其有效性。影响评估的核心挑战是建立一个与实验组尽可能相似的对照组。实验组和对照组之间的可比程度是评估内部有效性的核心，因此也是评估项目因果影响的基础。

影响评估也越来越多地用于测试项目内的设计创新，而无须从项目外部选择一个纯粹的对照组。这类评估通常是为了了解特定的设计创新是否可以提高项目绩效或降低成本（见专栏1-8）。

【专栏1-8】

评估创新项目：以英国的行为洞察团队为例

行为洞察团队（the Behavioural Insights Team，BIT）成立于2010年，是英国政府创立的第一个旨在通过应用行为科学改善公共服务的政府机构。BIT的目标包括提高公共服务的成本效益，将人类行为的现实模型引入政策分析，并使人们能够作出更好的选择。为实现这一目标，BIT采用内置影响评估实验来测试公共政策中的创新想法。自成立以来，BIT利用行政数据已在各种国内政策领域实施了150多项随机对照试验。

BIT借鉴行为科学文献对公共服务创新进行了评估。该组织与伦敦议会合作，推出了一项彩票激励措施，以在选举前增加选民登记。居民们被随机分配到三个团体——不抽奖，如果他们在某个特定日期之前登记，就可以获得1 000英镑的奖金；如果他们在同一日期前登记，就可以获得5 000英镑的奖金。BIT发现，彩票激励措施显著增加了选民登记规模。此外，它也为地方政府节省了大量资金，因为政府以前主要依赖昂贵的送货上门服务来增加选民登记。

在另一项创新评估中，BIT与国家卫生服务局合作，研究如何以最具成本效益的方式鼓励人们登记为器官捐献者。这是英国公共部门有史以来规模最大的随机对照试验之一。研究人员在高流量政府网页上测试不同消息的使用情况，并从一项干预措施中发现了令人鼓舞的结果。表现最好的短语是基于互惠的理念，并问"如果您需要器官移植，您会愿意捐赠吗？如果是这样，那就请帮助别人。"

BIT由英国政府、创新慈善机构（Nesta）及其员工共同拥有，并提供资助。该种模式已传播到英国以外的地区，在澳大利亚和美国创建了 BIT 办公室。此外，美国遵循 BIT 模式，于 2015 年在白宫设立了社会行为科学项目。

资料来源：行为洞察团队，http：//www.behaviouralinsights.co.uk。

影响评估还可以用于测试项目备选实施方案的有效性。例如，它们可以回答以下问题：当一个项目可以通过多种方式实施时，哪一种是最有效或最具成本效益的项目模式？在这类评估中，可以将项目中的两种或多种方法或设计特征相互比较，以此证明某种方法对实现特定目标最具成本效益。这些项目的备选方案通常被称为实验组。例如，某个项目希望测试替代外联活动，并选择不同群体分别接受邮寄活动、家访和短信服务（SMS），以评估哪种活动最具成本效益。项目备选方案的影响评估测试通常包括每个实验组中的一个实验组和一个不接受任何干预的纯对照组。这种类型的评估允许决策者在实施备选方案时进行选择，对提高项目绩效和节省成本非常有用（见专栏 1-9）。

【专栏 1-9】

项目备选方案评估：以哥伦比亚的营养不良和认知发展项目为例

20 世纪 70 年代初期，人类生态学研究站与哥伦比亚教育部合作，实施了一项试点项目，旨在解决哥伦比亚卡利地区儿童营养不良问题。该项目通过提供保健和教育活动以及食物和营养补充剂来改善低收入家庭孩子的营养状况，并测试干预措施是否也能改善他们的认知发展。

作为试点项目的一部分，一组评估人员的任务是确定该项目应该持续多长时间，以最终减少来自低收入家庭学龄前儿童的营养不良，以及这些干预措施是否可以改善他们的认知发展。

该项目尽管最终对所有符合条件的家庭开发，但在试验期间，评估人员能够比较接受不同治疗持续时间的类似儿童群体。评估人员首先使用筛选过程来确定 333 名营养不良儿童的目标群体。然后，这些儿童被按社区划分为 20 个区，每个区被随机分配到四个不同的实验组。这些组的区别仅在于开始接受治疗的顺序，以及他们在这个项目中度过的时间。第四组开始得最早，并且接受治疗的时间最长，其次是第三组、第二组和第一组。治疗本身包括每天6小时的医疗保健和教育活动，外加额外的食物和营养补充剂。在项目实施期间，评估人员定期通过认知测试来跟踪所有四组儿童的认知发育情况。

评估人员发现，参加该项目时间最长的儿童在认知改善方面表现出最大的进步。在斯坦福－比奈智力测验（the Stanford－Binet intelligence test）中第四组儿童的预测心理年龄减去实际年龄后平均为5个月，第一组儿童平均为15个月。

这个案例说明了项目实施者和政策制定者如何利用对多种实验手段的评估结果来选择最有效的项目方案。

资料来源：McKay等，1978。

此外，还可以在给定的评估范围内对实验组的分组进行比较，以回答以下问题：该项目是否在一个分组比另一个分组更有效？例如，新课程的引入是否更有助于提高女生的考试成绩，而不是男生的。这种类型的影响评估问题旨在记录各分组之间是否存在异质性。这些问题需要在评估设计阶段予以考虑，因为它们需要纳入影响评估的设计中，并且需要足够大的样本对不同相关分组进行分析。

除了已经讨论过的各种设计特征之外，考虑影响评估对政策影响的路径也是有用的。这可能发生在一个项目中，涉及关于是否继续、改进或终止一个项目的决定。影响评估结果还可以为试点项目扩围提供信息，就像专栏1－2中提到的莫桑比克案例一样。

评估还可以将证据从一个国家传播到另一个国家，或者用于探索基本问题，如那些与个人行为有关的。突破单个项目评估的边界会引发一般化问题。正如第四章所讨论的，特定评估样本旨在统计上代表评估样本中抽取的合格单位总体，因此具有外部有效性。除了外部有效性外，普适性还涉及在某地开展的评估结果是否在其他环境和其他人群中成立。这个更加广泛和雄心勃勃的概念取决于在一系列环境下积累可靠的经验证据。

越来越多的影响评估正在寻求建立在不断增长的可信评估基础上，以实现可广泛推广的目标。这项工作的重点是测试特定变革理论是否适用于不同背景，以及探索在不同环境下测试的项目是否会产生相似的结果（见专栏1－10）。使用多重评估来回答核心问题或通过荟萃分析、系统评价和评估登记收集证据的做法正在迅速增长，并为评估工作开辟了新领域。如果评估结果在多种情况下保持一致，这有助于政策制定者更好地了解该项目在各种背景和人群体中的可行性。这是一个重要的考虑因素，因为关于结果复制能力的争论是关于特定项目是否有效及是否可推广的基础。

【专栏1-10】

影响评估聚类分析法：战略性地建立证据以填补知识空白

虽然单个影响评估的普适性可能较低，但结合不同背景下的类似评估，发展实践者可以得出更广泛适用的结论，说明什么有效、什么无效。越来越多的影响评估举措，如世界银行的战略影响评估基金（Strategic Impact Evaluation Fund，SIEF）和发展影响评估（Development Impact Evaluation，DIME），以及国际影响评估倡议（the International Initiative for Impact Evaluation，3IE），旨在利用聚类分析法，为政策制定者提供如何更广泛地应用项目和政策干预的见解。

通常情况下，对建议书的要求是围绕一系列旨在为项目和政策设计提供信息的研究问题，以产生将有助于协调证据基础的影响评估。其目标是引导研究，并围绕干预类型或结果类型产生证据。

在这些分组中，进行评估是为了填补现有证据的空白。例如，有确凿的证据表明，在出生后头1 000天接受营养、认知刺激和健康支持相结合的儿童更有可能避免发育迟缓。然而，关于如何以最具推广性和成本效益的组合方式提供上述服务的研究较少。SIEF正在资助孟加拉国、哥伦比亚、印度、印度尼西亚、马达加斯加、莫桑比克、尼泊尔和尼日尔等国家研究探讨这一问题。

围绕一组常见的研究问题进行聚类评估，并使用一套核心评价指标来衡量结果，有助于政策制定者和开发实践者了解哪些类型的项目在多种环境下有效，以及哪些无效。然而，他们可以以打赌的方式审查自己的政策和项目设计，更好地了解在特定背景下，某些干预措施是否有效，或者在多个案例中如何取得特定的结果。

资料来源：①DIME（http://www.worldbank.org/dime）；

②SIEF（http://www.worldbank.org/en/programs/sief-trust-fund）；

③3IE（http://www.3ieimpact.org）。

决定是否开展影响评估

不是所有项目都需要开展影响评估。影响评估应该是有选择性的,当需要进行强有力的因果关系检验时才使用。如果要自己负责收集数据,那么影响评估可能会非常昂贵,并且应该有策略地使用评估预算。如果正在启动或考虑扩展一个新项目,并希望确定是否需要开展影响评估,那么询问几个基本问题将有助于作出决定。

首要问题是,什么是利害攸关的?关于项目成果、项目模式或设计创新的证据会为重要决策提供信息吗?这些决策通常涉及预算分配和项目规模。如果项目预算有限或者项目结果只影响少数人群,那么就不值得开展影响评估。例如,在一个由志愿者为患者提供咨询服务的小诊所,开展影响评估就是不值得的。相比之下,教师薪酬制度改革最终会影响到全国所有小学教师,这将是一个风险更高的项目。

如果确定某项目风险很高,那么下一个问题是:是否有任何证据表明该项目是有效的?特别是,您是否知道该项目的预期影响有多大?是否有来自类似项目的证据?如果没有证据表明正在考虑的项目类型的潜力,那么您可能希望从一个包括影响评估的试点项目开始。相反,如果有类似情况的证据,则只有当影响评估能够解决一个重要的新政策问题时,其支出费用才可能是合理的。如果某项目包括一些尚未经过测试的重要创新,就会出现这种情况。

为证明开展高质量影响评估所需的技术和财政资源是合理的,则要被评估的干预措施具备以下条件:

(1)创新的。它将测试一种前景光明的新方法。

(2)可复制。它可以扩大项目实施规模或适用于不同的环境。

(3)具有战略意义。影响评估提供的证据将为有关干预的重要决策提供信息。这可能与项目扩展、改革或预算分配有关。

(4)未经测试。在全球范围内或在特定背景下,对于该项目或设计方案的有效性知之甚少。

(5)有影响力。研究结果将为政策决策提供信息支撑。

最后一个需要考虑的问题是，是否有足够的资源可保障影响评估的有序开展？这些资源包括技术要素，如合适的数据和时间，用于实施评估的财政资源，以及有相关团队及对建立和使用因果证据的兴趣和承诺。正如在第十二章所讨论的，影响评估通常涉及两个协作小组，即决策小组和研究人员小组。这两个团队需要通力合作来确保有效地实施一个设计精良、技术稳健的评估，并交付与关键政策和项目设计问题相关的结果。评估小组要清楚地了解影响评估的前提和承诺将有助于确保评估的成功。

如果您认为开展影响评估是有意义的，考虑到您面临的问题，检查因果关系的需求，与结果相关的利害关系，以及对项目功能证据的需要，那么请继续阅读本书——本书就是为您和您的评估团队准备的。

【本章补充材料】

（1）有关本章的辅助材料和其他补充资源的超链接，请参阅《政策评估实践》官网（www.worldbank.org/ieinpractice）。

（2）有关影响评估的更多信息，请参阅 Khandker、Shahidur R、Gayatri B. Koolwal 和 Hussain Samad，2009. 项目评估定量方法手册. 华盛顿特区：世界银行。

（3）有关随机对照试验的详细介绍，请参阅 Glennerster、Rachel 和 Kudzai Takavarasha，2013. 随机评估实用操作指南，新泽西州普林斯顿：普林斯顿大学出版社。

（4）有关随机对照试验的其他资源，包括以下内容：

√ Duflo, E., R. Glennerster 和 M. Kremer，2007."在发展经济学研究中使用随机化：一个工具包"。《发展经济学手册（第4卷）》，保罗·舒尔茨和约翰·施特劳斯主编，第3895－3962页。

√ Duflo、Esther 和 Michael Kremer，2008."随机化在发展有效性评价中的应用"，详见《发展效能评估（第七卷）》，华盛顿特区：世界银行。

（5）其他有用的政策影响评估资源，包含以下内容：

√ Leeuw、Frans 和 Jos Vaessen，2009. 影响评估与发展：影响评估指南。

华盛顿特区：NONIE。

√ Ravallion、Martin，2001.《消失的好处之谜：斯皮蒂分析师对评估的介绍》. 世界银行经济评论，15（1）：115-140。

√ 2007. "评估反贫困项目"，《发展经济学（第四卷）》，保罗·舒尔茨和约翰·施特劳斯主编，阿姆斯特丹：北荷兰。

√ 2009. "影响评估在实践中的发展"，世界银行研究观察员，24（1）：29-53。

【本章参考文献】

[1] Ananthpur, Kripa, Kabir Malik, and Vijayendra Rao. 2014. "The Anatomy of Failure: An Ethnography of a Randomized Trial to Deepen Democracy in Rural India." Policy Research Working Paper 6958, World Bank, Washington, DC.

[2] Bamberger, Michael, Vijayendra Rao, and Michael Woolcock. 2010. "Using Mixed Methods in Monitoring and Evaluation: Experiences from International Development." Policy Research Working Paper 5245, World Bank, Washington, DC.

[3] Banerjee, Abhijit, Esther Dufl O, Nathanael Goldberg, Dean Karlan, Robert Osei, and others. 2015. "A Multifaceted Program Causes Lasting Progress for the Very Poor: Evidence from Six Countries." Science 348 (6236). doi: 10.1126/science.1260799.

[4] Behrman, Jere R., and John Hoddinott. 2001. "An Evaluation of the Impact of PROGRESA on Pre-school Child Height." FCND Briefs 104, International Food Policy Research Institute, Washington, DC.

[5] Belli, Pedro, Jock Anderson, Howard Barnum, John Dixon, and Jee-Peng Tan. 2001. Handbook of Economic Analysis of Investment Operations. Washington, DC: World Bank.

[6] Berk, Richard A., and Peter Rossi. 1998. Thinking about Program Evaluation, second edition. Thousand Oaks, CA: Sage Publications.

[7] Berman, Daphna. 2014. "Tanzania: Can Local Communities Successfully

Run Cash Transfer Programs?" Human Development Network, World Bank, Washington, DC.

[8] Boardman, Anthony, Aidan Vining, David Greenberg, and David Weimer. 2001. Cost – Benefit Analysis: Concepts and Practice. New Jersey: Prentice Hall.

[9] Bourguignon, François, Francisco H. G. Ferreira, and Phillippe G. Leite. 2003. "Conditional Cash Transfers, Schooling, and Child Labor: Micro – Simulating Brazil's Bolsa Escola Program." The World Bank Economic Review 17 (2): 229 – 254.

[10] BRAC (Bangladesh Rural Advancement Committee). 2013. "An End in Sight for Ultra – poverty." BRAC Briefing Note, November. http://www.brac.net/sites/default/files/BRAC%20Briefing%20-%20TUP.pdf.

[11] Brent, Robert. 1996. Applied Cost – Benefit Analysis. Cheltenham, U. K.: Edward Elgar.

[12] Bureau of Justice Assistance. 1997. Urban Street Gang Enforcement. Report prepared by the Institute for Law and Justice, Inc. Washington, DC: Office of Justice Programs, Bureau of Justice Assistance, U. S. Department of Justice.

[13] Creswell, John W. 2014. Research Design: Qualitative, Quantitative, and Mixed Methods Approaches. Thousand Oaks, CA: SAGE Publications.

[14] Evans, David K., Stephanie Hausladen, Katrina Kosec, and Natasha Reese. 2014. "Community – based Conditional Cash Transfers in Tanzania: Results from a Randomized Trial." World Bank, Washington, DC.

[15] Fiszbein, Ariel, and Norbert Schady. 2009. Conditional Cash Transfers, Reducing Present and Future Poverty. Policy Research Report 47603. Washington, DC: World Bank.

[16] Gertler, Paul J. 2004. "Do Conditional Cash Transfers Improve Child Health? Evidence from PROGRESA's Control Randomized Experiment." American Economic Review 94 (2): 336 – 341.

[17] Glennerster, Rachel, and Kudzai Takavarasha. 2013. Running Randomized Evaluations: A Practical Guide. Princeton, NJ: Princeton University Press.

[18] Imas, Linda G. M., and Ray C. Rist. 2009. The Road to Results: Desig-

ning and Conducting Effective Development Evaluations. Washington, DC: World Bank.

[19] Kremer, Michael, Conner Brannen, and Rachel Glennerster. 2013. "The Challenge of Education and Learning in the Developing World." Science 340 (6130): 297–300.

[20] Khandker, Shahidur, Gayatri B. Koolwal, and Hussain A. Samad. 2010. Handbook on Impact Evaluation: Quantitative Methods and Practices. Washington, DC: World Bank.

[21] Levy, Santiago, and Evelyne Rodríguez. 2005. Sin Herencia de Pobreza: El Programa Progresa – Oportunidades de México. Washington, DC: Inter – American Development Bank.

[22] Martinez, Sebastian, Sophie Nadeau, and Vitor Pereira, 2012. "The Promise of Preschool in Africa: A Randomized Impact Evaluation of Early Childhood Development in Rural Mozambique." Washington, DC: World Bank and Save the-Children.

[23] McKay, Harrison, Arlene McKay, Leonardo Siniestra, Hernando Gomez, and Pascuala Lloreda. 1978. "Improving Cognitive Ability in Chronically Deprived Children." Science 200 (21): 270–278.

[24] Patton, M. Q. 1990. Qualitative Evaluation and Research Methods, second edition. Newbury Park, CA: Sage.

[25] Rao, Vijayendra, and Michael Woolcock. 2003. "Integrating Qualitative and Quantitative Approaches in Program Evaluation." In The Impact of Economic Policies on Poverty and Income Distribution: Evaluation Techniques and Tools, edited by F. J. Bourguignon and L. Pereira da Silva, 165–190. New York: Oxford University Press.

[26] Rossi, Peter, Mark W. Lipsey, and Howard Freeman. 2003. Evaluation: A Systematic Approach, seventh edition. Thousand Oaks, CA: Sage Publications.

[27] Schultz, Paul. 2004. "School Subsidies for the Poor: Evaluating the Mexican Progresa Poverty Program." Journal of Development Economics 74 (1): 199–250.

[28] Skoufias, Emmanuel, and Bonnie McClaff erty. 2001. "Is Progresa Working? Summary of the Results of an Evaluation by IFPRI." International Food Policy Research Institute, Washington, DC.

[29] Todd, Petra, and Kenneth Wolpin. 2006. "Using Experimental Data to Validate a Dynamic Behavioral Model of Child Schooling and Fertility: Assessing the Impact of a School Subsidy Program in Mexico." American Economic Review 96 (5): 1384–1417.

[30] Zerbe, Richard, and Dwight Dively. 1994. Benefit Cost Analysis in Theory and Practice. New York: Harper Collins Publishing.

第二章 评估前期准备

初始步骤

创建评估的初始步骤包括：①构建一个变革理论；②概述项目应该如何实现预期结果；③开发一个结果链作为概述变革理论的有用工具；④指定评估问题；⑤选择评估绩效指标。

这些步骤是开展评估的必要准备。最好是在项目或改革刚开始时进行评估。这些步骤需要政策制定者、项目实施者等一众利益相关者的参与，以确保形成对项目目标和如何实现这些目标的共同愿景。这种参与使评估的重点和要回答的主要问题等达成了共识，并强化了影响评估、项目实施和政策之间的联系。应用这些步骤，有助于制订良好的影响评估计划，促使评估方案设计及实施更加有效。每个步骤都在结果链体现的逻辑模型中予以明确定义和阐明——从目标和问题的精准说明，到变革理论中思想的阐明，再到确定项目要实现的结果。明确规定用于衡量项目实施成功的具体指标是至关重要的，这不仅是为了确保评估是有重点的，也是为了确保项目有明确的目标。这些参数对于确定评估的技术要素至关重要，包括评估所需的样本量和功效计算，如第十五章所述。

在大多数影响评估中，重要的是要包括成本效益或成本—效益分析的评估，如第一章所述。政策制定者关心的不仅是哪些项目或改革是否有效，也关注要付出多少代价。这是决定一个项目是否可以扩大和复制的关键因素，也是政策决策的核心问题。

构建变革理论

变革理论是对干预措施如何实现预期结果的描述。它描述了特定项目、项目模式或设计创新如何以及为何会达到其预期结果的因果逻辑。鉴于本书的因果关系焦点，变革理论是任何影响评估的关键基础。作为评估设计的第一步，构建变革理论有助于明确研究问题。

变革理论描述了导致结果的一系列事件。它们探索变革发生所需的条件和假设，明确项目背后的因果逻辑，并沿着因果逻辑路径绘制项目干预图。与项目的利益相关者合作，制定变革理论可以澄清和改进项目设计。这对寻求影响行为的项目尤其重要：变革理论有助于梳理干预措施的投入、活动、交付的产出以及受益人预期行为变化所产生的结果。

为项目制定变革理论的最佳时机是在项目实施初期，此时可以聚集在一起，为项目、项目目标及实现这些目标的路径制定一个共同的愿景。然后，利益相关者可以根据对项目及其目标和运作方式的共同理解开始实施该项目。

项目设计者还应该查阅文献，了解类似项目的经验做法，并验证他们概述的变革理论中因果路径背后的背景和假设。例如，在墨西哥用水泥地板代替泥土地板的项目（见专栏2-1）中，文献提供了有关寄生虫如何传播以及寄生虫感染如何导致儿童腹泻的宝贵信息。

【专栏2-1】

阐明变革理论：从水泥地板到墨西哥的幸福指数

Cattaneo 等（2009）通过评估 Piso Firme 或"坚固地板"项目，研究了住房改善对健康和福祉的影响。该项目和评估都是由一个明确的变革理论驱动的。

墨西哥的 Piso Firme 项目的目标是提高生活在人口稠密、低收入地区弱势群体的生活水平，尤其是健康水平。该项目最初在墨西哥科阿韦拉州北部启动，并基于州政府项目实施情况开展了评估。

该项目的结果链是非常清晰的。首先，对符合条件的社区开启逐户调查，为每户家庭最多提供 50 平方米的水泥地板。政府负责采购并运送水泥，家庭和社区志愿者负责安装水泥地板。项目产出是完成水泥地板施工，工期大约一天。改善家庭环境的预期成果包括更干净、更健康和更幸福。

这个结果链的基本原理是，脏地板是寄生虫的载体，因为它们更难以保持清洁。寄生虫在粪便中生活和繁殖，当它们被动物或人携带到家中时，就可能会被人类摄入。有证据表明，儿童居住在脏地板的房子里更容易感染肠道寄生虫，进一步导致腹泻和营养不良，往往会导致认知发育受损甚至死亡。水泥地板可以有效阻断寄生虫感染的传播。此外，它们还可以更好地控制温度并且更美观。

这些预期结果为 Cattaneo 等（2009）在评估中要解决的研究问题提供了信息。他们假设用水泥地板取代泥土地板将减少腹泻、营养不良和微量元素缺乏症的发生。反过来，改善健康和营养状况应该会改善儿童的认知发展。研究人员还测试了成年人福祉的改善情况，衡量标准是人们对住房条件的满意度提高了以及抑郁症、感知压力的降低率。

资料来源：Cattaneo 等，2009。

建立结果链

结果链是描述变革理论的一种方式。其他方法包括理论模型、逻辑模型、逻辑框架和结果模型。这些模型中的每一个都包含了变革理论的基本要素：因果链、外部条件和影响的具体说明，以及关键假设。在本书中，我们将使用结果链模型，因为它是在开发项目的操作背景下概述变革理论的最简单和最清晰的模型。

结果链①建立了从项目开始的因果逻辑，从可用资源开始，最终着眼于长期目标。它列出了一个合乎逻辑的、合理的大纲，说明项目直接负责的一系列投入、活动和产出如何与行为相互作用，从而建立实现影响的途径（见图 2-1）。一个基本的结果链将映射以下内容元素：

（1）投入：项目可支配的各类资源，包括员工和预算。

（2）活动：为使项目投入转换为产出，所采取的行动或者执行的工作。

（3）产出：项目活动所产生有形的商品或者服务，这些都直接在执行机构的控制之下。

（4）结果：受益人使用项目产出后可能实现的成果。这些通常是在中短

---

① 结果链设置了一系列投入、活动和预期提升的产出和最终成效。

期内实现的,通常不受执行机构的直接控制。

(5) 最终结果:最终取得的成果说明项目实施是否达到预期目标。通常,最终结果可能会受到多种因素的影响,并需要在较长的时间内才能实现。

结果链包括项目实施和项目结果。项目实施涉及项目交付工作,包括投入、活动和产出。这些是项目直接负责的领域,通常用于监测项目是否按预期提供产品和服务。结果包括产出和最终结果,这些结果不在项目的直接控制之下,而取决于受益人的行为变化。换句话说,它们取决于供应侧(执行者)和需求侧(受益人)之间的互动。这些领域通常需要进行影响评估以衡量效果。

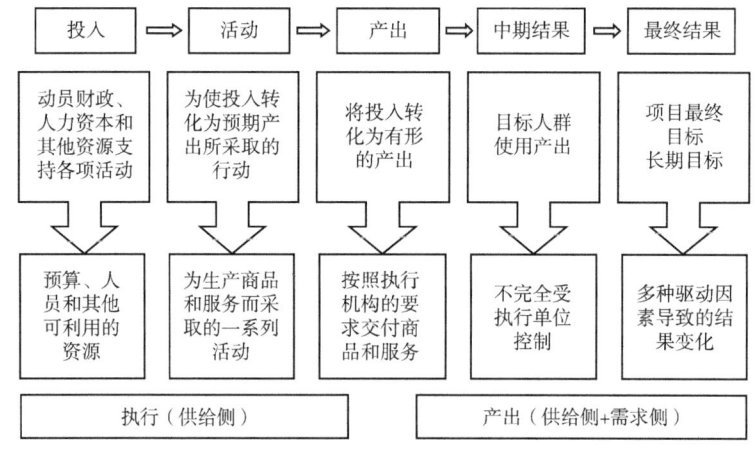

图 2-1 结果链中的要素

一个良好的结果链有助于揭示变革理论中隐含的假设和风险。政策制定者最适合明确因果逻辑及其所依赖的假设,以及可能影响预期结果实现的风险。评估团队应该与政策制定者协商,识别这些隐含的假设和风险。一个好的结果链还可以从参考文献中获取类似项目功能的证据。

结果链对所有项目都是有益的,无论项目是否涉及政策影响评估,因为它们允许政策制定者和项目管理者明确项目目标,从而帮助澄清项目背后的因果逻辑和事件顺序。它还有助于识别项目设计中的差距和薄弱环节,从而有助于改进项目设计。结果链还有助于明确链条中每个环节需要监控哪些信息,以便跟踪实施效果,并在评估项目时确定需要包括哪些结果指标。

指定评估问题

明确评估问题是任何有效评估的关键起点。评估问题的制定侧重于研究，以确保它符合当前的政策利益。在开展影响评估时，需要构建一个可验证的假设。然后，影响评估会生成可靠的证据来回答这个问题。值得注意的是，影响评估的基本问题是：一个项目对相关结果（或因果效应）有何影响？关键点在于影响，即直接归因于项目本身、项目模式或设计创新的效应。

评估问题需要以当前的核心政策利益为指导。正如第一章所述，影响评估可以探索一系列问题。评估团队应该明确哪个问题是评估工作的首要任务，在考虑如何进行评估之前应深入研究变革理论。

传统上，影响评估侧重于全面实施项目的整体影响，而不是从项目中受益的对照组所观察到的结果。然而，影响评估的应用领域正在不断扩大。评估小组可以根据核心政策利益提出一系列创新问题，如项目执行在改变最终结果方面的有效性这一"经典"问题，不同项目模式之间的成本效益比较，或者是引入一个项目的设计创新，期望改变受益人的行为，如入学率，正在以创新性的方式引入影响评估的新方法，已解决了一系列学科政策问题（见专栏 2-2）。

【专栏 2-2】

机制实验

机制实验是一种影响评估，用于测试变革理论中特定的因果机制。假设评估中发现了一个问题，并提出了一个可能的解决方案。如果考虑设计一个评估来测试项目的有效性，则评估结果应该可以直接测试项目的影响吗？一些专家认为，这样的项目评估可能并不是最好的开始方式，并且在某些情况下，最好不要执行项目评估，而是测试一些潜在的基本假设或机制。机制实验不测试项目，他们测试的是项目选择背后的因果关系。

假设政府担心生活在城市贫困社区的人群比生活在同一城市较富裕社区的人群肥胖率更高。调研发现，贫困社区出售新鲜水果、蔬菜和其他营养品的商店和摊位较少。这类商品供应不足可能会导致肥胖，那么就可以通过向蔬菜水果商提供补贴的方式，建立更多的销售网点。图2-2概述了一个简单的结果链。

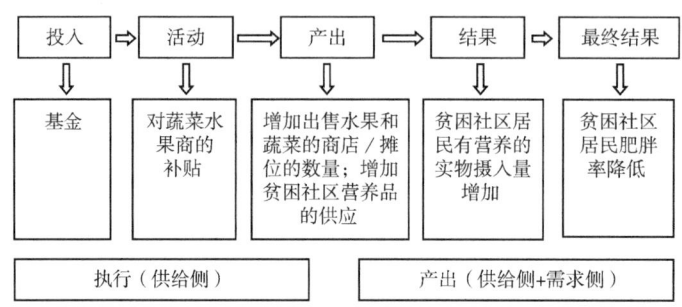

图2-2 从较长的结果链中识别一个机制实验

项目评估将侧重于测试对贫困社区蔬菜水果商补贴的影响。相比之下，机制实验可能更直接地测试潜在假设。例如，它可能测试以下假设：如果贫困社区的居民有机会获得营养食品，他们就会吃得更多。一种测试方法是每周向一组居民免费分发一篮子水果和蔬菜，并将他们的水果和蔬菜摄入量与没有收到免费篮子的居民摄入量进行比较。如果在这个机制实验中没有发现水果和蔬菜摄入量的差异，那么向绿色食品杂货商提供补贴也就不会带来重大改观，因为其中一个潜在的因果关系机制并不起作用。

机制实验通常要比完整的项目评估成本更低，因为评估活动可以在较小的规模内开展。在肥胖的例子中，向许多社区的蔬菜水果商提供补贴，且要调查社区内的大量居民，项目实施成本相当高。相比之下，免费赠送食品蔬菜篮实验要便宜得多，而且足以让几百个家庭受益。如果机制实验表明该机制是有效的，则还需要进行政策实验，以评估该项补贴是否能够更有效地让贫困社区的居民获得水果和蔬菜。

资料来源：Ludwig、Kling和Mullainathan，2011。

在影响评估时，评估问题必须明确框定为一个概念明确、可验证的假设。在框定的假设范围内，需要能够回答实验组和对照组之间的结果差异。结果链可用于构建理想检验的假设基础。如专栏2-3所示，通常有一些与该项目有关的假设，但并不是所有假设都需要或应该在影响评估中予以探讨。在专栏2-2的机制实验中，评估问题是变革理论的基本元素，并作为明确的、可验证的及可量化的假设表述出来,即新数学课程对学生考试成绩有什么影响?在贯穿全书的例子中,健康保险补贴计划(HISP)的评估问题是,HISP对贫困家庭自费医疗支出的影响程度,如专栏2-4所示。

【专栏2-3】

高中数学课程改革:构建一个结果链和评估问题

假设A国教育部正在考虑引入一门新的高中数学课程。该课程对教师和学生来说都更直观,不仅有望提高学生的标准化数学考试成绩,最终还将提高学生的结业率和就业能力。以下结果链概括了该项目的变革理论(见图2-3)。

➤ 项目投入包括负责改革的教育部工作人员、高中数学教师、开发新数学课程的预算以及培训数学教师的市政机构。

➤ 项目活动包括设计新的数学课程体系、制定教师培训、培训数学教师以及委托、印刷、发放新教科书。

➤ 项目产出包括接受培训的教师人数、分发到教室的教科书数量以及使标准化考试适应新课程的情况。

➤ 短期成果包括教师在课堂上使用新方法和新教材,以及应用新试卷。

➤ 中期成果是学生在标准化数学考试中的成绩有所提高。

➤ 最终成果是提高高中毕业率、就业率和工作收入水平。

变革理论的几个基础假设:

➤ 经过培训的教师能够有效地使用新的课程。

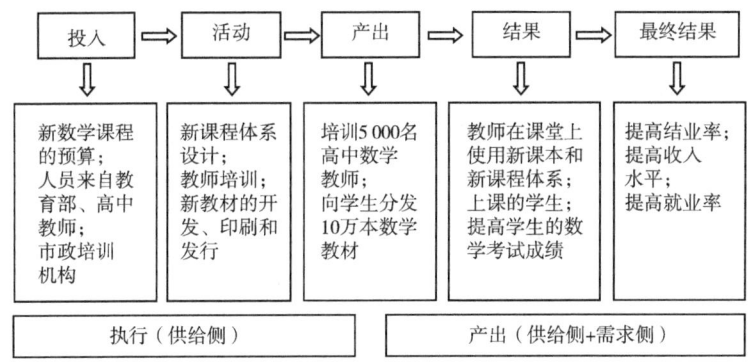

图2-3 高中数学课程改革结果链

➢ 如果对教师进行培训，并将教材分发到教室，这些教材就会得到应用，学生就会按照课程学习。

➢ 新课程体系在传授数学知识方面优于旧课程。

➢ 如果按计划实施，那么数学考试成绩将平均提高 5 分。

➢ 高中数学成绩将影响高中毕业率、就业前景和收入水平。

由教育部政策决策者组成的评估小组和参与评估的研究人员提出的核心评估问题，即新数学课程体系对数学考试成绩有影响吗？这个问题涉及新课程有效性的政策核心利益。

【专栏 2-4】

诊断：健康保险补贴计划（HISP）介绍

健康保险补贴计划（HISP）是政府进行大规模卫生部门改革的一个虚拟案例。与这个案例相关的问题将贯穿全书。您可以在《影响评估实践》官网（www.worldbank.org/ieinpractice）上找到有关案例研究问题的解决方案、数据集和在 Stata 中进行数据分析的代码，以及提供数据分析处理的详细在线技术伙伴。

该项目的最终目标是改善国人的健康状况。这个实验项目具有创新性，且运行成本高昂。政府担心贫困农户无力负担基础医疗费用，这对他们的健康会造成不利影响。为了解决这个问题，HISP 为贫困农村家庭提供医疗补贴，用于支付他们的基础医药费用。HISP 的主要目标是减少贫困家庭的医疗费用，并最终改善健康状况。政策制定者正在考虑将 HISP 推向全国，这将花费数亿美元。

HISP 的结果链如图 2-4 所示。与 HISP 改革相关的假设如下：家庭户加入 HISP 将使家庭自付医疗费用支出下降，高昂的医疗费抑制了农村人口获得医疗保健和药物。自付医疗费是造成贫困和健康状况堪忧的核心因素。

关键的评估问题是：HISP 对贫困家庭的自付医疗费支出有何影响？在本书和在线资料中，我们将使用不同的方法多次回答关于 HISP 的相同评估问题。根据使用的评估方法，您会看到不同的，有时甚至是相互矛盾的答案。

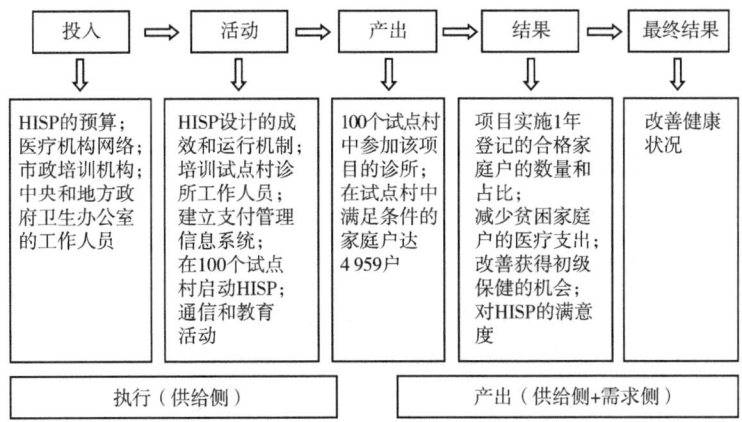

图 2-4 健康保险补贴计划的结果链

选择结果和绩效指标

明确评估问题的同时，需要附带说明使用哪些措施来评估结果，包括在多重结果的情况下。所选择的结果衡量标准将用于确定特定的项目或者改革是否成功。如第十五章所述，他们也是应用功效计算时可参考的指标，用于确定评估所需的样本量。

一旦选定了主要指标，就需要设立衡量项目成功的明确目标。这一步骤相当于确定项目对已选定的核心结果指标的预期影响。效应大小是指该项目或改革所带来的预期变化，例如考试成绩的变化或新型保险政策的采用率。预期效果的大小是开展功效计算的基础。

至关重要的是要让评估团队中的主要利益相关者（包括研究团队和政策团队）就影响评估的核心结果指标和项目预期结果达成一致（有关评估团队的更多信息，详见第十二章）。这些指标将被用来判断项目是否成功，并形成功效计算的基础。影响评估可能会失败，因为它们没有足够大的样本量来检测项目产生的变化，他们的"动力不足"。应确定预期效果的最小值，以建立项目或创新成功的基本标准。当数据可用时，可以进行事前模拟，以观察不同的结果场景，以对一系列指标中预期的效应大小类型进行基准测试。事前模拟还可用于研究成本效益或成本效应的初始衡量标准，并比较各种替代干预措施，以实现相关结果的变化。

清晰的结果链为相关衡量指标确定了一个有用的路径图。它们包括将用于监测项目实施和评估结果的指标。同样,在选择指标时,请政策决策和研究团队的利益相关者参与进来是必要的,这有助于确定所选择的指标是衡量项目绩效的恰当标准。SMART原则是一个广泛使用的经验法则,用来确定所使用的指标是好的衡量标准。具体如下:

(1) 具体的:尽可能精准地衡量所需的信息。
(2) 可衡量的:确保信息易于获得。
(3) 可归因:确保每项度量指标都与项目的工作相关联。
(4) 切合实际:确保能够以合理的频率和合理的成本及时获得数据。
(5) 有针对性:针对目标人群。

在选择指标时,重要的是沿着结果链确定所有指标,而不仅仅是结果层面的指标,这样就能跟踪所观察到的任何项目产出的因果逻辑。实际上,对于着重测试两个或更多备选设计方案实施效果的评估,相关结果可能出现在结果链的较早位置,作为较早的产出或早期阶段的成果。即使只对用于评估的结果措施感兴趣,跟踪实施指标仍然很重要,这样就可以确定干预措施是否按计划推进,是否使预期受益人及时获益。如果结果链上没有这些指标,影响评估就有可能出现"黑匣子"风险,即无法识别预测结果是否实现,而且也无法解释为什么会出现这种情况。

核对清单:获取评估指标数据

一旦选定了指标,作为最后的检查清单,为生成衡量指标做好数据准备是有必要的。第四篇讨论从哪里获取评估数据更可靠。这份清单涵盖了确保能够可靠和及时地产生每个指标所需的实际安排(改编自联合国开发计划署,2009):

(1) 指标(产出和结果)是否明确规定?这些指标是从核心评估问题中提取出来的,应与项目设计文档和结果链保持一致。

(2) 这些指标是否符合SMART原则(specific, measurable, attributable,

realistic 和 targeted)？

（3）每个指标的数据来源是什么？需要明确从何获取数据，如调查、审查或行政数据。

（4）数据收集的频率是多少？包括一个时间表。

（5）谁负责收集数据？明确谁负责组织数据收集，验证数据质量和来源，并确保遵守伦理标准。

（6）谁负责分析和报告？指定分析的频率、分析方法和报告责任。

（7）生成数据需要什么资源？确保所需的资源是明确的，并致力于生成数据，如果要收集原始数据，这通常是评估中成本耗费最多的部分。

（8）是否有适当的文件？应制订实施计划，说明如何记录数据，包括使用登记册和确保匿名。

（9）涉及哪些风险？考虑项目实施监测和评估活动中的风险和假设，以及它们如何影响数据和指标的时间和质量。

【本章补充材料】

（1）有关本章的辅助材料和其他附加资源的超链接，请参阅《政策评估实践》官网（www.worldbank.org/ieinpractice）。

（2）变革理论图、成果链模板和基于成果的融资指标实例详见《世界银行影响评估工具包》模块 1：www.worldbank.org/health/impact evaluation toolkit。

（3）对变革理论的回顾：Imas, Linda G. M., and Ray C. Rist. 2009. The Road to Results: Designing and Conducting Effective。

（4）Development Evaluations. Washington, DC: World Bank.

（5）关于如何选择绩效指标的讨论，请参见以下内容：

√ Imas, Linda G. M., and Ray C. Rist. 2009. The Road to Results: Designing and Conducting Effective Development Evaluations. Washington, DC: World Bank.

√ Kusek, Jody Zall, and Ray C. Rist. 2004. Ten Steps to a Results – Based Monitoring and Evaluation System. Washington, DC: World Bank.

【本章参考文献】

[1] Cattaneo, Matias, Sebastian Galiani, Paul Gertler, Sebastian Martinez, and Rocio Titiunik. 2009. "Housing, Health and Happiness." American Economic Journal: Economic Policy 1 (1): 75 – 105.

[2] Imas, Linda G. M., and Ray C. Rist. 2009. The Road to Results: Designing and Conducting Effective Development Evaluations. Washington, DC: World Bank. Kusek, Jody Zall, and Ray C. Rist. 2004. Ten Steps to a Results – Based Monitoring and Evaluation System. Washington, DC: World Bank.

[3] Ludwig, Jens, Jeffrey R. Kling, and Sendhil Mullainathan. 2011. "Mechanism Experiments and Policy Evaluations." Journal of Economic Perspectives 25 (3): 17 – 38.

[4] UNDP (United Nations Development Programme). 2009. Handbook on Planning, Monitoring and Evaluating for Development Results. New York: UNDP.

第二篇

如何评估

第二篇主要解释了影响评估的作用、回答什么问题需要评估、常用评估方法以及每种方法的优缺点。本书倡导的影响评估方法倾向选择与项目运行特征相兼容的最严格的方法。本部分讨论的影响评估方法，具体包括随机分配法、工具变量法、断点回归设计、双重差分法和匹配法等。上述方法的共同目标是构建一个有效的对照组，以便评估项目的真实影响。

第三章主要介绍了影响评估的关键概念——反事实，并解释了反事实评估的必有属性，还举例说明了无效或虚假反事实评估。第四章至第八章介绍了影响评估的常用方法，其中第四章介绍了随机分配法，第五章介绍了工具变量法，第六章介绍了断点回归设计，第七章介绍了双重差分法，第八章介绍了匹配法。每一章分别讨论了各评估方法产生有效反事实评估的原因及程序，以及每种方法实施的前提条件和主要局限性。我们通过分析上述方法在真实案例以及第二章介绍的健康保险补贴计划（the Health Insurance Subsidy Program, HISP）案例影响评估中应用，来解释说明每种方法的使用原则。第九章讨论了如何解决项目实施过程中可能出现的问题，并了解到实际影响评估往往不完全按照设计程序执行的现实。基于此，我们回顾了不完全依存、溢出效应以及损耗等常规挑战，并提出有针对性的解决办法。第十章梳理总结了综合项目的影响评估指引，特别是那些具有不同干预水平和多个干预措施的项目。

在第二篇中，利用 HISP 案例分析研究各种评估方法的应用，并检测对它的理解情况。值得注意的是，HISP 的关键评估问题是判断 HISP 对贫困家庭自付医疗支出的影响。我们通过使用 HISP 的数据集说明每种方法的使用，并尝试回答以上问题。假设影响评估使用的数据都做了标准化处理，以便剔除任何与数据相关的问题。本书将向您提供项目影响评估的结果分析过程，并解释说明这些结果产生的原因。具体来说，首要任务是确定为什么每种方法对 HISP 的影响评估会发生变化，并确定哪些影响结果是可靠的，以及支持或反对 HISP 在全国推广的缘由。影响评估实践网站对存在的问题提出了解决方案，详见网址：www.worldbank.org/ieinpractice。如果您有兴趣复刻评估分析过程，您还可以在该网站上找到相关数据集、Stata 软件中的分析代码以及数据标准化处理分析的辅助技术软件等。

第三篇将介绍如何运用项目实施的基本规则，即该项目的可用资源、受益人选择标准和项目实施周期等信息，并以此为基准选择合适的影响评估方法。该部分将制定一个简单的分析框架，据此确定第二篇中提出的哪种影响评估方法最合适特定项目，具体取决于项目实施的基本原则。

第三章　因果推理与反事实

因果推理

开展准确、可靠的影响评估，首先要研究两个不可或缺的概念——因果推理和反事实。许多政策问题涉及因果关系。例如，强化教师培训是否有助于提高学生的考试成绩？有条件现金转移支付项目是否有助于改善儿童的健康状况？开展职业培训项目是否可以提高学员的收入水平？

影响评估试图精确地回答这类因果关系问题。评估某项目对一系列产出的影响等同于评估该项目与这些产出之间的因果效应。① 尽管因果关系问题很常见，但准确地回答上述问题还是很有挑战性的。以职业培训项目为例，仅靠观察参训学员后期的收入变动还不足以搭建两者之间的因果关系。即使学员未接受培训，他们的收入水平也可能会提升，如因工作勤奋、劳动力市场条件变化，或其他影响收入增长的因素。影响评估可以克服建立因果关系的挑战，并凭借经验确定特定项目及其对收入增长的贡献率。为了建立项目与产出之间的因果关系，我们使用影响评估方法来排除这种可能性，即除项目产出外的任何因素都可解释观察到的结果。

关于影响评估常见问题的回答，即一个项目（P）对目标产出（Y）的影响或因果效应。影响评估基础方程式如下：

$$\Delta = (Y/P=1) - (Y/P=0)$$

如上式所示，Δ 表示该项目（P）对产出（Y）的因果影响，是 P=1 时的项目产出（Y1）与 P=0 时的项目产出（Y0）之间的差。假设 P 表示职业培

---

① 本章以鲁宾因果模型（The Rubin Causal Model）为推断框架。详见：Imbens, Guido W., and Donald B. Rubin, 2008. "Rubin Causal Model." In *The New Palgrave Dictionary of Economics*, second edition, edited by Steven N. Durlauf and Lawrence E. Blume. Palgrave.

训项目，Y表示参训学员的收入水平，则职业培训项目的因果影响（Δ）是指同一个人在同一时点参加职业培训（当 P=1）与不参加职业培训（当 P=0）时的收入差。换句话说，我们想同时测量某观察样本在两种截然不同环境下的收入。如果这一点可信，我们就可以同时观察一个人在项目实施前后的收入水平变化，职业培训项目的实施是唯一能够解释他们之间存在收入差的缘由。如果可以设法排除影响个人收入水平的其他外部因素，我们就能比较一个人在同一时点的不同收入。这样我们就可以确定职业培训项目与学员收入变化之间存在因果关系。

影响评估基础方程式适用于分析所有单元，包括个人、家庭、社区、企业、学校、医院，或其他可能接受或者受某个项目影响的观察样本。该方程式也适用于与项目相关的任何产出（Y）。一旦我们确定了该方程式中两个关键因子，即参与和不参与项目时的产出（Y），我们也就可以回答有关项目影响的任何问题。

反事实

如前所述，我们可以将项目影响（Δ）视为同一单元（个人、家庭、社区等）在参与和不参与某项目时的产出（Y）差。然而，我们知道在两种不同环境下同时观察同一样本是不可能的。在任何给定的时间点，一个样本个体要么参与项目，要么不参与。该样本不可能同时在两种不同的状态下被观察，即参加项目和不参加项目。这是另一个被称为反事实①的问题，我们如何衡量会发生什么？虽然我们可以观察和测量项目参与者的产出（Y|P=1），但没有数据可以证明如果没有实施该项目，它的产出会是多少（Y|P=0）。在影响评估基础方程式中，条件（Y|P=1）就表示反事实。我们想了解，如果一个人或一个观察样本没有参与该项目，结果会发生什么变化。

假设"不幸先生"吃了一片药，结果五天后死了。如果"不幸先生"吃药后死亡，仅凭此无法断定是药物导致他的死亡。或许，他服药时已经病危，

---

① 反事实是在未参与项目（P）的情况下会发生什么，即项目参与者的产出（Y）会是什么。

他的死亡是疾病导致的，而不是药物所致。推断因果关系需要排除其他可能影响结果的潜在因素。在确定是否因服药导致"不幸先生"死亡的案例中，评估人员需要确定如果"不幸先生"未曾服药会发生什么。因为"不幸先生"确实吃了药丸，所以不可能直接观察他未服药时会发生什么。如果他没有服药，发生在他身上的事情是与事实相反的。为了确定药物的影响，评估人员面临的主要挑战是确定"不幸先生"反事实状态实际上是什么样子的（见专栏 3-1）。

【专栏 3-1】

反事实问题："独特小姐"和现金转移计划

"独特小姐"是一名新生女婴，如果她妈妈带她在当地医疗中心接受定期健康检查，接种疫苗，并监测她的成长情况，就可以按月领取一笔现金补贴。政府认为，"独特小姐"的妈妈受现金补贴激励，会寻求规定的医疗服务，并帮助她茁壮成长。在影响评估中，政府选择将身高作为长期健康的产出指标。

假设"独特小姐"3 岁时的身高是可测量的。理论上讲，为评估现金转移计划的影响，需要分别测量"独特小姐"收到补贴前后的身高，并通过比较身高差来确定该补贴对她身高的影响。如果能够确定项目实施前后"独特小姐"的身高与其 3 岁时身高的差额，就能确定任何身高差都是由现金补贴造成的。因为"独特小姐"的其他特征相同，就不会有其他特征造成她的身高变化。

然而，不幸的是，无法同时观察"独特小姐"的家人收到现金转移后，是否严格遵守约定，定期带她去医疗中心接受监测和检查等。换句话说，我们无法观察到反事实是什么。实际上，"独特小姐"的母亲一旦按规定获取了现金补贴，我们就无法知道如果未收到现金补贴时，她的身高会怎样变化。

为"独特小姐"找到合适的比较对象是一大挑战，因为她确实是独一无二的。她真实的社会经济背景、遗传属性以及个人和家庭特征在任何人身上都找不到。如果我们只是简单地对比"独特小姐"与其他未收到现金补贴的孩子，比如"独特先生"，这种比较是不充分的。"独特小姐"与"独特先生"不可能完全一样。"独特小姐"和"独特先生"可能长得不一样，住在不同的街区，拥有不同的父母，出生时的身高不同。因此，如果我们发现 3 岁时的"独特先生"比"独特小姐"矮，我们就无法确定这种差异是由现金补贴造成的，还是由这两个孩子之间的许多其他差异造成的。

开展影响评估时，计算基本方程式的第一项（Y|P=1），即项目的产出，是相对简单的。我们可以简单地衡量项目参与者的预期目标。然而，我们不能直接观察公式第二项（Y|P=0）。我们需要通过估计反事实来填补这条缺失的信息。①

为了帮助理解反事实估计这一关键概念，引入另一个假设案例。如果评估人员能为项目参与者找到一个"完美克隆体"，就有可能解决反事实问题（见图 3-1）。假设弗拉尼托先生（Fulanito）开始领取 12 美元的零用钱津贴，我们想衡量这种待遇对他糖果消费量的影响。如果能找到弗拉尼托先生的完美克隆体，那么评估就很简单了。此时，只需要比较弗拉尼托先生在收到零花钱后吃掉的糖果数量（比如 6 颗）和他的克隆体吃掉的糖果数量（比如 4 颗）。基于此，零花钱津贴的影响就是 2 颗糖果，即假设消费 6 颗糖果与消费 4 颗糖果之间的差。事实上，我们知道复制出完美的克隆体是不可能的，即使是基因相同的双胞胎也存在有很多差异。

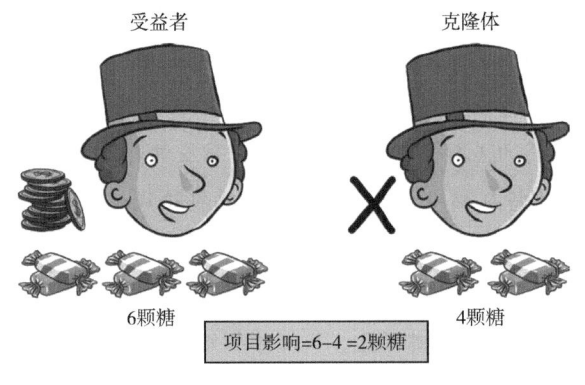

图 3-1 完美的克隆

估计反事实

对项目参与者进行反事实评估的关键是从个人或单元层面上升至群体层

---

① 我们不能直接观察到反事实，所以只能估计它。

面。虽然不存在样本个体的完美克隆，但我们可以依靠统计特性生成两组样本，如果它们的数量足够大，则组与组之间的统计特性就无法区分了。参与该项目的组称为实验组，其参与项目后的产出为 $(Y|P=1)$。统计上相同的组是未受项目影响的对照组（有时称为控制组），并允许我们估计反事实的产出 $(Y|P=0)$。也就是说，如果实验组没有参与项目，则项目产出将会占优。

因此，在实践中，影响评估的难题是确定一对在统计上近乎相同的实验组和对照组，在没有项目的情况下，这些数据在统计上是相同的。如果两组样本完全相同，唯一的例外是其中一组参加了项目，而另一组没有参加，那么我们就能确定产出上的任何差异一定是由项目实施引起的。不管评估什么类型的项目，找到对照组是任何影响评估的关键。简言之，如果没有一个对反事实进行准确估计的对照组，就无法确定真实的影响。

因此，确定影响的主要挑战是找到一个有效的对照组[①]，其与未加入项目时的实验组具有相同的特征。具体而言，实验组和对照组之间至少在三个方面相同。

第一，在项目未实施前，实验组和对照组的平均指标特征必须相同。[②] 虽然实验组中的样本个体在对照组中未必有"完美克隆"，但实验组和对照组的平均指标特征应该相同。例如，实验组中的样本个体平均年龄应与对照组中的样本相同。

第二，实验组不应直接地或间接地影响对照组。在零花钱津贴的例子中，实验组不应将资源转给对照组（直接影响），或影响当地糖果市场价格（间接影响）。例如，如果我们想分离零花钱津贴对糖果消费的影响，那么实验组也不应该比对照组有更多机会去糖果店。否则，我们将无法区分额外的糖果消费是由零花钱还是由多去了几趟糖果店导致的。

第三，如果两组样本都接受（或都不接受）项目，则对照组中样本的产出变化应与实验组中的相同。从这个意义上说，实验组和对照组应以同样的方式对项目做出反应。例如，如果实验组中的样本个体通过职业培训项目使收入增加了100美元，那么对照组的样本个体如果接受职业培训，他们的收入也会

[①] 有效的对照组：与未参与项目的实验组有基本相同的特征，不受项目的影响，如给定项，实验组与对照组以相同方式对项目作出反应。

[②] 在一些影响评估方法中，这一条件可适度放宽，取而代之的是在没有项目的情况下，结果（趋势）的平均变化是相同的。

增加 100 美元。

当上述三个条件都满足时，则只有存在相关项目才能解释两组样本产出（Y）之间的差异。这是因为实验组和对照组之间的唯一区别是实验组成员参加了项目，而对照组成员没有。当产出差异可以完全归因于项目，则项目实施的因果影响就被确定了。

回到弗拉尼托先生的例子，我们看到，为了评估零花钱津贴对糖果消费量的影响，需要完成一项难以置信的任务，即找到弗拉尼托先生的完美克隆体。与其关注项目对样本个体的影响，还不如研究其对一组人的平均影响更为现实（见图 3-2）。如果能找出另一组人，他们除了没有得到额外的零花钱外，在平均年龄、性别构成、教育程度及对糖果的偏好等方面都相同，就可以估算出零花钱对糖果消费量的影响。这就是两组人平均糖果摄入量的差异。因此，如果实验组中样本个体的人均糖果消费量为 6 颗糖，而对照组中样本个体的人均糖果消费量为 4 颗糖，那么额外的零花钱对糖果消费量的平均影响为 2 颗糖。

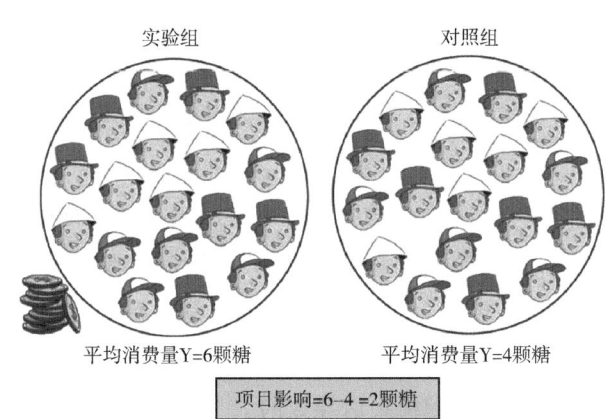

图 3-2 一个有效的对照组

确定了有效对照组后，重要的是要明确如果没有找到有效的对照组时，仍须确定影响评估会发生什么。直观地说，无效对照组是指与实验组在某些方面不同，而不是没有参加项目。这些额外的差异可能导致影响评估无效或在统计上是有偏差的，即影响评估无法体现项目的真实影响。① 相反，它容易将项目

---

① 当比较组不能准确地估计真实的反事实时，那么该项目的影响估计将是无效的。从统计学的角度来看，它是有偏见的。

实施效果与其他差异混淆。

两个伪反事实评估

在本书第二篇的剩余内容中,我们将讨论可用于构建有效对照组的各种方法,这些方法可用于评估反事实。然而,在此之前,有必要就构建对照组的两种常见但风险很高的方法展开讨论,这些方法往往会导致伪反事实评估:

(1) 前后对比法(又称"事后比较"或"投射比较")是比较同一组人在参加项目前后的产出变化。

(2) 登记和未登记(或自选)是比较选择参加项目的组与选择不参加项目的组之间的产出差。

伪反事实评估1:项目实施前后的效果评估

前后对比法是将项目实施前后的产出加以对比,以确定项目效益的一种方法。该方法旨在通过跟踪项目参与者在给定时间内的产出变化来衡量项目的实施成效(见专栏3-2)。在影响评估的基础方程式中,实验组的产出 $(Y|P=1)$ 表示样本个体参与项目后的产出。然而,前后对比法是将反事实评估 $(Y|P=0)$ 看作项目实施前实验组的产出。从本质上讲,这种比较是假设如果项目从未存在过,项目参与者的产出 (Y) 与参与项目前的情况完全相同。不幸的是,绝大多数项目要连续实施数月或数年,上述假设根本站不住脚。

农村小额信贷项目评估。该项目通过向农民提供小额贷款用于购买化肥,进而促进水稻产量的提升。如图3-3所示,在小额信贷项目实施前一年,每公顷土地的水稻产量为1 000公斤(点B);小额贷款项目实施一年后,每公顷土地的水稻产量增加到1 100公斤(点A)。如果使用前后对比法来评估项目的影响,可将基准产出作为反事实评估。应用影响评估的基础方程式,可以得出项目实施后使每公顷土地水稻产量增加了100公斤(A-B)。

想象一下,在小额信贷项目启动前一年,降雨量是正常的,但在项目运行

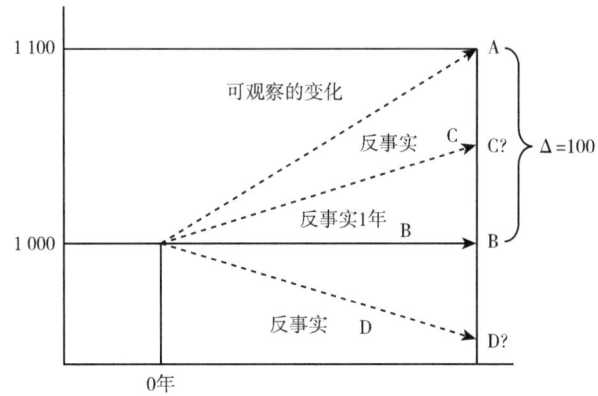

图 3-3 小额信贷项目实施效果评估

注：Δ=大米产量变化（公斤）。

当年却发生了干旱。由于干旱，在没有小额贷款项目支持的情况下水稻平均产量可能低于 B 点，假设为 D 点的水平。在这种情况下，该项目的真实影响是 A-D，比使用前后对比法测算的结果 100 公斤要大。相比之下，如果两年间降水量确实有所增加，那么反事实的水稻产量可能处于 C 点的水平。换句话说，除非影响评估能够综合考虑降水量和其他影响水稻产量的因素，否则我们根本无法通过前后对比法来估算项目的真实影响。

在上文的农村小额信贷项目中，降水是影响项目长期效益（如水稻产量）的众多外部因素之一。同样，发展项目旨在改善收入、生产力、健康或教育等许多成效，但随着时间的推移会受到一系列因素的影响。出于这个原因，基准结果几乎都不是对反事实的良好估计。这就是为什么我们认为它是对伪反事实估计的原因。

【专栏 3-2】

健康保险补贴计划（HISP）的影响评估：使用前后对比法

健康保险补贴计划（the Health Insurance Subsidy Program，HISP）是某国的一项新增项目，旨在为贫困农村家庭购买健康保险提供补贴，该保险可用于补偿参保者的医疗和药品相关费用支出。HISP 的目标是减少贫困家庭在基础医疗和药品方面的支出，并最终改善他们的健康状况。虽然在项目评估中要考虑许多产出指标，但政府特别感兴趣的是分析医疗保险补贴计划对年人均自费医疗支出（以下简称"医疗支出"）的影响。

如果想将 HISP 推广到全国范围，HISP 的支出将占国家预算的很大一部分，预计占国内生产总值（GDP）的 1.5%。此外，运行此类项目涉及大量复杂的行政和后勤工作。基于此，中央政府决定将 HISP 作为试点项目，然后根据第一阶段的运行结果，逐步扩大规模。根据财务和成本效益分析结果，总统及其内阁部门宣布：要使 HISP 切实可行并在全国范围推广，该计划必须使农村贫困家庭年人均自费医疗支出比没有该计划时至少减少 10 美元，而且必须在两年内做到这一点。

HISP 试点初期，选择了 100 个乡村推广 HISP。项目实施前，该国政府聘请了一家调查公司负责对上述村庄的 4 959 户家庭进行全面摸底调查。调查公司收集了每个样本家庭的详细信息，包括他们的家庭人口构成、资产、获得医疗服务的机会以及过去一年的医疗支出等。摸底调查后不久，HISP 工作团队就在试点的 100 个村庄大张旗鼓地做宣传，并通过社区活动和其他宣传活动等鼓励家庭登记注册。在 4 959 户样本家庭中，共有 2 907 户家庭申请了 HISP，该项目在接下来的两年内运行良好。为 100 个村庄提供医疗服务的所有诊所和药房均接诊了参加医疗保险计划的病人，调查结果显示，大多数参保家庭对该计划表示满意。在为期两年的试点期结束时，对上述样本中的 4 959 户家庭①收集了第二轮评估数据。

假设总统和卫生部部长委托您负责监督 HISP 的影响评估并提出是否可将该项目推广到全国范围的建议。您感兴趣的影响评估问题是，HISP 对贫困家庭自费医疗支出的影响有多大？值得注意的是，在全国范围内推广 HISP 的风险很高。如果评估发现 HISP 减少的医疗支出达 10 美元以上，则建议可在全国范围内推广。如果 HISP 减少的医疗支出不足 10 美元，则建议不要向全国推广。

假设聘请的首席顾问指出，要评估 HISP 的影响，必须计算加入该计划以来家庭医疗支出的变化情况。该顾问认为，由于 HISP 涵盖了所有的医疗费用，因此随着时间的推移，任何医疗支出的减少都必须归功于 HISP 的实施。

---

① 我们假设两年内没有样本家庭流失。对大多数家庭调查来说，这是不现实的假设。实践中，搬家的家庭地址更换后很难追踪，还有些家庭破裂并且完全不复存在。

以登记家庭为样本子集,计算项目实施之前的平均医疗支出,在两年后再计算一次,比较两者的差异。如表3-1所示,您会发现实验组成员的医疗支出减少了6.65美元,从引入HISP之前的14.49美元减少至两年后的7.84美元。从T检验(T-stat)结果来看,项目实施前后的医疗支出差异在统计上是显著的。① 这意味着,您找到了强有力的证据,并验证了项目实施前后的产出差异为零的说法是错误的。

表3-1　　　　　　　　　　评估HISP:前后比较

	项目实施后	项目实施前	差异	T-stat
家庭医疗支出(美元)	7.84	14.49	-6.65**	-39.76

注:显著性水平: ** =1%。

尽管对同一组家庭进行了前后比较,但是过去两年间上述家庭的其他特征可能也发生了变化,从而影响了他们的医疗支出。例如,最近出现了许多新药。或者医疗支出的减少,部分原因可能是由金融危机造成的。为了解决上述问题,您的顾问进行了更复杂的回归分析,试图控制一些额外的因素。

回归分析是利用统计学的方法分析因变量(待解释变量)与解释变量之间的关系。如表3-2所示,线性回归是最简单的形式,其中因变量是医疗支出,只有一个(0-1)二进制的解释变量,如果在基线时进行观察,则取值为0;如果还有后续跟踪观察,则取值为1。

表3-2　　　　　　　　　　评估HISP:前后回归分析

	线性回归	多变量线性回归
评估对家庭医疗支出的影响(美元)	-6.65** (0.23)	-6.71** (0.23)

注:括号内为标准误。显著性水平: ** =1%。

多元线性回归增加了需要控制或保持不变的解释变量,包括样本家庭的财富(资产)指标、家庭成员构成等其他特征。②

您会发现,线性回归的结果相当于表3-1中平均医疗支出的前后对比差

---

① T检验值大于等于1.96,在5%的水平上有统计学意义。
② 有关多变量分析的更多信息,请参阅影响评估网站: www.worldbank.org/ieinpractice。

（医疗支出减少了 6.65 美元）。可见，使用多元线性回归控制数据表中的其他因素，也可以发现类似的结果，即医疗支出减少了 6.71 美元。

♣ HISP 问题 1：
A. 前后对比法是否涵盖影响跨期医疗支出的所有因素？
B. 根据前后对比法确定的 HISP，是否应该在全国推广？

伪反事实评估 2：比较登记组和非登记（自愿选择）组

对比分析一组自愿参加某项目与一组不愿参加该项目的样本产出差异，是另一种有风险的影响评估方法（见专栏 3-3）。一个不愿参加某项目的对照组将提供另一种伪反事实评估。当参与项目是基于参与者偏好、决策或未被发现的特征时，就需要作出选择。

以一项针对失业青年的职业培训项目为例。假设该项目启动两年后，通过对选择参加培训的一组青年与尽管符合参训条件但选择不参加培训的一组青年的平均收入水平进行对比，进而确定该职业培训项目对青年收入水平的影响。假设评估结果显示，选择参加培训项目的青年收入是选择不参加培训项目的青年收入的两倍。该如何解释这些结果？在这种情况下，反事实是通过评估未参加职业培训项目的青年收入来估算的。然而，这两组样本可能存在着本质性的差异。那些选择参加培训的样本个体可能更热衷于改善生活，并更期望通过职业培训获得高回报。相比之下，那些选择不参加培训的样本个体可能是些颓废的年轻人，他们并不指望从培训项目中受益。这两类人在劳动力市场上的表现完全不同，即使没有职业培训计划，他们的收入也会有所不同。

当项目参与资格的获取受项目管理者隐性偏好影响时，同样的问题也会出现。比如，项目管理者通过面试形式确定登记录取资格。那些被录取的样本个体可能只是项目管理者认为他们更有机会从该项目中受益。反之，那些未被录取的样本个体可能在面试中表现得不够积极、资质较低，或者只是缺乏良好的面试技巧。同样，即使没有职业培训项目，这两类年轻人在劳动力市场上的收入水平也会不同。

因此，没有参加培训的样本不能很好地用来评估反事实。如果观察两组样本之间的收入差异，将无法确定是由于培训计划，还是由于两组样本个体之间的动机、技能等潜在差异，或其他因素等造成的。事实上，如果样本个体缺乏动力或不符合参训的基本条件，则会导致该项目的影响评估存在偏差①，称为选择偏差②。一般而言，当样本个体参与项目的原因与结果相关时，即使没有举办培训也会出现选择偏差。确保影响评估不存在选择偏差是任何影响评估的主要目标和挑战之一。就上例而言，如果参加职业培训的年轻人即使在不参加职业培训的情况下也能获得更高的收入，那么选择偏差为正。换句话说，上述事实会高估职业培训项目的影响，因为会将参与者未来的高收入归因于职业培训项目。

【专栏 3-3】

HISP 影响评估：比较注册和未注册 HISP 的家庭户

假设通过前后对比法分析，发现仍有许多其他因素会导致医疗支出的变化（特别是财政部长担心近期的金融危机可能影响家庭收入，进而导致观察对象医疗支出的变化）。

某专家建议，在干预后期（即项目启动两年后）估计反事实会更合适。他明确指出，在初始样本的 4 959 户家庭中，只有 2 907 户家庭实际参加了 HISP，仍有约 41% 的家庭未被 HISP 覆盖到。他还认为 100 个试点村内的所有家庭都有资格参加，他们都共用一家卫生中心，并且当地的药品价格相同。此外，多数家庭都从事类似的经济活动。专家认为，在这种情况下，未注册组可用来估计注册组的反事实结果。因此，需要计算项目实施后注册家庭和未注册家庭的平均医疗支出（见表 3-3）。使用未加入 HISP 的家庭平均医疗支出估计反事实，会发现该计划使平均医疗支出减少了约 14.46 美元。

经与专家沟通，需要进一步明确选择不参加 HISP 的家庭与参加 HISP 的家庭是否存在系统性差异。例如，加入 HISP 的家庭预计会有更高的医疗支出，或者是更了解该计划的人，或者是更关心家人健康的人。或者，相对而言，注

---

① 另一个例子是，如果那些预期从培训计划中获益颇多的年轻人也更有可能参加培训（例如，因为他们预计通过培训获得更高的工资），将他们与预期回报较低且没有参加培训的群体进行比较，将产生一个影响偏差评估。

② 当一个人参与某项目的原因与结果相关时，就会出现选择偏差。确保估计的影响不存在选择偏差是任何影响评估的主要目标和挑战之一。

册 HISP 的家庭比未注册该计划的家庭普遍更贫困。专家认为回归分析可以控制两组样本之间的这种潜在差异。因此，通过开展额外的多元回归分析，控制其在数据集中观察到的所有家庭特征，并评估该计划的影响（见表 3-3）。

表 3-3　　　HISP 影响评估：注册和未注册家庭的回归分析

	线性回归	多元线性回归
评估 HISP 对家庭医疗支出的影响（美元）	-14.46** (0.33)	-9.88** (0.29)

注：括号内为标准差。显著性水平：** =1%。

通过将是否参加 HISP 的家庭医疗支出作为指标进行简单线性回归，会发现影响评估为负 14.46 美元。换句话说，该计划使家庭平均医疗支出减少了 14.46 美元。但是，如果控制了数据中的所有其他特征，则预计项目实施会使年均家庭医疗支出减少 9.98 美元。

♣ HISP 问题 2：

A. 回归分析是否可能控制所有决定两组样本之间医疗支出差异的因素？

B. 基于注册—未注册分析方法产生的项目结果，是否可以判断 HISP 应该在全国推广？

【本章补充材料】

有关本书辅助材料和其他附加资源的超链接，请参阅《政策影响评估实践》官网（www.worldbank.org/ieinpractice）。

【本章参考文献】

[1] Imbens, Guido W., and Donald B. Rubin. 2008. "Rubin Causal Model." In *The New Palgrave Dictionary of Economics*, second edition, edited by Steven N. Durlauf and Lawrence E. Blume. Palgrave.

[2] Rubin, Donald B. 1974. "Estimating Causal Effects of Treatments in Randomized and Nonrandomized Studies." *Journal of Educational Psychology* 66 (5): 688–701.

第四章 随机分配

根据分配原则评估项目

在讨论了前后对比法、注册与未注册比较法两种常用但存在高偏差风险的伪反事实估计后，我们希望能找出一组可准确地估计项目影响的方法。然而，这种估计并非像看上去那么直截了当。绝大多数项目的设计和实施背景都是复杂多变的，进而许多因素会影响项目参与者和非参与者的行为。干旱、地震、经济衰退、政府更迭以及国际、国内政策调整等都是现实世界的一部分。在评估中，要确保尽管存在上述影响因素，但项目的影响评估仍然有效。

遴选项目参与者的原则一般也是确定影响评估方法的关键参数。我们相信，在大多数情况下，评估方法应尽量适应项目实施的基本条件（即在这里和那里做一些微调整），而不是相反。但是，我们也需要有一个前提条件，即所有项目都应该有公平、透明的分配规则。事实证明，稀缺资源最公平、最透明的分配规则之一是要让每个符合条件的项目参与者获得相同的机会。一种简单的方法就是抽签。

在本章中，我们将研究随机分配法，也称为随机对照实验（Randomized Controlled Trials，RCTs），是一种类似于抽签的方法，即用大量测试方法决定谁在给定的时间内参加项目，谁不参加。它不仅为项目管理者向合格受益人群分配稀缺资源提供了一个公平透明的规则，也是项目影响评估中最有效的方法。因此，近年来这种方法在评估公共政策影响方面的应用大幅增加。

随机分配原则

当一个项目通过抽签方式随机分配到大量符合条件的人群时，将产生一个稳健的反事实评估。随机分配原则被认为是影响评估的黄金标准。它使用一个随机程序或机会平等原则决定谁可以参与项目，谁不可以参与。[①] 在随机分配原则下，每个符合条件的样本个体（如个人、家庭、企业、学校、医院或社区）都有相同的概率被项目选中接受实验。[②]

在讨论如何在实践中实施随机分配以及为什么会产生反事实的强评估之前，需要花点时间思考为什么随机分配也是项目资源分配的一种公平透明方式。一旦确定了目标人群（如贫困线以下家庭、5岁以下儿童或该国北部农村的道路），随机分配就是一种公平的分配原则，因为它允许项目管理者确保每个符合条件的样本个体都有同等机会参与项目，并且项目的分配不是使用武断或主观的分配标准，更不是通过赞助或其他不公平的做法。当项目需求过大时，随机分配是项目管理者可以轻松解释的规则，关键成员也容易理解，且在多数情况下该方法也被认为是公平的。此外，当分配过程公开透明地推进时，就不容易被操纵，也能保护项目管理者免受潜在偏袒或腐败的指控。因此，随机分配作为一种配给机制有其天生的优势，远远超出其作为影响评估工具的效用。事实上，许多项目使用抽签方式从符合条件的样本池中筛选参与者，主要缘于其在行政管理和治理方面的优势。[③] 专栏4-1列举了非洲的两个案例。

【专栏4-1】

随机分配法是一个有效的评估工具

即使在影响评估的范围之外，随机分配也是分配项目福利的有用规则。非洲科特迪瓦和尼日尔两个案例可以说明这一点。

---

① 随机实验通常也被称为随机对照实验、随机评估、实验评估和社会实践等术语。严格地说，实验不需要通过随机分配来识别影响，但通常是评估人员在评估中应用随机分配法时才会使用"实验"一词。

② 中奖的概率未必是五五开。实践中，在多数随机分配评估中每个合格个体被选中的概率等于确定的受益对象比可获得的福利总数。例如，如果某项目资金足够向10 000个符合条件社区中的1 000个社区提供服务，则每个社区有1/10的概率被选中。当评估样本在实验组和对照组之间平均分配时，统计功效（第十五章会详细介绍）将会最大化。在该案例中，对2 000个样本社区，统计功效最大化是在子样本中抽取1 000个实验社区和1 000个对照社区，而不是从最初10 000个符合条件的社区中抽取20%的简单随机样本（这将产生一个由200个实验社区和1 800个对照社区组成的评估样本）。

③ 如住房补贴项目就是通过抽签方式确定项目参与者的。美国的许多特许学校是通过抽签方式确定哪些申请人可入学。

科特迪瓦（象牙海岸）经历了一场危机后，政府推出了一项临时就业计划，该计划的早期目标对象是前战斗人员，后来推广至广大青年人。该计划为青年提供了短期就业机会，主要是国家公路局提供的有关道路清洁或修复的工作。邀请各参加城市的青年进行注册登记。鉴于福利政策的吸引力，申请项目的年轻人会比供给的职位多得多。为确保申请人权益分配的公开透明，项目执行者采取了公开抽签方式。一旦项目申请结束，则在该区域申请人数量（比如N）就是已知的，就会组织一次公共抽签。所有的申请者会被召集到指定的公共场所，并按要求从一个放有写着数字1到N的小纸条的盒子里抽出号码。然后，申请人会被依次叫到，在所有人面前从放有申请表的盒子里抽取一个号码。一旦数字被抽中，就会被大声读出。在所有的申请人被叫到之后，有人会逐个检查盒子里的剩余号码，以确保他们是没有来抽签的申请人。如果该项目有N个名额，则抽签排号最低的申请人会被选中参加该项目。抽签过程是按男性和女性分开组织的。公开抽签方式得到参与者的广泛认可，并有助于当发生社会冲突后确立项目公平透明的形象。经过数年的实践，研究人员利用这个已经融入项目运行的分配原则，对其开展影响评估。

尼日尔政府在世界银行的支持下，于2011年开始推出国家安全网项目。尼日尔是世界上最贫穷的国家之一，国家安全网项目实施初期，应补贴的贫困家庭数远远超过了获得补贴的贫困家庭数。执行中，项目实施者可根据地域目标确定首批获取现金转移的部门和社区。各省或社区掌握着有关相对家庭贫困或脆弱状况的数据。但是，在社区内部，由于数据资源十分匮乏，根本无法客观评价哪个村庄更有资格。在项目实施的第一阶段，项目执行者决定使用公开抽签方式在目标社区中选择受益村庄。另外，客观地确定目标村庄优先次序的可用数据也是有限的，部分原因是该项目正在进行影响评估。对于公开抽签，所有的村长都被邀请到市政中心，并将写有各自村庄名字的纸条放在一个盒子里。然后，有人负责从盒子里随机抽取受益人村庄，直到配额被填满。受益人村庄的选取，要采用分类分档形式开展，以确保每个定居或流动的村庄都有代表组。（目标村庄选定后，实施了一个单独的家庭层面的目标机制，以确定最贫困的家庭并将其登记为受益人。）公开摇号的透明度和公正性得到了地方和村政府以及项目执行部门的高度赞赏，以至于在项目的第二批次和第三批次实施中依然使用公开抽签方式，最终在全国范围内选择了1 000多个村庄。尽管在当时的影响评估中，公开抽签形式并非必要的，但它作为一种透明、公平和被广泛接受的操作工具，也是有价值的，证明了它在项目执行者和地方当局眼中继续使用的合理性。

资料来源：Bertrand 等，2016；Premand、Barry 和 Smitz，2016。

随机分配通常可以从项目实施的操作规则中推导出来。对多数项目而言，项目想要服务的目标对象整体大于其在给定时间内实际可容纳的参与者数量。例如，某项教育规划项目拟从全国符合条件的所有学校中每年选取 500 所免费提供教材。或者，一个农村道路改造项目计划铺设数百条农村道路，而年度目标是铺设 250 条。又如，青年就业补贴项目拟服务成千上万名失业青年，但项目运行第一年却只惠及了 2 000 名失业青年。由于种种原因，项目可能无法覆盖所有感兴趣的人群。预算限制可能只是阻止管理者从一开始就把项目提供给所有符合条件的参与者，抑或即使预算可覆盖无限数量的参与者，但有限的服务能力有时也会限制一个项目同时向所有人开放。再如，在青年就业培训计划下，希望接受职业培训的失业人员数比技术学院能够提供的学习席还多，这可能会限制报名的人数。

当符合条件的参与者人数大于项目可供给的名额时，必须有人决定谁最终参加该项目，谁不能参加。换句话说，项目实施人员必须明确一个项目分配机制并按期提供服务。该项目可以按照先到先得的原则或根据观察到的特征（例如，向最贫困地区提供服务），或者基于未观察到的特征（例如，让个人根据自己的动机和知识等提出申请）或抽签结果等确定分配对象。即使可根据需求程度对潜在参与者进行排名，也可能通过抽签方式分配福利。例如，一个项目受益对象的选择基准是收入水平最低的 20% 的最贫困家庭户。当家庭收入无法科学衡量时，该项目仍可使用这一衡量标准来确定包括所有极端贫困的潜在参与者（如最底层的 15%）。由于收入衡量机制并不完美，在现实中真实收入低于或高于 20% 的家庭可能有资格参加，也可能没有资格参加（如果我们能够衡量真实的收入）。在这种情况下，通过抽签方式向真实收入位于 20% 左右的家庭（例如收入介于 15%—25% 的家庭）分配福利是公平的。

随机分配如何才能产生出色的反事实评估？

如前所述，除了在参与被评估的项目方面，理想的对照组应尽可能在所有方面与实验组相似。当我们将服务对象随机分配给实验组和对照组时,只要随机分配过程中的潜在对象数量足够大,这个随机分配过程本身就会产生统计概率相同的两个组。具体来说,只要有足够多的参与者,随机分配过程会发现所有统计特征相似的样本组。

图 4-1 说明了为什么随机分配会产生了一个与实验组统计特征相同的对照组。假设符合条件的评价对象(潜在参与者)由 1 000 人组成。其中一半被随机分配到实验组,另一半被随机分配到对照组。想象一下,如果把 1 000 张写有人名的纸条混在一个碗里,然后让人从中随机抽取 500 张。如果前 500 个名字组成了实验组,那么将产生一个随机分配的实验组(抽取的前 500 个名字)和对照组(碗里剩下的 500 个名字)。

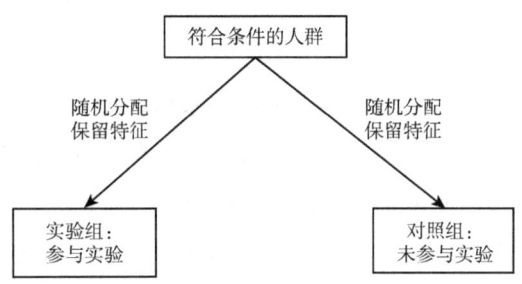

图 4-1　随机分配原则下的群体特征

假设最初的 1 000 人中 40% 是女生。如果这些名字是随机抽取的,所以从碗中抽取的 500 个名字中,大约有 40% 也是女性。如果在这 1 000 人中,有 20% 的人有蓝色眼睛,那么实验组和对照组中也应该有 20% 的人有蓝色眼睛。一般来说,如果符合条件的样本群体足够大,那么随机分配机制将确保样本群体的任何特征都将在实验组和对照组之间传递。正如性别或眼睛颜色等可观察到的特征既适用于实验组,也适用于对照组一样,从逻辑上讲,更难观察到的特征(非可观察变量),如动机、偏好或其他难以测量的个人性格特征,也同样适用于实验组和对照组。因此,通过随机分配产生的实验组和对照组不仅在观察到的特征上相似,而且在未观察到的特征上也相似。有两个在各个方面都相似的组,可以保证在没有项目的情况下反事实估计接近产出的真实值,并且一旦项目实施了,影响评估不会受到选择偏差的影响。

当使用随机分配原则评估实验组和对照组时,只要评价对象足够多,理论上会产生两个相等的组。基于评估样本的基础数据，我们可以凭经验验证这一假设，并验证在项目开始之前实验组和对照组之间可观察到的特征没有实质性的系统性差异。然而，当项目启动后，如果我们观察到实验组和对照组之间产出了差异，就可以得出上述差异是由项目实施引起的。因此，从结构上讲，在项目实施前两组样本的基准值是相同的，并且长时间暴露在相同的外部环境因素下。从这个意义上说，对照组控制了所有可以解释项目结果的因素。

为了评估随机分配方案的影响，我们只需选取项目实施产生的绩效（即随机分配实验组的平均产出）与对反事实估计（即随机分配对照组的平均产出）之间的差异。可以确信的是，我们估计的影响构成了项目的真实影响，因为我们已经排除了所有观察到的和未观察到的因素，否则这些因素可能会合理地解释产出的差异。在专栏4-2至专栏4-6中，我们讨论了随机分配法在世界各地多种不同干预措施影响评估中的应用。

在图4-1中，假设符合条件的样本个体都将被分配到实验组或对照组。但是，在某些情况下，影响评估不必包括所有样本。例如，假设符合条件的样本包括100万名母亲，如果希望通过母亲带子女接种疫苗的概率评估现金补贴的有效性，那么就需选择一个具有代表性的随机样本，比如选择1 000名母亲并将其随机分配到实验组或对照组就足够了（见图4-2）。如上文所述，从符合条件的总样本中随机抽取样本组成评估样本，就保留了总样本的特征。在评估样本中，我们将样本个体随机分配到实验组和对照组并保留样本特征。我们将在第十五章进一步讨论抽样问题。

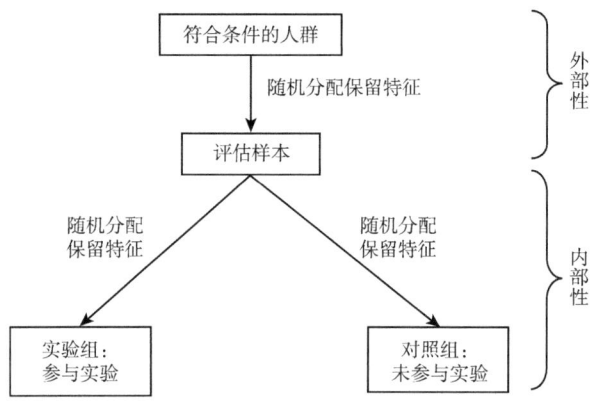

图4-2 随机样本和随机分配原则

外部性和内部性

上述随机分配项目的步骤将确保影响评估的内部性和外部性（见图 4-2）。

【专栏 4-2】

项目随机分配规则
——以墨西哥有条件现金转移支付和教育项目为例

"进步"计划，现称"普洛佩拉"，是墨西哥政府向农村地区贫困母亲提供的现金转移支付项目，条件是父母要让其子女上学和定期参与健康体检（见第一章专栏 1-1）。针对 3—9 年级儿童的现金转移支付占私立学校教育成本的 50%—75%，实施周期 3 年。社区和家庭参与该项目的资格标准由人口普查数据和基线数据收集得出的贫困指数确定的。由于需要分阶段实施，大约 2/3 的地区（约 495 个地区中的 314 个地区）被随机选中提前两年参加该项目，剩下的 181 个地区作为对照组，第 3 年加入该项目。

基于随机分配，舒尔茨（Schultz, 2004）发现,1—8 年级学生的入学率平均增加了 3.4%，其中完成 6 年级的女生入学率增幅最大，为 14.8%。[a] 可能的原因是，随着年龄的增长，女孩的辍学率往往更高，所以她们获得了略多的转移支付，以便其小学毕业后能继续上学。然后，这些短期影响可推广应用于预测"进步"计划对终身教育和收入的长期影响。

资料来源：Schultz, 2004。

a. 注：舒尔茨将随机分配原则与第七章的差异法相结合使用。

【专栏 4-3】

随机分配补贴以改善乌干达北部青年的就业前景

2005 年，乌干达政府启动了一项计划，旨在减少青年失业率和促进受冲突影响的北部地区的社会稳定。青年激励计划旨在邀请青年团体提交商业活动和职业培训的建议提案。成千上万的提案被提交，但政府只能资助几百项。

考虑到该项目的高需求，评估人员与政府合作，随机选择拟资助团队。中央政府要求各区政府提交的提案数量是他能够资助的两倍以上。经过筛选后，政府确定了一份包含535个符合条件的提案清单。然后，将提案随机分配到实验组和对照组，其中实验组265个，对照组270个。实验组的补助标准为平均每人382美元。拨款四年后，实验组青年从事技术贸易的可能性是对照组青年的两倍多。他们的收入增加了38%，资本存量也增加了57%。但是，研究人员发现该项目对社会凝聚力或反社会行为未有改善。

资料来源：Blattman、Fialat 和 Martinez，2014。

【专栏4-4】

随机分配水和卫生设施，以改善玻利维亚农村地区的生活条件

自2012年起，玻利维亚政府在美洲开发银行的支持下，在小型农村社区按照随机分配原则实施了一项用水和卫生干预措施。在玻利维亚最需要援助的24个城市中，确定有369个符合补贴条件的社区。由于项目资源仅能覆盖182个社区，只能采用随机分配方式，为每个符合条件的社区创造平等的参与机会。项目管理者与市政当局联合组织了一系列活动，在社区领导人、媒体和民众的见证下举行了公开抽签活动。

首先，根据人口规模划分社区。然后，在每组中，随机抽取社区名称，并将其放在列表上。排名靠前的社区被分配到实验组。每次抽签都由独立的公证人负责监督，并对抽签结果进行登记和认证，使这一过程更具合法性。对于被排除在项目之外的社区，市政府承诺在完成评估后使用相同的随机排序表分配未来的资金。这样，任何社区都不会因评价结果的唯一性而被排除在项目之外，但只要预算限制了每个市镇的项目数量，就会有一个对照组。

资料来源：Inter – American Development Bank Project No. BO – L1065，http：//www.iadb.org/en/projects/project – description – title，1303.html？id＝BO – L1065。

注：See the public lottery for randomized assignment at https：//vimeo.com/86744573。

内部有效性意味着某项目的影响评估是排除了所有其他潜在的混淆因素，换句话说，对照组提供了反事实的准确估计，因此我们正在评估该项目的真实影响。值得注意的是，随机分配产生了一个对照组，在统计学上与实验组在项目期初的基础条件相同。一旦项目开始实施，随着时间的推移，对照组与实验

组也暴露在同样的外部因素下，唯一的例外是项目实施。因此，如果实验组和对照组之间出现任何结果上的差异，那只能是由于实验组参加了项目。通过随机分配获取实验资格的过程，确保了影响评估的内部有效性。[①]

【专栏 4-5】

随机分配泉水保护，以改善肯尼亚的健康状况

在发展中国家，水质与健康之间的联系已得到充分证明。然而，改善水源周边的基础设施与健康之间的因果关系并不明显。克莱默等（Kremer 等，2011）评估了泉水保护技术对改善肯尼亚水质的效果，并通过随机分配方式分配泉水。

在肯尼亚西部农村地区，大约有43%的家庭直接饮用天然泉水。泉水保护技术将泉水源头密封起来，以减少污染。从 2005 年开始，非政府组织（NGO）下的国际儿童支持组织（International Child Support, ICS）在肯尼亚西部的两个地区实施了泉水保护计划。由于财政和行政管理方面的限制，ICS 决定在四年的时间内逐步推进该计划。这使评估者可以使用尚未受到保护的泉水作为对照组。

从 200 个符合条件的泉水中，随机选择 100 个泉眼提前两年实施保护。研究发现，泉水保护计划使粪水污染减少了 66%，饮用泉水的儿童腹泻率下降了 25%。

资料来源：Kremer 等，2011。

【专栏 4-6】

随机分配艾滋病毒风险信息，以遏制肯尼亚青少年怀孕问题

在肯尼亚西部的一项随机实验中，杜帕斯（Dupas, 2011）测试了两种不同的艾滋病毒/艾滋病教育干预法对减少青少年不安全性行为的有效性。其中，方法一是在国家艾滋病毒/艾滋病课程中对教师进行培训，重点是规避风险和鼓励禁欲。方法二是相对风险信息宣传活动，旨在通过按年龄和性别分列艾滋

[①] 如果一项评估通过有效的比较组提供了对反事实的准确估计，那么它就是内部有效的。

病毒感染率信息，减少老年男性和年轻女子之间的性行为。

这项研究在肯尼亚的两个农村地区进行，样本中包括328所小学。研究人员随机分配163所学校接受第一种干预措施，按地点、考试成绩和学生性别比例等因素分层实施。然后，71所学校被随机分配到第二组，直接参与第二组的实验。基于此，样本学校被分成四组，即接受方法一的学校、接受方法二的学校、接受两种治疗的学校，以及不接受治疗的学校。

随机分配确保了学生在项目开始前，接触到的信息不会有系统性的差异。项目实施一年后，杜帕斯发现相对风险信息宣传活动促使女孩怀孕的可能性下降了28%。相比之下，只接受第一种治疗的学校对青少年怀孕率没有影响。

资料来源：Dupas，2011。

外部有效性[①]意味着评估样本能够准确地代表符合条件的样本总体。评估结果可以推广到符合条件的所有样本。我们采用随机抽样的方式，以确保评估样本准确地反映符合条件的样本总体信息，以便评估样本确定的影响可以推广到总体。

请注意，我们使用随机分配原则时有两个目标，即随机选择样本（用于外部有效性），以及把随机分配法作为影响评估的方法（用于内部有效性）。影响评估可以通过随机分配处理产生内部有效性的影响估计。然而，如果评估是在非随机样本上展开的，则影响评估就不能推广到符合条件的所有样本。相反，如果评估使用符合条件的总样本中的随机样本，且影响评估的方法也是随机分配的，那么该样本具有代表性，但对对照组可能无效，从而危害内部有效性。在某些情况下，项目实施可能会面临内部均衡的限制以及外部有效性。以收入最低的20%家庭为样本的项目为例，如果该项目的目标群体为收入低于15%的所有家庭，但对收入位于15%—25%的随机样本家庭开展随机分配影响评估，由于使用了随机分配法，则该评估具有内部有效性，即我们掌握了收入介于15%—25%家庭集的真实影响。但是，影响评估外部有效性是有限的，因为评估结果不能直接推广到全体受益人，特别是收入位于15%以下的家庭。

---

① 如果评估样本能够准确代表符合条件的总样本，那么评估是外部有效的；评估的结果也可以推广到符合条件的样本个体。

什么时候可以使用随机分配法

随机分配作为项目分配原则，可在以下两个特定场景使用。

第一，当符合条件的目标人群数大于项目的可支持的合格人群时。当一个项目供不应求时，可以用抽签的方式在符合条件的人群中选择实验组。在这种情况下，总样本中的每个样本都有相同的机会（或已知的大于 0 小于 1 的机会）参与项目。抽中的人群组成实验组，剩下的组成对照组。只要存在限制将项目扩大到整个人群的约束，就可以保持对照组，以衡量项目实施的短期、中期和长期影响。在这种情况下，无限期地保留一个对照组不会产生伦理困境。由于支持能力有限，部分子样本必然被排除在项目之外。

例如，假设教育部希望为全国的公立学校建立校图书馆，但财政部的预算资金只够支付其中的 1/3。如果教育部想让每所公立学校都有平等的机会获得图书馆，就会采用抽签方式，确保每所学校都有相同的机会（占比为 1/3）被选中。被抽中的学校将获得一座新图书馆，作为实验组；而其余 2/3 的公立学校未获得图书馆，作为对照组。除非为图书馆项目分配额外的资金，否则一些学校仍没有资金创办图书馆，则其可以作为一个对照组来衡量反事实。

第二，当一个项目需要分阶段实施，直到覆盖所有符合条件的人群时。当项目分阶段实施时，参与者需要按照随机顺序参与项目，即每个符合条件的样本个体无论是在项目实施的第一阶段或后续阶段都有均等的机会参与项目。只要最后一组还没有被分阶段加入项目，它就可以作为一个有效的对照组，从这个对照组中可以估计出已经分阶段实验组的反事实。这种设置也会受评估接受项目时间长短的影响。

例如，假设卫生部希望按照新医护协定在全国范围内培训 15 000 名护士，培训周期 3 年。在影响评估的背景下，卫生部可以随机选择 1/3 的护士在第 1 年接受培训，1/3 在第 2 年接受培训，1/3 在第 3 年接受培训。为了评估培训计划实施 1 年以来的成效，将第 1 年接受培训的护士组作为实验组，而分配到第 3 年接受培训的护士组作为对照组，因为他们尚未接受过培训。

如何实施随机分配

我们已经讨论了随机分配的作用以及为什么会产生一个较好的对照组,下面将探讨随机方式成功分配实验的具体步骤(见图4-3)。

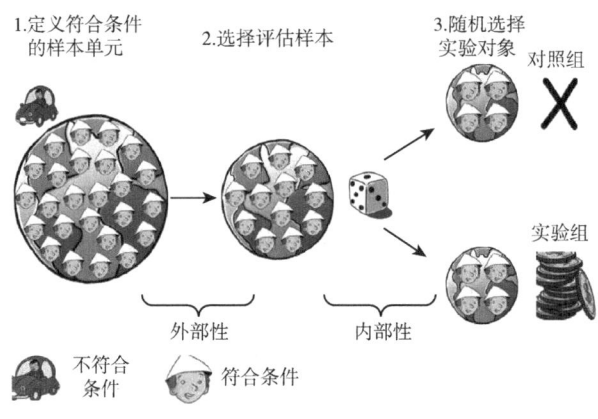

图4-3 随机实验的步骤

步骤1:明确有资格参加某项目的样本个体。在具体项目中,一个样本可以是一个人、一个诊疗中心、一个学校、一个企业,甚至整个村庄或城市。符合条件的样本包括那些有兴趣了解项目实施效果的个体。例如,如果您正在实施一项乡村小学教师培训计划,那么城市小学教师或中学教师将不属于项目受益群体。

一旦确定了满足条件的总样本,就有必要比较样本规模和观察量。评估样本的大小是通过功率计算确定的,以及拟回答的问题(参见第十五章)。如果符合条件的样本较少,则可能需要将所有符合条件的单位纳入评估范围。如果符合条件的单位多于评估所需的单位,那么步骤2是从总体中选择一个样本单元,并纳入评估样本。

步骤2:主要是为了压缩数据收集成本。如果现有监测体系中的数据可用于评估,并且覆盖了所有符合条件的样本单元,那么就不需要绘制单独的评估样本。想象一下,假设在一项评估中符合条件的个体包括全国每所学校的数万名教师，您需要收集有关教师教学知识和实践的详细信息。实地调查和评估该国每一位教师的操作成本非常高，而且在后勤保障方面也是不可行的。依据测算能力，您可能在 200 所学校中抽取 1 000 名教师作为样本，就足够回答相关评估问题了。只要教师样本能够代表整个教师群体，评估中发现的任何结果都是外部有效，并可以推广到全国其他教师。收集 200 所学校 1 000 名教师样本的数据成本远比收集全国所有学校每位教师的要便宜。

步骤 3：通过随机分配法，将评估样本划分为实验组和对照组。如果需要在公共场合（如电视）上进行随机分配，就需要使用一些简单的操作技巧，比如抛硬币或从帽子里抽取名字。假设随机单位是个人，则同样的逻辑适合观察样本整体，如学校、企业或社区，具体如下：

（1）如果想把 50% 的人分配到实验组，50% 的人分配到对照组，只需每人抛一次硬币。必须提前决定，将一个人分配到实验组是硬币的正面还是反面。

（2）如果想将 1/3 的评估样本分配到实验组，您可以让每个人掷一次色子。您必须提前决定一个分配原则。例如，如果掷出的色子显示 1 或 2，则意味着分配到实验组，而 3、4、5 或 6 则意味着分配到对照组。因此，可让每个评估样本掷一次色子，并根据出现的数字将他们分配到实验组或者对照组。

（3）把所有人的名字写在大小和形状相同的纸条上。将纸张折叠起来，使名字看不到，然后将它们完全混合在帽子或其他容器里。在开始作画之前，明确分配规则：规定画多少张纸，画一个名字意味着将这个人分配到实验组。一旦规则明确，请人群中的某个人（一个没有偏见的人，如孩子）抽出尽可能多的纸条，就可确定实验组成员。

如果要分配许多样本（如超过 100 个），使用诸如此类简单方法需要花费时间太多，那么就需要借助一种自动化的程序。要做到这一点，首先要明确使用随机牌号分配参与者的原则。例如，如果需要从 100 个评估样本中选取 40 个分配到实验组，则需决定将标有最高随机数的 40 个样本分配到实验组，其余的分配到对照组。为实施随机分配，就需要使用电子表格随机生成器或专用统计软件（见图 4-4），以便为评估样本中的每个个体分配一个随机数，并用事先选定的原则形成实验组和对照组。在生成随机数之前明确规则至关重要，否则需根据随机数来决定一个规则，这将使随机赋值无效。

自动化流程背后的逻辑与基于抛硬币或从帽子里抽取名字的随机分配法本

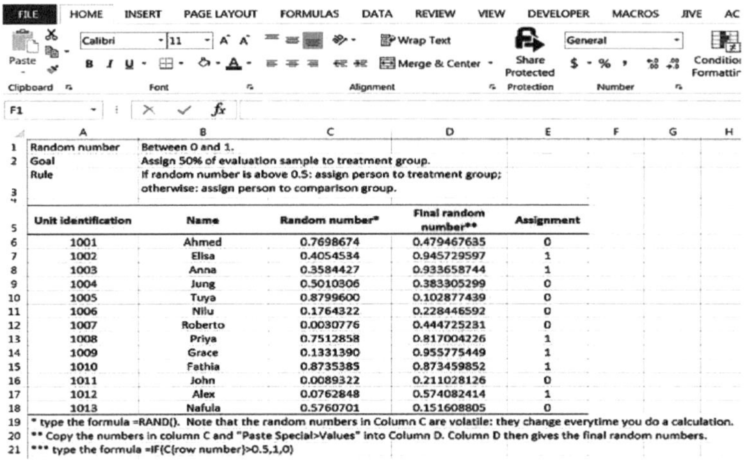

Random number	Between 0 and 1.
Goal	Assign 50% of evaluation sample to treatment group.
Rule	If random number is above 0.5: assign person to treatment group; otherwise: assign person to comparison group.

Unit identification	Name	Random number*	Final random number**	Assignment
1001	Ahmed	0.7698674	0.479467635	0
1002	Elisa	0.4054534	0.945729597	1
1003	Anna	0.3584427	0.933658744	1
1004	Jung	0.5010306	0.383305299	0
1005	Tuya	0.8799600	0.102877439	0
1006	Nilu	0.1764322	0.228446592	0
1007	Roberto	0.0030776	0.444725231	0
1008	Priya	0.7512858	0.817004226	1
1009	Grace	0.1331390	0.955775449	1
1010	Fathia	0.8735385	0.873459852	1
1011	John	0.0089322	0.211028126	0
1012	Alex	0.0762848	0.574082414	1
1013	Nafula	0.5760701	0.151608805	0

* type the formula =RAND(). Note that the random numbers in Column C are volatile: they change everytime you do a calculation.

** Copy the numbers in column C and "Paste Special>Values" into Column D. Column D then gives the final random numbers.

*** type the formula =IF(C{row number}>0.5,1,0)

图 4－4　使用电子表格执行随机分配

质上无差别，都是一种随机决定每个单元是在实验组还是对照组的机制。

无论使用公开抽签、掷色子还是计算机生成的随机数，重要的是记录整个过程，并确保其是透明的。这意味着，首先，分配规则必须事先决定，并与公众充分沟通。其次，一旦抽到随机数，就必须遵守规则。最后，必须能够证明整个过程确实是随机的。在抽签和掷色子时，可以把过程记录下来。基于计算机的随机数分配要求提供计算日志，以便审计人员可以复制这个过程。

在什么层面使用随机分配

各个层面都可以使用随机分配，包括个人、家庭、企业、社区或区域。一般而言，各个单元被随机分配到实验组和对照组的概率受项目实施地点、方式的影响很大。例如，如果一个健康项目是在卫生诊所实施，首先要随机选择一个卫生诊所样本，然后将其中一些随机分配到实验组，另一些分配到对照组。

一方面，当随机分配的水平更高或更集中时，例如在一个国家的区域或省级层面，实施影响评估就变得更难了，因为绝大多数国家的区域或省份数量不够大，无法产生平衡的实验组和对照组。例如，如果一个国家仅有 6 个省，那么实验组和对照组则各有 3 个省，这不足以确保实验组和对照组的基期特征是平衡的。此外，为产生无偏的影响评估，重要的是要确保规定时限内外部因素（如天气或地方选举周期）在实验组和对照组中是均衡的。随着分配水平的提升，这些因素在实验组和对照组之间均衡的可能性越来越小。例如，降雨量是一个有时间限制的外部因素，因为它每年都有系统地变化。在农业部门的评估中，我们希望确保干旱对各省份的影响是均衡的。由于实验组和对照组中只有三个省份，这种平衡很容易被打破。另外，如果分配单位层级降至省级以下，如直辖市，随着时间的推移，实验组和对照组之间的降雨量更有可能达到平衡。

另一方面，当随机分配的水平越来越低，直至降到个人或家庭层面时，对照组无意中受项目影响的机会就会增加。在选择分配层级时，需要考虑两类特殊风险：溢出效应和不完全依存性。当实验组直接或间接影响对照组的结果时，溢出效应就会发生，反之亦然。当对照组的一些成员参与项目，或实验组的一些成员没有参与项目时，就会产生不完全依存性（见第九章）。

通过仔细考虑随机分配层级，可以将溢出效应和不完全依存性的风险最小化。个人可以按群体或集群进行分配，如学校的学生或社区的家庭，尽量减少实验组和对照组中个人之间的信息沟通交流。为了减少不完全依存性，分配层级的选择也应该在整个干预过程中确保实验组和对照组之间界限清晰。如果一个项目包括社区层面的活动，则不可避免地将该社区成员都覆盖在项目范围内。

向儿童提供驱虫药物，是一个众所周知的溢出效应案例。如果实验组家庭与对照组家庭毗邻，那么对照组家庭的儿童可能会受到实验组家庭溢出效应的积极影响，因为他们从邻居那里感染蠕虫的概率将降低（Kremer 和 Miguel，2004）。为了隔离项目影响，实验组和对照组家庭需要相距足够远，以避免类似的溢出效应。然而，随着样本家庭之间距离的增大，则项目实施和管理调查等成本就会水涨船高。根据经验，如果可以合理地排除溢出效应，最好是在项目实施的最低层面执行随机分配方案。这将确保实验组和对照组的样本数量尽可能大。

随机分配下的影响评估

一旦随机选择了一个评估样本，并以随机分配方式分配样本，就可以直接评估项目的影响。当某项目运行一段时间后，需要测量实验组和对照组的成效。某项目的影响仅仅是实验组和对照组之间平均结果（Y）的差异。如图4-5所示，实验组的平均结果是100，对照组的平均结果是80，则该项目的影响是20。目前，我们假设实验组的所有样本都得到了有效治疗，而对照组的所有样本都未得到有效治疗。在教师培训项目案例中，所有分配到实验组的教师都接受了培训，而对照组的老师都未接受培训。在第五章中，我们讨论了（更现实的）不完全依从的场景：即实验组内的所有单位实际上都参与了干预或对照组的一些单位也参与了该项目。在这种情况下，仍然可以通过随机分配获得项目影响的无偏估计，尽管对结果的解释会有所不同。

实验组	对照组	影响
实验组人员的平均结果（Y1）为100 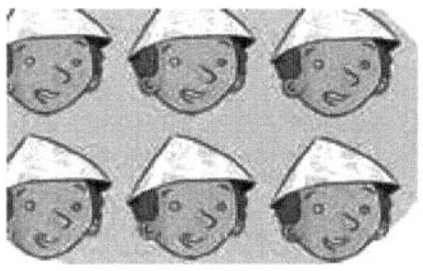	对照组人员的平均结果(Y2)为80 	∇Y=20 

图4-5　随机分配下的影响评估

随机分配对照表

随机分配是估计反事实最稳健的方法，被认为是影响评估的黄金法则。但是仍应须考虑一些基本测试，以确定该评估策略在特定环境中是有效性的。

基本特征是否均衡？比较实验组和对照组的基本特征。

是否发生过任何与转让协议不相符的情况？检查是否所有符合条件的样本都接受了实验，所有不符合条件的样本都未接受实验。如果发生违规行为，就需要使用工具变量法（详见第五章）。

实验组和对照组中的单元数足够大吗？如果不是，就需要将随机分配法与双重差异法结合起来使用（详见第七章）。

是否有理由相信一些样本的产出可能在某种程度上取决于其他样本的分

配？实验组是否会对对照组的样本产生影响（详见第九章）？

【专栏 4-7】

使用随机分配法评估 HISP 的影响

我们再回到健康保险补贴计划（The Health Subsidy Program，HISP）的案例，并核查在特定背景下随机分配意味着什么。回想一下，您正在尝试估计在 100 个实验村试点项目的影响。

在第三章中已经使用伪反事实开展了两次影响评估（与政策建议相互冲突），您决定回到绘图板上重新考虑如何获得更精准的反事实估计。与评估团队进一步商议之后，明确构建有效反事实估计需要找到与 100 个实验村特征尽可能相似的对照村庄，除了一组参加了 HISP，另一组没有参加。由于 HISP 是作为试点项目推出的，而且 100 个实验村也是从本国所有农村中随机抽取的，这意味着，实验村与未接受医疗补贴的其他农村具有相同的特征。因此，可以通过测量符合条件但没有参加 HISP 的农村家庭医疗支出的方式，有效估算反事实。

幸运的是，在基础调查和后续跟踪调查时，调查公司收集了未参与该项目的其他 100 个对照农村数据。这 100 个村庄也是从本国农村中随机抽取的。因此，两组村庄的选择方式确保了它们在统计上具有同质性，除了 100 个实验村接受了 HISP，而 100 个对照村没有接受。随机分配实验已经产生。

考虑是随机分配实验，可以肯定的是，除了 HISP 之外，无其他外部因素可以解释实验村和对照村之间的结果差异。为了证实这一假设，在基础调查时要验证一下实验村和对照村中符合条件的家庭是否具有类似的特征（见表 4-1）。

表 4-1　　　　　　评估 HISP：实验村和对照村基准平衡

家庭特征	实验村（n=2964）	对照村（n=2664）	偏差	T 检验
医疗支出（美元/人/年）	14.49	14.57	-0.08	-0.73
户主年龄（岁）	41.66	42.29	-0.64	-1.69
配偶年龄（岁）	36.84	36.88	0.04	0.12
户主的受教育年限（年）	2.97	2.81	0.16*	2.30
配偶的受教育年限（年）	2.70	2.67	0.03	0.43

续表

家庭特征	实验村（n=2964）	对照村（n=2664）	偏差	T检验
户主为女性=1	0.07	0.08	-0.01	-0.58
原住民=1	0.43	0.42	0.01	0.69
家庭成员数	5.77	5.71	0.06	1.12
地方上有灰尘=1	0.72	0.73	-0.01	-1.09
有浴室=1	0.57	0.56	0.01	1.04
土地面积（公顷）	1.68	1.72	-0.04	-0.57
到医院的距离（公里）	109.20	106.29	2.91*	2.57

注：显著性水平，**=1%。

调查结果显示，实验村和对照村的家庭户的特征实际上非常相似，唯一具有统计学意义的差异是户主受教育年限及到医院的距离，但差异很小。相比较而言，实验组与对照组的平均受教育年限只差0.16年（不到人口总数的6%）；到医院平均距离为2.91公里，约为对照组到医院平均距离的3%。这意味着，在大样本随机实验中，偶然因素和统计实验的差异性一般很小。事实上，如果使用5%的标准显著性水平，就可以预期大约5%的特征差异在统计上具有显著性，尽管我们并不期望这些差异幅度很大。

随着对照组有效性的确立，可以将反事实估计为100个对照村中符合条件家庭的户均医疗支出。表4-2显示了实验村和对照村中符合条件家庭的户均医疗支出。如您所见，在基期时，实验组和对照组的户均医疗支出在统计学上没有差异，这在随机分配法下是可以预测的。

表4-2　　　　　　　评估HISP：使用均值比较的随机分配

	实验村	对照村	偏差	T检验
家庭基准医疗支出（美元）	14.49	14.57	-0.08	-0.73
随访家庭医疗支出（美元）	7.84	17.98	-10.14**	-49.15

注：显著性水平，**=1%。

既然已确定了一个有效的对照组，就可以通过计算实验村与对照村的样本家庭在随访期间平均自费医疗费用差，简单地估算HISP的影响，结果是自费医疗费用两年内减少了10.14美元。如图4-3所示，通过线性回归分析可得到相同的结果。最后，通过多变量回归分析，控制样本家庭的一些其他可观察到的特征,得出该项目在两年内实验家庭自费医疗费用减少了 10.01 美元,这与线性回归的结果几乎一致。

表 4-3　　　　评估 HISP:使用回归分析的随机分配

	线性回归	多变量线性回归
评估对家庭医疗支出的影响	-10.14** (0.39)	-10.01** (0.34)

注:括号内为标准差。显著性水平: ** =1% 。

通过随机分配,我们可以确信实验组和对照组之间不存在系统性差异,也可以解释家庭医疗支出的差异。项目实施初期,两组村庄的平均特征非常相似,且在项目实施的两年内都接触到了相同的国家政策和项目。因此,实验村贫困家庭医疗支出比对照村低的唯一合理原因是,第一组接受了 HISP,而另一组没有。

♣ HISP 问题 3:

A. 与简单线性回归法和均值比较法相比,在其他变量保持不变情况下使用多元线性回归法,得出的结果基本不变?

B. 依据随机分配法的项目影响评估结果,是否可在全国范围内推广?

【本章补充材料】

(1) 有关本章的辅助材料和其他附加资源的超链接,请参阅《政策影响评估》官网 (www.worldbank.org/ieinpractice)。

(2) 有关随机分配影响评估的其他资源,请参阅泛美开发银行评估门户网站 (www.iadb.org/ evaluation hub)。

(3) 有关随机分配影响评估的完整概述,详见以下书籍及网页:Glennerster, Rachel, and Kudzai Takavarasha. 2013. Running Randomized Evaluations: A Practical Guide. Princeton, NJ: Princeton University Press (http://runningres.com/)。

(4) 有关通过随机分配实现实验组和对照组之间平衡的详细讨论,请参见以下内容:Bruhn, Miriam, and David McKenzie. 2009. "In Pursuit of Balance:

Randomization in Practice in Development Field Experiments." *American Economic Journal: Applied Economics* 1 (4): 200 – 232。

(5) 有关喀麦隆评估的随机分配原则,请参见世界银行影响评估工具包模块 (www.worldbank.org/health/impact evaluation toolkit)。

【本章参考文献】

[1] Bertrand, Marianne, Bruno Crépon, Alicia Marguerie, and Patrick Premand. 2016. "Impacts à Court et Moyen Terme sur les Jeunes des Travaux à Haute Intensité de Main d'oeuvre (THIMO): Résultats de l'évaluation d'impact de la composante THIMO du Projet Emploi Jeunes et Dé – veloppement des compétence (PEJEDEC) en Côte d'Ivoire." Washington, DC: Banque Mondiale et Abidjan, BCP – Emploi.

[2] Blattman, Christopher, Nathan Fiala, and Sebastian Martinez. 2014. "Generating Skilled Self – Employment in Developing Countries: Experimental Evidence from Uganda." *Quarterly Journal of Economics* 129 (2): 697 – 752. doi: 10.1093/qje/qjt057.

[3] Bruhn, Miriam, and David McKenzie. 2009. "In Pursuit of Balance: Randomization in Practice in Development Field Experiments." *American Economic Journal: Applied Economics* 1 (4): 200 – 232.

[4] Dupas, Pascaline. 2011. "Do Teenagers Respond to HIV Risk Information? Evidence from a Field Experiment in Kenya." *American Economic Journal: Applied Economics* 3 (1): 1 – 34.

[5] Glennerster, Rachel, and Kudzai Takavarasha. 2013. *Running Randomized Evaluations: A Practical Guide.* Princeton, NJ: Princeton University Press.

[6] Kremer, Michael, Jessica Leino, Edward Miguel, and Alix Peterson Zwane. 2011. "Spring Cleaning: Rural Water Impacts, Valuation, and Property Rights Institutions." *Quarterly Journal of Economics* 126: 145 – 205.

[7] Kremer, Michael, and Edward Miguel. 2004. "Worms: Identifying

Impacts on Education and Health in the Presence of Treatment Externalities." *Econometrica* 72 (1): 159 – 217.

[8] Premand, Patrick, Oumar Barry, and Marc Smitz. 2016. "Transferts monétaires, valeur ajoutée de mesures d'accompagnement comportemental, et développement de la petite enfance au Niger. Rapport descriptif de l'évaluation d'impact à court terme du Projet Filets Sociaux." Washington, DC: Banque Mondiale.

[9] Schultz, Paul. 2004. "School Subsidies for the Poor: Evaluating the Mexican Progresa Poverty Program." *Journal of Development Economics* 74 (1): 199 – 250.

第五章 工具变量

存在不完全依从时的影响评估

在第四章随机分配法的讨论中，我们假设项目管理者有权将个体分配至实验组和对照组，被分配至实验组的个体参加项目，分配至对照组的个体不参加。换句话说，分配给实验组和对照组的个体遵守其分配。完全依从性在实验室环境或医学试验中很常见，研究人员能确保：一是实验组中的所有受试者都参加了指定项目；二是对照组中没有受试者参与项目。[①] 在第四章中，我们假设项目明确了谁是潜在参与者，排除一些人并确保其他人参与。

然而，在现实世界的公共项目中，项目管理者能够完全遵守小组分配是不现实的。许多项目允许潜在参与者自主申请，且不能将有申请意愿的潜在参与者排除在外。此外，一些项目的预算规模足够大，足以及时向所有符合条件的人群供给服务。为了评估，随机将人们分配到实验组和对照组，而排除潜在参与者是不符合伦理的。因此，我们需要另一种方法来评估此类项目的影响。

工具变量法[②]（Instrumental Variables，IV）可用于评估不完全依存性、自愿申请或全民覆盖的项目。一般来说，为了估计影响，工具变量法依赖一些外部因素来确定项目实施偏差的来源。该方法除影响评估之外还有更广泛的应用。直观来说，我们可以将工具变量法视为个人因不可控因素影响其参与项目的概率，但与其特征无关。

---

① 在医学领域，对照组的患者通常会得到安慰剂，即类似于糖丸的东西，对预期结果没有影响。这样做是为了进一步控制安慰剂效应，仅仅因为接受治疗患者的行为和结果就可能发生潜在变化，即使治疗本身无效。

② 工具变量法依赖于一些外部变量来确定实施成效。工具变量影响参与者参与某项目的可能性，但不受参与者的控制，与参与者的特征无关。

在本章中，我们将讨论这些外部因素或工具变量是如何在项目实施者或评估团队控制下，依照项目执行原则创建的。为了生成有效的影响评估，外部变量源必须满足许多条件，本章将详细讨论这些条件。事实证明，如第四章所讨论的，随机分配法是一个非常好的工具，满足必要的条件。我们将在影响评估的两个常见应用中使用工具变量法。首先，当部分单位不遵守小组分配时，就可将其作为随机分配法的扩展。其次，工具变量法可用来设计随机实验，用于评估一些非自愿或全民覆盖的项目。工具变量法创造性使用详见专栏 5-1。

【专栏 5-1】

使用工具变量法评估《芝麻街》对学前准备的影响

《芝麻街》是一档旨在帮助学龄前儿童做好入学准备的电视节目，自 1969 年首播以来，迅速获得了人们的好评和欢迎。至今，数百万儿童已观看了这一节目。2015 年，科尔尼和莱文（Kearney 和 Levine，2015）利用回顾性评估法评估了项目在美国的长期影响。由于早期电视广播技术的局限性，研究人员使用了工具变量方法。

节目播出初期，并非所有家庭都能观看。因为，该节目只能在超高频（Ultra-High Frequency，UHF）频道上播出，约 2/3 的美国人口居住在可以观看演出的区域内。

因此，科尔尼和莱文利用家庭到传输 UHF 电视塔的最近距离作为参与该项目的工具变量。研究人员认为，由于电视塔是在政府选定的地点建造的，而这些都建在《芝麻街》开播之前，故该变量不会与家庭特征或结果的变化有关。

评估发现，节目播出对在学龄前儿童入学准备方面取得了积极成果。在节目开播前已有超高频电视接收的地区，孩子们就更有可能在适当的年龄升入小学。该节目的作用在非洲裔美国人、西班牙裔儿童、男童以及经济落后地区的儿童身上尤为显著。

资料来源：Kearney 和 Levine，2015。

影响评估的类型

影响评估总是通过比较实验组参与项目的成效与对照组获得反事实的估计来测算项目的影响。在第四章中，我们假设完全服从分配，即实验组的所有个体都实际注册参与了项目，而对照组中无人参与该项目。在这种情况下，我们可以估算局部平均处理效应（the Average Treatment Effect，ATE）。

在真实世界的项目评估中，潜在参与者可以决定是否参与，与实验室环境相比，完全符合实验条件的情况并不常见。在实践中，项目通常为特定群体提供了优先机会，一些个体参与，而另一些个体不参与。在这种情况下，如果不完全服从分配，影响评估仅可以评估参与或退出该项目的影响。

在实验组不完全服从分配的情况下，当对照组随机取消了项目（在实验组）或未取消（在对照组）时，不管实验组成员是否实际上参加了该项目，据此估计的项目影响 Δ 被称为 ITT 效应（the intention–to–treat，ITT）①。ITT 效应衡量实验组与对照组的均值差异，即实验组参与和不参与项目的效果与对照组平均效果的加权平均值。ITT 效应对我们了解实施一项计划的平均影响与自愿加入实验组的情况是非常重要的。相比之下，我们也感兴趣某项目对被分入实验组的个体实际参与项目带来的结果差异。该影响估计被称为 TOT 效应（the treatment–on–the–treated，TOT）②。当完全服从分配时，ITT 和 TOT 两种效应评估的结果是相同的。我们将在后续章节中详述 ITT 和 TOT 之间的区别，下面先用一个例子来说明这些概念。

以前文讨论的健康保险补贴计划（HISP）为例。出于操作和减少溢出效应的考虑，政府选择的实验组样本是村庄。实验村（即正在享受医疗保险补贴计划的村庄）的家庭户可以自愿申请 HISP，而对照村的家庭户则不能申请。尽管实验村的所有家庭都有资格加入 HISP，但部分家庭（如 10% 家庭）不愿意加入。（或许因为他们在工作中已获得了保险，或许因为他们很健康并且没

---

① 意向处理（ITT）是用于评估分配给实验组的样本和分配给对照组的样本之间的结果差异，而不考虑分配给实验组的个体是否实际参与了项目。
② "干预对干预"（TOT）用于估算实际参与项目的样本与对照组之间的结果差异。

有医疗保健的需求，或者因为任何其他因素。）

在这种情况下，实验村中 90% 的家庭决定加入 HISP，并实际接受了相关服务。ITT 效应的估计值可以通过比较加入该项目的所有家庭（即实验村的 100% 家庭）与对照村（无家庭加入）的平均影响得出。相比之下，TOT 效应可以被看作实验村中 90% 的家庭加入 HISP 的影响评估。值得注意的是，由于参与项目的个人可能与有权加入但选择放弃项目的个人不同，TOT 测算的项目影响与实验村中 10% 的家庭有权参与但未申请参加项目的影响不一定相同。因此，局部平均处理效果不能直接从一个群体推断到另一个群体。

不完全依存

如前所述，在现实世界的公共项目中，完全遵守项目的选择标准（并因此坚持实验或对照状态）是理想的，政策制定者和评估团队通常会竭力接近这一理想。然而，在实践中，尽管项目实施者和评估团队尽了最大的努力，但 100% 严格遵守实验和对照任务是不可能的。接下来将研究可能发生的不同情况，并讨论可以使用的评估方法。首先要强调的是，解决不完全依存的最佳方案是从一开始就规避它。从这个意义上说，项目管理者和政策制定者应尽力提高实验组的依从性，并降低对照组的依从性。

假设正要评估一个教师培训项目，该项目拟对 2 000 名符合条件的教师开展飞行员培训。这些教师被随机地分配到两组中，其中 1 000 名被分配到实验组，另外 1 000 名被分配到对照组。当实验组中的所有教师都接受了培训，而对照组中无教师参加培训时，通过计算两组之间平均结果（如学生考试分数）的差异就可以估计 ATE。假设所有被分配到实验组的教师都参加了培训课程，而被分配到对照组的教师都没有参加培训课程，那么 ATE 就是对实验组中 1 000 名教师的平均影响。

第一种不完全依存情况：分配到实验组的一些个体选择不申请或不参与项目。在教师培训的例子中，一些被分配到实验组的教师实际上在课程第一天并没有出现。在这种情况下，我们无法计算教师群体的平均待遇，因为有些教师从未注册，进而我们永远无法计算他们参加培训后的结果。但是，我们可以估计该项目对那些实际接受且参与培训教师的平均影响。我们想要评估该项目对那些被分配到实验组且实际登记注册教师的影响，这被称为 TOT 估计值。在教师培训的例子中，TOT 评估提供了那些被分配到实验组教师的影响，他们真实出现并接受了培训。

第二种不完全依存情况：被分配到对照组的个体设法参与了项目。此时，无法直接估计该项目对整个实验组的影响，因为在对照组中某些个体如果不参与实验就无法观测到他们的影响。对照组中的实验个体本应对实验组中的一些个体产生反事实估计，但它们接受了实验，因此我们无法知道该项目对这部分人的影响。在教师培训的例子中，假设对照组中最积极的教师设法参加了培训课程。在这种情况下，实验组中最积极的教师在对照组中没有对应的教师，因此无法估计培训项目对这部分积极教师的影响。

当任何一方都不依从分配时，就应该仔细考虑估计的实验效应类型以及如何解释它们。第一种选择是直接比较最初分配到实验组与对照组的样本差异，并将产生 ITT 估计。ITT 将我们打算实验的对象（被分配到实验组）与不打算实验的对象（被分配到对照组）进行比较。如果只有实验组不服从分配，这可能是一个有趣且相关的影响衡量标准，因为在任何情况下，大多数政策制定者和项目管理者只能提供项目，而不能将项目强加于其目标人群。

在教师培训示例中，政府可能想知道该项目对所有指定教师的平均影响，即使有些教师没有参加培训课程。这是因为即使政府扩大了项目规模，也可能会出现根本不参加培训的教师。然而，如果只有对照组不依从分配，ITT 评估就没实质意义。就教师培训而言，由于对照组内的教师含已接受过培训的教师，因此对照组的平均产出已受到实验的影响。我们假设教师培训对产出的影响是积极的。如果对照组中不遵守分配的是最积极的教师，且他们从培训中受益最多，则对照组的平均产出偏高（因为对照组中接受过培训的积极教师会提高平均产出），而 ITT 估值将偏低（因为它是实验组和对照组的平均结果之间的差）。在这种情况下，第二种选择即所谓的局部平均处理效应（the Local Average Treatment Effect，LATE）。LATE 需要仔细解释，因为它仅代表项目对特定人群的影响。特别是，当实验组和对照组都存在不完全依从时，LATE 是对依从性子组的影响。在教师培训示例中，如果实验组和对照组均不存在不符合规定的情况，则 LATE 估计仅对参加了培训计划的实验组教师有效，而如果他们被分配到对照组，他们就会不参加培训了。

在本章余下内容中，我们将解释如何估计 LATE。同样重要的是，如何解释项目产出。如果实验组、对照组或者两者都同时不存在不完全依从性时，则可应用 LATE 评估原则。在更具体的案例中，当只有实验组才有不依从分配的情况，TOT 只是一个简化的 LATE。因此，本章的其余部分将重点讨论如何评估 LATE。

项目的随机分配及最终采用

想象一下，您正在评估职业培训项目对个人工资的影响。该项目在个人层面是随机分配的。实验组被分配参与培训项目，而对照组没有。最有可能的是，人群被划分为三组：

（1）"如果分配即注册"组。这些人依从任务分配。如果他们被分配到实验组（被分配到项目中），他们就接受任务，或者登记注册。如果他们被分配到对照组（没有分配到项目中），他们就不登记注册。

（2）"绝不注册"组。这些人从未注册或参加该项目，即使他们被分配到实验组。如果分配到实验组中，这些人将成为不遵从分配者。

（3）"总是注册"组。这些人将设法注册或参加项目，即使他们被分配给对照组。如果被分配到对照组，这些人将成为不遵从分配者。

在职业培训项目背景下，"绝不注册"群体可能由动力不足的人组成，即使有资格上课，也不会出席。相比之下，"总是注册"群体是如此积极，即使他们最初被分配到对照组，也会想方设法参与培训。"如果分配即注册"群体是由那些被分配就登记参与培训课程的个体组成，但当他们被分配到对照组就不会登记注册。

图 5-1 展示了当存在"如果分配就注册""绝不注册""总是注册"类型时，项目的随机分配和最终注册或占用情况。假设人群中有 80% 的人选择"如果分配就注册"，10% 的人选择"绝不注册"，10% 的人选择"总是注册"。如果我们从人群中随机抽取一个样本作为评估样本，那么评估样本中会有大约 80% 的人选择"如果分配就注册"，10% 的人选择"绝不注册"，10% 的人选

择"总是注册"。那么，如果我们随机将评估样本分配到实验组和对照组，则在两组中也该有约80%的人选择"如果分配就注册"，10%的人选择"绝不注册"，10%的人选择"总是注册"。当被分配到实验组时，"如果分配就注册"和"总是注册"的人会参加培训，只有"绝不注册"的人会离开。在对照组中，"总是注册"的人将注册，而"如果分配就注册"和"绝不注册"的人会离开。值得注意的是，虽然我们知道人群中存在上述三种类型的个体，但我们未必能区分每个个体的类型，直到我们观察到他们的某些行为为止。在实验组中，当他们无法注册项目时，我们能够将其识别为"绝不注册"类型，但是我们无法区分"如果分配就注册"和"总是注册"，因为这两种类型都会登记注册。在对照组中，我们能够根据人们的注册行为将其界定为"总是注册"类型，但是我们无法区分"如果分配就注册"和"绝不注册"，因为这两种类型都不会登记注册。

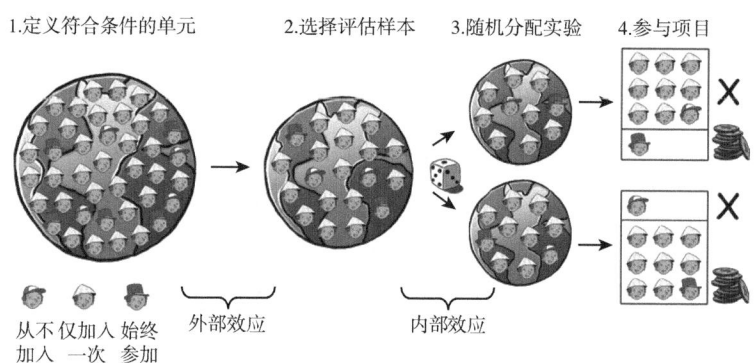

图 5-1 在不完全依存情况下的随机分配

在不完全依存随机分配下的影响评估

在确定了分配项目与实际注册或登记之间的差异后，我们可以在项目延续实施期间开展影响评估。具体分两步骤①估计（见表5-1）。

---

① 这两个步骤对应计量经济学最小二乘法的两阶段，使估计起到了局部平均处理的效果。

表 5-1　在不完全依存随机分配条件下的局部平均实验效应评估

	被分配到实验组的人群	没有被分配到实验组的人群	影响
	注册概率为 90% 被分配到实验组的 平均值为 110	注册概率为 10% 不被分配到实验组的 平均值为 70	注册的变动率为 80% $\Delta Y = ITT = 40\%$ $LATE = 40\%/80\% = 50$
绝不注册			
如果分配就注册			
总是注册			

注：Δ 为偶然影响；Y 为结果。意向处理效应（ITT）的估值不管是否实际注册，通过比较分配到实验组和分配到对照组所获得的成效差。局部平均处理效应（LATE）估计的是如果某人被分配到实验组，并登记注册时的项目影响。LATE 的估值是对"绝不注册"和"总是注册"人群的影响评估。

为了估计不完全依存随机分配下的项目影响，我们首先要估计 ITT 的影响。这只是分配到实验组的结果指标（Y）与未分配到实验组相同指标间的直接差异。例如，如果实验组的平均工资（Y）是 110 美元，对照组的平均工资是 70 美元，那么意向处理影响的估计值为 40 美元（即 110 美元减去 70 美元）。

我们需要从 ITT 估计中恢复注册登记组的 LATE 估计。要做到这一点，我们需要确定 40 美元的差异来自哪里。让我们从排除法开始。首先，我们知道这个差异不可能由从未加入实验组和对照组人员之间的任何差异引起。这是因为"绝不注册"人员从未加入过培训项目，无论他们是在实验组还是在对照组都无差别。其次，我们知道 40 美元的差异不是由实验组和对照组中的"总是注册"人员之间的差异造成的，因为"总是注册"人员总是参加培训项目。对他们来说，无论属于实验组还是对照组都没有区别。因此，两组之间的结果差异必然来自项目对"如果分配就注册"组的影响，即对唯一接受实验的群体影响。因此，如果我们能确定这两组中的"如果分配就注册"的人员，就很容易估计该项目对他们的影响。

在现实中，尽管我们知道人群中存在这样三类人，但我们无法通过个性差异区分他们是"如果分配就注册""从不注册"，或者"总是注册"。在实验组中，我们可以识别出"从不注册"者（因为他们没有登记），但我们无法区分"总是注册"者和"如果分配就注册"者（因为双方都注册了）。在对照组中，我们可以识别出"总是注册"者（因为他们参加培训项目），但我们无法区分"从不注册"和"如果分配就注册"。

然而，一旦我们发现被分配到实验组中的90%成员登记参与实验，则可断定其他10%是"从不注册"者（即实验组中，未参加实验的个体比例）。此外，如果我们发现被分配到对照组中的10%个体登记参与实验，则可断定这10%为"总是注册"者（即对照组中，登记参与实验的个体比例）。这意味着80%的个体将留在"如果分配就注册"组。可见，40美元的差异来自样本中80%的"如果分配就注册"者。现在，如果80%的样本对实验整体的平均影响是40美元，那么80%"如果分配就注册"组的影响必须是40/0.8，或50美元。换句话说，该项目对"如果分配就注册"者的影响是50美元，但当影响被分散到整个实验时，平均影响被不遵从初始随机分配的20%样本削弱了。

请记住，自愿参与项目的基本问题之一是，无法确定为什么有些人选择参加项目而其他人选择不参加。在评估实践中，当个体被随机分配到项目时，是否实际参与项目则是自愿的，或者如果对照组中的个体拥有加入项目的其他方式，就会遇到另一个类似的问题：我们无法全面理解一个人的行为过程，如何确定个体行为是否像"从不注册""总是注册"还是"如果被分配就注册"。然而，如果不依存项目分配的样本规模不大，随机分配仍然为估计影响提供了一个强大的工具。不完全依存随机分配的缺点是，使相关影响估计不再对整个人群有效。相应地，该评估可解释为仅适用于目标人群中的特定分组，即"如果分配就注册"的局部效应评估。

随机分配项目有两个显著的特点，使我们可以在不完全依从的情况下开展影响评估（见专栏5-2），具体如下：

（1）如果多数人的行为类似于"如果分配就注册"组，即如果被分配就参与项目和未被分配就不参与项目，那么就可以据此预测项目的实际注册率。

（2）由于实验组和对照组是通过随机分配过程产生的，因此两组中个体的特征与可能影响评估结果（Y）的任何其他因素（如能力或动机）都无关。

【专栏5-2】

利用工具变量法解决哥伦比亚教育代金券项目中的不完全依从问题

哥伦比亚中学扩围项目（Programa de Ampliación de Cobertura de la Educación Secundaria，PACES）已向125 000多名学生提供了相当于私立中学一半以上费用的代金券。由于PACES项目预算有限，代金券须通过抽签方式分配。安格里斯特等（Angrist等，2002）利用随机分配法评估代金券项目对教育和社会效益的影响。

他们发现，被抽中的学生完成8年级课程的可能性要高出10%，而且在首次被抽中后的三年标准化测试中，考试成绩平均高出0.2%。他们还发现，女孩受教育的效果比男孩更明显。同时，研究人员还探求了该项目对非教育结果也有影响，其中受益人结婚的概率较小，每周工作时间缩短了约1.2小时。

存在一些不遵从随机分配的情况。只有约90%的中签者实际申请了代金券或其他形式的奖学金，而24%的中签者实际获得了奖学金。如前文所述，人群中必然包含10%的"从不注册"、24%的"总是注册"和66%（如果分配就注册）的人。因此，安格里斯特等（2002）也使用了最原始的分配形式，或者学生的中签情况，作为干预效益（ATT）或者实际收到奖学金的工具变量。最后，研究人员能够计算分析成本效益，以更好地了解代金券项目对家庭和政府支出的影响。他们得出的结论显示，该项目的社会总成本很小，参与者及其家庭的预期回报会超过上述成本。因此，像PACES这样的需求方项目是具有成本效益的教育提升政策。

资料来源：Angrist等，2002。

从统计学角度来看，随机分配作为工作变量IV，是一个预测项目中个体实际注册情况的工具变量，但可能与结果相关的个体其他特征不相关。虽然个人参加项目的部分决策不受项目管理员控制，但其他决策则在他们的控制之下。特别是，可控的决策部分是对实验组和对照组的随机分配。只要实验组和对照组的分配结果能够预测最终加入项目的情况，那么随机分配就可以作为一种工具。有了这个工具变量 IV，我们就可以从"如果分配就注册"组的 ITT 效应预测局部平均处理效应。

一个有效的工具变量 IV 必须满足两个基本条件：

（1）工具变量 IV 不应该与实验组和对照组成员的特征相关。这是由评估样本中个体间的随机分配实验实现的，又被称为"外生性"。至关重要的是，工具变量 IV 不直接影响产出效应。项目影响仅能通过我们感兴趣的评估项目产生。

（2）工具变量 IV 一定会对实验组和对照组的参与率产生不同的影响。我们通常考虑增加实验组的参与率。这可以通过检查实验组的参与率高于对照组来验证。这种情况被称为相关性。

局部平均处理效益评估说明

在解释评估结果时，ATE 评估和 LATE 评估之间的差异尤为重要。让我们系统地思考如何解释 LATE 评估。第一，我们必须认识到，遵从项目分配的个体（"如果分配就注册"人群）与不遵从项目分配的个体（"从不"和"总是"人群）是不同的。特别地，在实验组中不遵从者/非参与者（"从不"人群）可能是那些预期从实验中获益较少的人。在对照组中，不遵从者/参与者（"总是"人群）可能是那些预期从项目参与中获益最多的一组人。在教师培训案例中，一方面被分配参加培训但决定不参加的教师（"从不"人群）可能是那些认为自己不需要培训的教师，或者具有较高时间机会成本的教师（例如，因为他们从事第二份工作或有孩子要照顾），或者是监管不严，他们可以不参加培训。另一方面，被分配到对照组但会设法参加培训的教师（"总是"人群）可能是那些觉得自己绝对需要培训的教师，或没有孩子要照顾的教师，或有严格的校长坚持每个人都需要培训的教师。

第二，我们知道 LATE 评估提供了对总体中特定分组的影响：它只考虑那些不受任何不遵从分配人群影响的子组。换句话说，它只考虑了"如果分配就注册"人群。因为"如果分配就注册"人群与"从不"和"总是"人群不同，我们通过 LATE 评估不适用于"从不"或"总是"人群。例如，如果教育部实施第二轮培训,并以某种方式强迫那些在第一轮得到培训机会但未参训的"从不"教师必须参训,我们不知道这些老师与参与第一轮培训的老师相比,他们的培训效果是低、持平还是高。同样,如果最积极主动的教师尽管被随机分配到对照组,他们总是能找到方法参加教师培训项目,那么在实验组和对照组中遵从项目分配者的局部平均处理效应,并不能给出该项目对那些具有高度积极性的教师("总是"人群)的影响信息。局部平均处理效应只适用于总体中的特定分组:那些不受不遵从者影响的人群(即仅符合遵从者),也无法扩围到样本中的其他分组。

工具变量的随机推广

在上文中,我们理解了如何根据随机分配实验来评估影响,即使最初分配的实验组和对照组并不完全依从分配。接下来,我们将介绍一个非常类似的方法,可用于评估具有普遍资格或开放注册的项目,或项目管理员无法控制谁参加和谁不参加项目。

这种方法被称为随机推广法(又被称为激励设计),它为随机加入某项目的个体提供了额外的激励。这种随机推广法也是一种工具变量 IV。它作为外生性变量,影响样本参与实验的概率,但与参与者的其他特征无关。

自愿申请项目通常允许对该项目感兴趣的个体自行决定是否注册和参与。如上文的职业培训项目,该项目执行随机分配是不可能的,任何想参加项目的个人都可以自由加入。如上文所述,我们将会遇到不同类型的人群:总是组、从不组和如果分配就注册组。

(1)总是组。这些人总是会参加职业培训项目。

(2)从不组。这些人从不参与职业培训。

(3)遵从者或如果扩围就参加者。在这种情况下,任何想参加培训的个人都可以自由参加。然而,一些人可能想参加,但由于种种原因,如未掌握培训信息或没有动力参与培训。遵从者是那些如果扩围就注册的人:他们是一群只有在获得额外的激励、刺激或提升以激励他们注册的情况出现时才会注册参加项目的人。如果没有上述额外的刺激措施,"如果扩围就注册"者根本不会参与项目。

回到就业培训的例子。如果组织培训的机构资金充足、培训能力足够，可能会有"门户开放"政策，即对每一个想参加培训的失业者开放。然而，不是每个失业者都会参加培训，甚至有人不知道培训项目的存在。一些失业者可能不愿意参加培训，因为他们对培训的内容知之甚少，很难获得额外的信息。假设职业培训机构雇用了一名社区宣传员，她（或他）负责在城镇里四处走动、鼓励随机选择的一组失业人员参加职业培训项目。她（或他）拿着随机挑选的失业人员名单，挨家挨户敲门，向他们介绍培训项目，并当场帮助失业人员登记报名参与项目。登门拜访是促进或鼓励失业人员参与培训的一种宣传形式。当然，她（或他）不能强迫任何人参与培训。此外，宣传推广人员未拜访的失业人员也可以报名参加，但必须亲自到培训机构登记注册。所以我们现在有两组失业人员：一组是由宣传推广人员随机拜访的失业者们，另一组是未被随机拜访的失业者们。如果宣传推广效应较好，被访问的失业人员注册率应该高于未被访问人员的注册率。

现在思考一下该如何评价这个职业培训项目。我们不能仅比较那些注册的失业者和未注册的失业者。这是因为在观察和未观察的两种方式上，注册的失业者与未注册的失业者间有很大的差异，他们可能接受过更多或更少的教育（这一点很容易被观察到），可能更有动力，也可能更渴望找到工作（这一点很难观察和衡量）。

然而，我们可以利用一些额外的变量找到有效的对照组。思考一下，首先，我们是否可以比较分析宣传推广人员随机拜访的人群和未拜访的人群。由于扩围组和不扩围组是随机确定的，因此这两组都可能涵盖那些具有相同积极、主动的人群（总是组），无论宣传推广人员是否敲门拜访，他们都会注册。其次，这两组还包含不具有主动性的人群（从不组），尽管宣传推广人员极力推荐，他们也不会参加培训。最后，如果宣传推广人员能够有效地激励失业人员登记注册，那么有些人（如果扩围就注册者）就会在宣传推广人员访问他们时注册参加培训；但如果宣传推广人员不访问他们就不注册。

由于宣传推广人员访问了随机分配的一组人，我们可以得出 LATE 评估。唯一的区别是，该项目不是随机分配项目，而是随机推广项目。只要"如果推广就注册"组（当我们联系他们时就注册，但当我们不联系他们就不注册）

的成员人数足够多，则被推广的群体和未被推广的群体之间就会存在差异，这允许我们确定培训对"如果推广就注册"组的影响。

为了使这一策略发挥作用，我们希望宣传推广活动能够有效地增加"如果推广就注册"组的注册率。同时，我们不希望宣传推广活动本身影响项目的最终产出（如收入），因为归根到底，我们主要关注培训项目的影响评估，而不是推广策略对最终结果的影响。例如，如果宣传推广人员向失业人员提供了大量资金敦促他们注册，那么就很难判断失业人员的收入变化是由培训本身还是由推广活动引起的。

随机推广[①]是一种创造性的策略，在影响评估中可以起到相当于对照组的效果。当某项目开放注册且对总样本中的随机样本组织推广活动时，就可使用该策略。随机推广是工具变量 IV 的另一个案例，它允许我们以无偏的方式评估项目影响。同样，与不完全依存性的随机分配一样，随机推广的影响评估提供了一个 LATE 评估，即对某些特定人群（即如果推广就注册组）影响效果的局部评估。如前所述，LATE 评估不能直接外推到整个人群，因为"总是"组和"从不"组很可能与"如果推广就注册"组有很大不同。

什么是"推广"？

随机推广旨在提高随机样本对自愿申请项目的接受程度。推广本身可以采取多种形式。例如，我们可以选择发起一场宣传活动，搭建起与未接触人群的沟通机制，他们因不知道或不理解而选择不申请项目。或者，我们还可以选择推广注册方式，例如通过发放小礼物或奖品，或提供免费交通工具等。

正如对工具变量 IV 更广泛的讨论一样，随机推广法必须满足许多条件才能产生有效的影响评估：

（1）推广组和非推广组必须相似。也就是说，两组的平均特征在统计上必须相等。这是通过在评估样本的成员之间随机分配宣传推广活动实现的。

---

① 随机推广是一种工具变量法，使我们能够以无偏的方式估计影响。它通过随机分配推广或鼓励促使参与该项目。它是用于评估对所有符合条件的人开放的项目的一种有效策略。

（2）推广活动本身不应直接影响产出效益。这是一个关键要求，这样我们就能确定产出结果的变化是由项目本身引起的，而不是由推广活动引起的。

（3）推广活动必须大幅提升推广组相对于未推广组的注册率。我们通常会考虑通过推广来增加注册人数。这可以通过比较推广组的注册率是否高于未推广组的注册率予以验证。

随机推广过程

随机推广过程如图 5-2 所示。如前所述，我们从符合项目条件的单位开始。与随机分配相反，我们不能随机选择谁参与以及谁不参与项目，因为该项目是完全自愿申报的。但是，在符合条件的样本中，将存在三类不同的主体：

（1）"始终注册"组。那些总是想参加某项目的人。

（2）"如果推广就注册"组。那些只有在获得额外推广后才会报名参加某项目的人。

（3）"从不注册"组。那些从来不想报名参加某项目的人，无论我们是否实施推广活动。

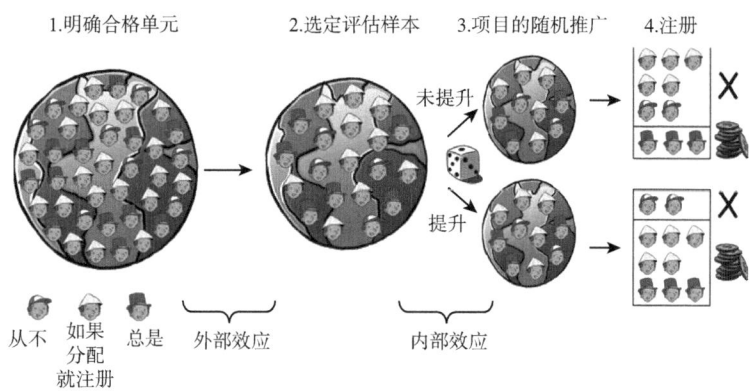

图 5-2 随机推广

同样值得注意的是，"始终注册"组、"如果推广就注册"组和"从不注册"组是样本的内在特征，这些特征是项目评估团队无法轻易衡量的，因为它们与样本的动机、智力和信息等因素相关。

一旦确定了符合条件的人群，下一步就要从中随机选择一个评估样本，并收集数据。在某些情况下，当我们拥有合格样本的所有数据时，就将总样本的特征包括在评估样本中。

一旦确定了评估样本，随机推广可将评估样本随机分配到推广组和非推广组。我们可以随机选择推广组和非推广组的成员，因此两组成员将共享评估总样本的特征，且这些特征与符合条件样本的特征相同。因此，推广组和非推广组将具有相似的特征。

宣传推广活动结束后，我们可以观察两组的注册率。在非推广组中，只有"总是注册"组会注册。虽然我们知道在非推广组中哪些个体属于"总是注册"组，但我们无法区分组中的"从不注册"组和"如果推广就注册"组。相比之下，在推广组中"如果推广就注册"组和"总是注册"组都会登记注册，但"从不注册"组则不会注册。因此，在推广组中，我们能够识别"从不注册"组，但无法区分"如果推广就注册"组和"总是注册"组。

在随机推广下的影响评估

假设每组有10个人，推广活动将非推广组的注册率从30%（"总是注册"3人）提高到推广组的80%（"总是注册"3人，"如果推广就注册"5人）。假设非推广组内所有个体（10个）的平均产出为70，而推广组所有个体（10个）的平均产出为110（见表5-2）。那么该项目产生的影响有多大呢？

表5-2　　　　　基于随机推广的局部平均效益评估

	推广组	非推广组	影响
	注册率 = 80% 平均产出 Y = 110	注册率 = 30% 平均产出 Y = 70	注册率差 Δ% = 50% ΔY = 40 LATE = 40/50% = 80
从不注册者			—

续表

	推广组	非推广组	影响
	注册率 = 80% 平均产出 Y = 110	注册率 = 30% 平均产出 Y = 70	注册率差 Δ% = 50% ΔY = 40 LATE = 40/50% = 80
如果推广就注册者			
总是注册者			—

注：Δ = 因果影响；Y = 产出。出现阴影的部分表示已注册者。

第一步，我们计算得出推广组和非推广组之间的结果差异是 40，即 110 减去 70。我们知道这 40 的差异并不是来自"从不注册"者，因为他们没有加入任何一组。我们还知道，这 40 的差异不是来自"总是注册"者，因为他们在两组都注册了。因此，这 40 的差异都应该来自"如果推广就注册"者。

第二步，获得该项目对"如果推广就注册"者的 LATE 评估。我们知道，推广组和非推广组之间 40 的差异可以归因于"如果推广就注册"者，他们只占了总样本的 50%。为了评估该项目对遵从者的平均影响，我们用 40 除以"如果推广就注册"者占总样本的比重。虽然我们不能直接确定"如果推广就注册"者，但我们可以推测出他们在总体中的占比：推广组和非推广组的注册率之差（50% 或 0.5）。因此，该项目对"如果推广就注册"者的局部平均处理效应预测值为 40/0.5 = 80。

由于推广是随机分配的，推广组和非推广组具有相同的特征。因此，我们观察到两组间的平均效应差异必定是由以下原因引起的：在推广组中"如果推广就注册"者会注册，而在非推广组中，他们则不会注册。同样，我们不应该直接推断"如果推广就注册"者对其他群体的影响，因为他们与"从不者"和"总是者"截然不同。专栏 5 - 3 为玻利维亚一个随机推广的项目案例。专栏 5 - 4 为评估 HISP 的影响。

【专栏 5-3】

玻利维亚基础教育设施投资的随机推广案例

1991 年，玻利维亚政府成功地将一项社会投资基金（the Social Investment Fund，SIF）制度化、规模化，该基金为农村社区提供资金，以便在教育、卫生和饮水基础设施方面进行小规模投资。世界银行帮助 SIF 融资，在项目设计中建立了影响评估。

作为教育影响评估的一部分，随机选择查科省社区推广 SIF 的干预措施，项目工作人员还额外地访问和鼓励相关社区参与。该项目向区域内所有符合条件的社区开放，基于需求驱动，社区必须为特定的项目申请资金。并不是所有的社区会参与该项目，但社区的推广活动使大家的接受程度更高了。纽曼等（Newman 等，2002）将随机推广作为工具变量。他们发现，教育投资成功地改善了学校基础设施的质量指标，如电力、卫生设施和师生比例。然而，他们也发现，除了辍学率下降了 2.5% 以外，教育投资对教育效益的影响很小。由于这些发现，教育部和 SIF 现在将更多的注意力和资源集中在教育的"软件"上，只有当物质基础设施的改善成为综合干预的一部分时，才为其提供资金。

资料来源：Newman 等，2002。

【专栏 5-4】

评估 HISP 的影响：随机推广

我们将尝试采用随机推广法评估医疗保险补贴计划（the Health Insurance Subsidy Program，HISP）的影响。假设卫生部决定立即向任何希望参加保险的家庭提供医疗保险补贴。这与我们至今见到的随机分配案例有所不同。实际上，您会发现这种国家范围的推广举措是渐进的，所以达成了一个协议，通过推广活动来尝试提高随机村庄分组的注册率。在一个村庄的随机子样本中，开展密集的宣传推广活动，包括旨在提高 HISP 意识的沟通和社会营销。推广活动经过精心设计，以避免内容可能无意中鼓励其他健康相关行为的改变，因为这将使作为工具变量（IV）的推广活动无效。相反，推广活动的核心是增加 HISP 的注册人数。经过两年的项目推广和实施，您会发现那些被随机分配到推广活动的村庄中,有 49.2% 的家庭参加了 HISP,而在未被推广的村庄中,仅有 8.4% 的家庭加入了项目(见表 5-3)。

表 5-3　　　　　　　　评估 HISP:随机推广比较法

	推广村庄	非推广村庄	差异	T-检验
家庭医疗基准支出(美元)	17.19	17.24	-0.05	-0.47
随访时的家庭医疗支出(美元)	14.97	18.85	-3.87	-16.43
HISP 的注册率(%)	49.20	8.42	40.78	49.85

由于推广村庄和非推广村庄是随机分配的,在没有实施推广的情况下,两组的平均特征应该是相同的。因此,可通过比较这两组家庭的医疗卫生基础支出(以及任何其他特征)来验证这一假设。项目实施两年后,评估发现被推广村庄的平均医疗费支出为 14.97 美元,而未得到推广的村庄则为 18.85 美元(差异为负 3.87 美元)。然而,由于推广和非推广村庄之间的唯一区别是,推广村庄参加项目的人数更多(由于推广),两组间 3.87 美元的医疗支出差异肯定源于推广活动,这使被推广村庄额外的 40.78% 家庭加入了项目。因此,我们需要调整差别化的医疗支出,以便能够找到该项目对"如果推广就注册"组的影响。为此,我们用 ITT 效应评估值(即推广组和非推广组之间的直接差异)除以"如果推广就注册"组的比值为:-3.87/0.4078 = -9.49(美元)。

假设您同事是一名计量经济学家,他建议使用随机推广作为工具变量 IV,然后通过两阶段最小二乘法评估项目的影响(有关使用工具变量 IV 评估项目影响的计量经济学方法的进一步细节,详见在线的技术操作手册:http://www.worldbank.org/ieinpractice)。评估结果详见表 5-4。这种影响评估对那些因推广而参加,但在其他情况下不会参加项目的家庭是有效的,即如果推广了,他们就会加入该项目。

表 5-4　　　　　　　　评估 HISP:随机推广的回归分析

	线性回归	多元线性回归
家庭医疗支出影响评估	-0.95** (0.52)	-0.94** (0.46)

注:括号内的数字为标准误差。显著水平:** =1%。

♣ HISP 问题 4：

A. 接受 HISP 随机推广评估结果的关键条件是什么？

B. 根据这些结果，HISP 是否应该在全国范围内推广？

随机推广法的局限性

随机推广法是评估自愿申请项目和普惠项目影响的有用策略，特别是因为它不需要排除任何符合资格的单位。然而，与随机分配实验法相比，随机推广法存在以下值得注意的局限性。

首先，推广策略必须有效。如果推广活动没有增加注册率，那么推广组和非推广组之间就不会出现差异，也就没啥可比较的了。因此，为确保宣传推广活动有效，精心设计和广泛推广活动是至关重要的。在积极的方面，推广活动的设计可以帮助项目管理者在评估期结束后增加项目注册率。

其次，随机推广法仅对符合条件的样本分组有影响（如 LATE 评估）。具体而言，该项目的局部平均影响是通过估计那些只有获得激励才会报名参加项目的样本得来的。然而，这个群体中的个体与那些"总是注册"组或"从不注册"组的个体有完全不同的特征。因此，总体的平均处理效应可能与仅在受到鼓励时才参加的个体的平均处理效应评估不同。随机推广评估不会估计那些没有得到鼓励仍参加项目的个体的影响。在某些情况下，总是群体可能正是项目所设计的目标受益群体。在这种情况下，随机推广设计将阐明对新加入人群的影响，但对那些自愿申请注册的群体没有影响。

备忘录：随机推广作为一个工具变量

随机推广可以产生一个有效的反事实评估，如果推广活动大大增加了项目的参与率，且推广活动不直接影响产出效果。

（1）收到促销活动的个体与未收到促销活动的个体之间，其基期特征是否相同？比较两组之间的基期特征。

（2）这一促销活动是否对该项目产生实质性的影响？应该比较宣传推广活动是否提升了推广组和非推广组中子样本的项目注册率。

（3）这一促销活动是否直接影响项目产出？它应该不能直接测试，所以您需要依靠理论、常识和影响评估设置的良好知识来加以判断。

【本章补充材料】

（1）有关本书的辅助材料和其他附加资源的超链接，请参阅《政策影响评估实践》官网（http：//www.worldbank.org/ieinpractice）。

（2）有关 IV 的更多资源，请参阅泛美开发银行评价门户网站（http：//www.iadb.org/evaluationhub）。

【本章参考文献】

[1] Angrist, Joshua, Eric Bettinger, Erik Bloom, Elizabeth King, and Michael Kremer. 2002. "Vouchers for Private Schooling in Colombia: Evidence from a Randomized Natural Experiment." *American Economic Review* 92 (5): 1535 – 1558.

[2] Kearney, Melissa S., and Philip B. Levine. 2015. Early Childhood Education by MOOC: Lessons from *Sesame Street*. NBER Working Paper 21229, National Bureau of Economic Research, Cambridge, MA.

[3] Newman, John, Menno Pradhan, Laura B. Rawlings, Geert Ridder, Ramiro Coa, and Jose Luis Evia. 2002. "An Impact Evaluation of Education, Health, and Water Supply Investments by the Bolivian Social Investment Fund." *World Bank Economic Review* 16 (2): 241 – 274.

第六章　断点回归

评估使用资格指数的项目

一些公共项目通常使用指数确定谁有资格参与或谁没有资格参与。例如，反贫困项目通常以贫困家庭为目标对象，并通过贫困等级评分或指数予以确定。贫困等级评分可通过公式测算一组家庭的基本资产状况，含收入、消费和购买力等[①]。分数低的家庭被归类为贫困家庭，分数高的家庭被认定为相对富裕家庭。反贫困项目通常会确定一个阈值或分数线，低于该分数线的家庭被视为贫困家庭，则有资格参加项目。哥伦比亚依据有针对的社会支出选择受益人的制度就是这样的例子（见专栏6-1）。考试成绩是另一个例子（见专栏6-3）。一般来说，大学生录取是授予那些在标准化考试中表现最好的学生，他们的成绩从最低到最高排序。如果名额有限，那么只有分数超过一定基准线的学生（如前10%的学生）才会被录取。在上述两个案例中，都有一个连续的资格指数（分别是贫困指数和考试分数），允许对相关人群进行排名，以及确定谁符合资格和谁不符合资格的阈值或临界值。

【专栏6-1】

应用断点回归评估学费减免计划对哥伦比亚入学率的影响

巴雷拉·奥索里奥、林登和乌奇拉（Barrera-Osorio、Linden 和 Urquiola，2007）利用断点回归设计（the Regression Discontinuity Design, RDD）评估哥伦比亚学费减免计划（Gratuitad）对波哥大市入学率的影响。他们利用一个持续贫困指数——SISBEN指数，该指数值由家庭特征决定，如家庭位置、房屋

[①] 该方法通常称为"家计调查法"。

的建筑材料以及提供的服务、人口统计、健康、教育、收入和家庭成员职业等。政府根据SISBEN指数设立了两个分数线：分数低于下线的家庭，其子女可享受1—11年级的免费教育；分数介于高低分数线之间的家庭，其子女可获得10—11年级学费的50%补贴；分数高于上线的家庭，其子女则无权享受免费教育或补贴。

使用RDD法开展评估的原因有四。首先，户主的收入和受教育程度等家庭特征沿着基线的SISBEN得分是连续的。换句话说，沿着SISBEN分数线的特征没有"跳跃"。其次，分数线两侧的家庭具有相似的特征，产生了可信的对照组。再次，有大量家庭样本。最后，政府对SISBEN指数的计算公式保密，以防止这些分数被操纵。

利用RDD方法，研究人员发现该计划对入学率有显著的积极影响。具体而言，来自分数线以下家庭的小学生入学率提高了3个百分点。分数线介于两个极限值之间家庭的高中生入学率提高了6个百分点。综上所述，项目实施验证了减少直接教育投入的好处，特别是对贫困家庭的学生。然而，该报告的作者也呼吁对价格弹性需做进一步研究，以更好地指导诸如此类补贴计划的设计。

资料来源：Barrera – Osorio、Linden 和 Urquiola，2007。

断点回归设计（Regression Discontinuity Design，RDD）[①] 是一种影响评估方法，可用于具有连续资格指标并有明确资格阈值的项目，用以确定谁符合资格，谁不符合资格。应用断点回归设计，必须满足以下主要条件：

（1）该指数必须以连续或"平滑"的方式对人员或单位进行排名。贫困等级、考试分数或年龄等指数有许多可以从小到大排序的值，因此可以认为它们是平滑的。相比之下，具有离散或"柱状"类别的变量。只有极个别值或无法排名的则被认为是非平滑的，例如就业状况（就业或失业）、最高教育水平（小学、中学、大学或研究生）、汽车所有权（是或否）或出生国家。

（2）该指数必须有一个明确的分界点：即高于或低于该指标的人们可确定为合格人员。例如，贫困指数低于50分（满分100分）的认定为贫困家庭，

[①] 回归不连续设计（RDD）是一种影响评估方法，适用于使用连续指数对潜在参与者进行排名的项目，并且在指数上有一个截止点，确定潜在参与者是否有资格接受该项目。

67 岁及以上的个人则有资格领取养老金，考试得分在 90 分及以上的学生就有资格获得奖学金。上述示例中的分界值分别为 50 分、67 分和 90 分。

（3）截止时间必须是项目所特有的。也就是说，除了待评估项目之外，不应有其他项目使用相同的分数线。例如，如果家庭贫困指数得分低于 50，就有资格获得现金转移支付、医疗保险和免费公共交通，我们将无法使用 RDD 方法单独估计现金转移支付项目的影响。

（4）特定个人或单位的分数不能被普查员、潜在受益人、项目管理者或政客操纵。

RDD 法[①]可估计项目对资格边界附近潜在受益人的影响，作为资格边界已处理一侧单元的平均结果与未处理（比较）一侧单元的平均结果之间的差异。

考虑一项旨在通过补贴农民购买化肥来提高水稻总产量的农业项目。该项目针对的是中小型农场，即土地面积小于 50 公顷的农场。项目实施前，我们认为较小农场的水稻产量要比较大农场的低。图 6-1 显示了农场规模和水稻产量之间的关系图。图 6-1 中的资格分数是农场面积，临界值是 50 公顷。根据规定，面积低于 50 公顷的农场有资格获得化肥补贴，而面积超过 50 公顷的农场则没有。在这种情况下，我们可能会看到许多面积为 48 公顷、49 公顷，甚至 49.9 公顷的农场加入了补贴行列。另外，面积为 50 公顷、50.1 公顷和 50.2 公顷的农场将无资格加入项目。49.9 公顷的农场组很可能与 50.1 公顷的农场组在各方面都非常相似，只是一组获得了化肥补贴，而另一组没有。距离临界点越远，符合条件和不符合条件的农场可能会存在更大的差别。但农场规模是衡量它们之间差异的一个很好的指标，这也有利于控制其中的许多差异。

如果推出中小型农场的化肥成本补贴项目，就可以用 RDD 法来评估其影响（见图 6-2）。RDD 法计算了资格分界线两侧农场之间的产出差异，例如水稻产量，图 6-2 中农场规模临界线为 50 公顷。因规模太大无法参加项目的农场构成了对照组，并对实验组规模太小而无法享受补贴的农场生成了反事实

[①] 断点回归设计（Regression Discontinuity Design，RDD）是最早是由 Thistlethwaite 和 Campell（1960）提出的，用来研究奖学金对学生未来成绩的影响。该方法是一种利用随机性进行因果识别的统计方法，适用于使用连续指数对潜在参与者进行排名的项目，并且在指数上有一个分界点，确定潜在参与者是否有资格接受该项目。

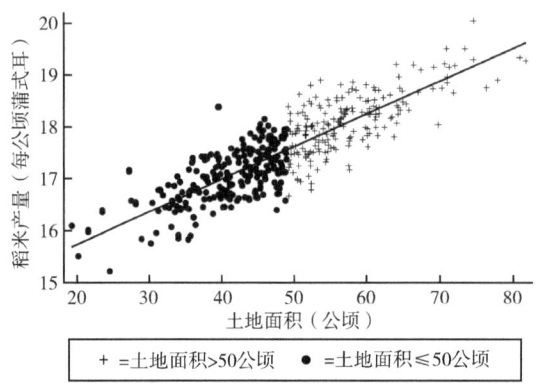

图6-1 小农户与大农场的稻米产量趋势图（基准线）

的结果估计。鉴于这两组农场在基线上非常相似，并且随着时间的推移受相同外部因素（如天气、价格冲击、地方和国家农业政策）的影响，导致结果差异的唯一合理原因一定是项目本身造成的。

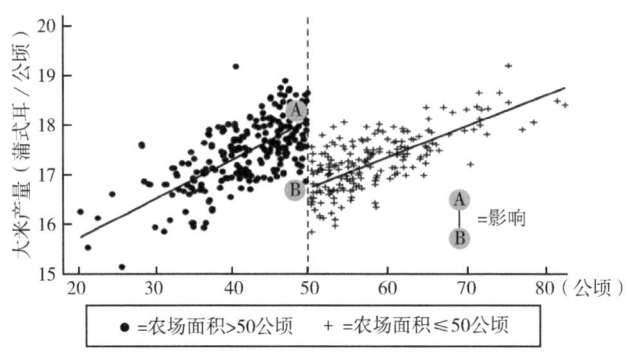

图6-2 小农户与大农场大米种植面积对比图

由于对照组是由略高于资格阈值的农场组成，RDD法给出的影响仅在局部有效，即在资格分界线附近有效。因此，我们获得了局部平均处理效应的估计（即LATE，见第五章）。化肥补贴项目的影响适用于大中型农场，即土地面积略高于50公顷的农场。影响评估并不能直接确定化肥补贴项目对小型农场（如拥有10英亩或20英亩土地的农场）的影响，其与拥有48公顷或49公顷土地的中型农场之间的项目实施效果也会存在很大差异。RDD方法的优点之一是，一旦应用了项目资格规则，就需要对所有符合条件的单位进行影响评估。代价是项目对位于分界点较远处观测值的影响未知。专栏 6-2 呈现了使用 RDD 法评估牙买加社会安全网项目的案例。

【专栏 6-2】

牙买加基于贫困指数的社会安全网

断点回归设计（RDD）方法被用来评估牙买加社会安全网项目的影响。2001 年，牙买加政府启动了医疗教育促进方案（PATH），旨在提高人力资本投资和改善穷人的福利。该方案向符合条件的贫困家庭儿童提供医疗教育津贴，条件是父母要送孩子上学和定期接受体检。每个儿童月均津贴约为 6.5 美元，此外政府还免除某些医疗教育费用。

通过评分公式确定合格人选，Levy 和 Ohls（2010）对比分析了略低于临界值的家庭与略高于临界值的家庭（距临界点 2—15 分）的差异。研究人员验证了使用 RDD 方法的合理性，基线数据显示，实验家庭和对照家庭具有相似的贫困水平（通过代理均值得分衡量）和目标，因为样本中的所有家庭都申请了津贴。研究人员还在回归分析中使用了预测资格分来控制两组之间的差异。

Levy 和 Ohls（2010）研究发现，PATH 使 6—17 岁儿童的在校时间月均增加了 0.5 天，相当于出勤率为 85%，这一点意义重大。此外，0—6 岁儿童的医疗健康就诊率提高了约 38%。

虽然研究人员并未发现对学校成绩或医疗健康状况有任何长期影响，但他们却发现项目的影响程度与其他国家实施的有条件现金转移计划基本相同。最有趣的是，该项目利用信息系统、访谈、焦点小组和家计调查等方式收集了大量的定量和定性数据。

模糊断点回归设计

如果样本不认可对实验组或对照组的分配，即使确认不存在操纵资格指数的证据，我们仍可能面临挑战。换句话说，根据资格指数，一些符合项目条件的样本可能选择不参加，而其他不符合条件的样本可能设法参加。当所有样本都按资格指数对应分配时,就可以说 RDD 法是"精准的"。相应地,如果在临界点的任一侧都不符合,那么 RDD 法就是"模糊的"(见图 6-3)。如果 RDD 法是模糊的,我们可以使用工具变量法来修正不合规的情况(见第五章)。值得注意的是,在随机分配不合规情况下,就可以将随机分配作为纠正不合规的工具变量。对于 RDD 法,我们可以使用基于资格指标的原始赋值作为工具变量。但这样做有一个缺点:RDD 法影响评估会进一步局部化,从某种意义上说,它对接近临界点的所有观察无效,但可代表临界点附近子样本的影响,并且仅因符合资格标准而参与项目。

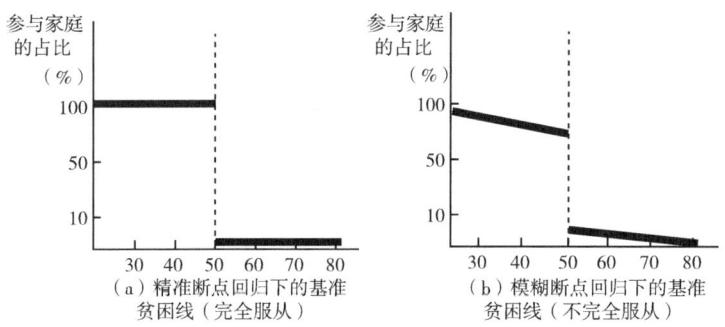

图 6-3 服从分配

断点回归设计的有效性检验

为了使 RDD 法在临界点产生无偏的 LATE 估计,重要的是不应该在临界点附近操纵资格指数,方便个人改变干预或控制状态。① 对资格标准的操纵可以采取多种形式。例如,普查员可能会在收集用于计算资格分数的数据时,改变受访者的一两个回答;或者受访者为了获得参加项目的资格,他们可能会故意向普查员撒谎。此外,随着时间的推移,普查员、受访者和政客都开始学习"游戏规则",对分数的操纵会变得更糟。在化肥补贴的例子中,如果农场主可以改变土地所有权或误报其农场规模,就会出现对临界点的操纵。或者,如

---

① 连续合格指数有时被称为"强迫变量"。

果化肥补贴的预期效益值得的话，拥有50.3公顷土地的农民可能会设法出售半公顷土地，以获得享受补贴的资格。

图6-4呈现了一个明显的操纵迹象。图6-4a显示在没有操纵的情况下，家庭基准贫困线的分布情况。断点（50）周围的家庭密度是连续的（或平滑的）。图6-4b显示了一种不同的情况，大量家庭似乎"聚集"在分界线的正下方，而相对较少的家庭位于分界线的正上方。由于没有先验的理由断定在临界点附近的家庭数量会变大，因此在临界点附近家庭分布的变化，就证明有操纵他们分数使满足补贴资格标准的可能。第二种测试操作的方法，是根据基线的结果变量绘制资格指数，并检查在临界点周围是否存在不连续或"跳跃"。

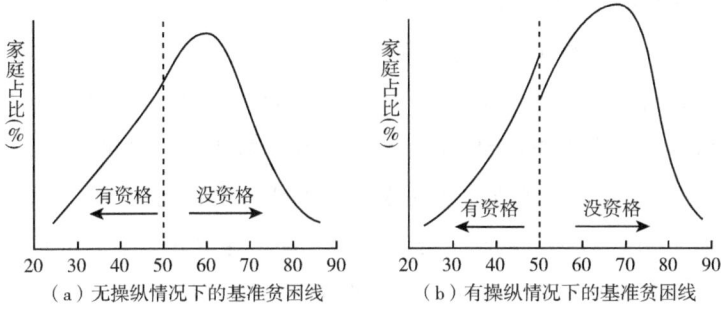

图6-4 操纵资格变量

【专栏6-3】

肯尼亚按考试成绩分组对学校表现的影响

为测试按学生表现分配班级是否能改善教育成果，迪芙洛等对肯尼亚西部的121所小学进行了一项实验（Duflo、Dupas和Kremer，2011）。其中，一半学校中的一年级学生被随机分成两个不同的班级，另一半学校的学生们，以初试成绩为基准，被分配到表现优异或表现不佳的班级。

断点回归设计（RDD）使研究人员测试班内学生的组成是否直接影响考试成绩。他们比较以下学生的期末考试成绩：近分数线学生的期末考试成绩，看看那些被分配到优秀班级的学生是否比那些被分配到一般班级的学生表现得更好。

一般而言，将学生分配到表现相似的高分组或低分组学校，比采用随机分配法创建相同学生组的学校成绩高出 0.14 个标准差。这不仅是由表现好的学生驱动的，表现不佳的学生考试、成绩也有所提高。研究发现，对于评估值接近临界分数线的学生，期末考试成绩上无显著差异。这些发现否定了学生直接受益于成绩更好同学的假设。

资料来源：Duflo、Dupas 和 Kremer，2011。

【专栏 6-4】

断点回归分析在 HISP 影响评估中的应用

现在考虑断点回归设计（RDD）方法在医疗保险补贴计划（HISP）中的应用。对 HISP 的设计深入调查后发现，除了随机选择治疗村庄外，当局还使用贫困线向低收入家庭倾斜。贫困线是以贫困指数为基准，根据家庭资产、住房条件和人口构成，将每个家庭划分为 20—100 分。官方认定的贫困线是 58 分。这意味着，所有得分在 58 分及以下的家庭都被列为贫困家庭，所有得分在 58 分以上的家庭都被列为非贫困家庭。即使在实验村，也只有贫困家庭才有资格参加 HISP。数据集包括治疗村贫困户和非贫困户的家庭信息。

在进行断点回归评估分析前，需检查是否有任何操纵资格指数的证据。第一步，检查资格指数的密度是否会引起对指数操纵的担忧。图 6-5 是根据贫困指数为基准绘制的家庭占比图。① 结果显示，58 分以下的家庭并未出现"聚集"现象。

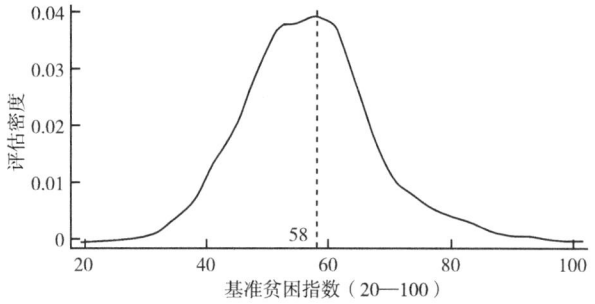

图 6-5 HISP：基于基准贫困指数的家庭密度

---

① 技术说明，密度是使用单变量叶帕涅奇尼科夫（epanechnikov）核函数测算的。Epanechnikov 核函数是一种常用的核函数，它由俄罗斯数学家 Yuri V. Epanechnikov 于 1969 年提出。它是一种经典的非参数检测方法，用于估计随机变量的密度函数。

第二步，需要检查各家庭户是否按照资格分数被分配到实验组和对照组。根据贫困基准线绘制了项目的参与情况（见图6-6），发现项目试点两年后，只有得分在58分及以下的家庭（即在贫困线的左边）才有资格参加HISP。此外，所有符合条件的家庭都参加了HISP。换句话说，实验发现完全的遵从性，并且得到一个"精准"RDD法。

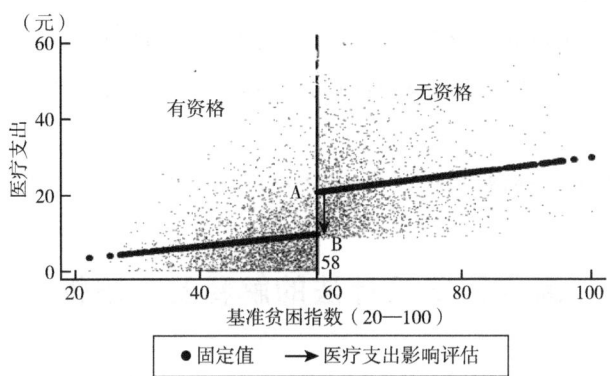

图6-6 HISP的参与率：基于基准贫困指数

现在应用RDD法来计算HISP的影响。使用跟踪调查数据，可以再次绘制贫困指数与预期健康之间的关系，如图6-7所示。在贫困指数和预测医疗支出之间的关系中，可以发现贫困线处（58分）存在明显的断裂或不连续性。这种中断反映了有资格参加项目的家庭医疗支出减少了。考虑到介于58分临界点两边的家庭户数非常相似，对医疗支出水平不同的合理解释是，一组家庭有资格参加HISP，而另一组家庭则没有。表6-1是HISP影响的断点回归分析结果。

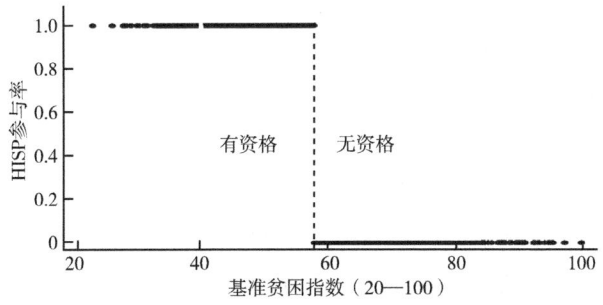

图6-7 HISP实施两年后贫困线和医疗支出情况

表 6-1　　　　　HISP 评估：断点回归设计与回归分析

	多元线性回归
家庭医疗支出影响评估	-9.03** (0.43)

注：括号内数据为标准误；显著水平：**＝1％。

♣HISP 问题 5：

A. 如表 6-1 所示的结果是否对所有符合条件的家庭有效？

B. 与随机分配法估计的影响相比，该结果对贫困指数略低于 58 分的家庭意味着什么？

C. 根据 RDD 法的影响评估，HISP 是否应该在全国范围内推广？

断点回归设计法的解释及有限性

断点回归设计提供了局部平均处理效应（LATE）估计，在实验组和对照组中最相似点位于临界点附近。越接近临界点，不同样本就越相似。事实上，当观测样本非常接近临界值时，样本之间特征会非常相似，形成的比较结果与按照随机分配选择的实验组和对照组一样好。

因为 RDD 方法是围绕临界点或局部区域来估计项目的影响，估计结果不一定能推广到远离临界点的样本。也就是说，符合条件和不符合条件的两组样本可能不那么相似。RDD 方法无法为所有项目参与者提供 LATE 估计，这一事实可以视为该方法的优点和局限性，具体取决于相关的评估问题。如果评估主要是为了回答项目实施的必要性？那么全体合格人群的 LATE 估计结果可能是最相关的参数，显然 RDD 法并不完美。然而，如果要回答的政策问题是，该项目的标准应该削减或扩大？即对于临界点附近的（潜在的）受益人，那么 RDD 法会得出精准 LATE 估计，进而为政策决策提供信息。

如前所述，当断点两侧样本的依从性不完全时，可能会出现异常现象。当指标得分不符合资格条件的样本仍设法参与了项目，或者指标得分符合资格条件的样本选择不参加项目时，就会产生模糊 RDD 法。在这种情况下，我们可以使用第五章中概述的工具变量法，即将位于分界点上下的样本作为观察项目影响的工具变量。正如第五章中讨论的示例，这样做有一个弊端：我们只能对资格标准敏感的单元进行影响评估,即符合条件就注册类型,而不是"总是注册"组或"从不注册"组。

RDD方法只估计了临界点附近的项目影响,这对统计分析能力提出了挑战。有时,在分析中只使用一组接近临界点的有限观测值,相对于分析实验组和对照组中所有样本的方法而言,RDD法分析中的观察值数量减少了。为了应用RDD法时获得更多的统计功效,需要在临界点附近选择一个区域,该区域应包含足够多的观测值。在实践中,应该尝试扩大观察区域,并保证观察到的总体特征在临界值上下是均衡的。此外,可以选择不同的区域做多次估计,以检测估计值是否对所选区域宽度变化敏感。

使用RDD方法的另一个警告是,在搭建资格分数与相关结果之间的关系模型时,参数说明对使用的函数形式很敏感。在本章提供的示例中,我们假设资格指数与产出之间存在线性关系。实际上,这种关系可能更复杂,包括非线性关系和变量之间的相互作用。如果评估时不考虑这些复杂关系,很可能会被误认为是不连续的,从而导致对RDD法影响估计的错误解释。在实践中,可以使用各种函数形式(线性的、二次的、三次的、四次的等)来估计项目的影响,以确定影响评估是否对函数形式敏感。

综上所述,资格标准和临界点有两个重要条件。首先,他们对相关项目是独特的。例如,对家庭或个人进行排名的贫困指数,可用于针对穷人制定各种公共项目。在这种情况下,不能将某一特定反贫困项目的影响与其他目标相同的项目隔离开来。其次,资格标准和边界点应避免被调查员、潜在受益人、项目管理人员或政客操纵。对资格指数的操纵会造成指数的不连续,从而破坏RDD法作用发挥的基本条件,即资格指数应在临界点附近连续。

即使有局限性,但RDD法仍然是一种强大的影响评估方法,可对项目在资格边界点附近的影响进行无偏估计。RDD法利用项目分配规则,使用连续资格指数,这在许多公共项目中很常见。当使用基于指数的目标规则时,没必要为了评估而将一组符合条件的家庭或个人排除在外,因为可以采用断点回归设计。

清单:断点回归设计

断点回归设计要求资格指数在临界值附近是连续的,并且在临界值附近的单位是相似的。

（1）在基准时，某资格指数在分界点附近是否连续？

（2）是否有任何证据表明不遵守确定实验资格的规则？检测是否所有符合条件的单位和不符合条件的单位均已参加了项目。如果发现不符合以上条件，需要将 RDD 法与工具变量法结合起来，以纠正这种"模糊" RDD 估计。①

（3）是否有任何证据表明资格指数得分可能被操纵，以影响参加项目的合格人选？检验指标得分在分界点的分布是平滑的。如果发现指数得分"集聚"于临界点附近的证据，就意味着存在操纵行为。

（4）临界点是评估项目独有的，还是其他项目也使用了这个临界点？

【本章补充材料】

（1）有关本书的辅助材料和其他附加资源的超链接，请参阅《政策影响评估实践》官网（http：//www.worldbank.org/ieinpractice）。

（2）有关使用 RDD 评估现金转移支付项目的信息，请参阅世界银行发展影响博客上的文章（http：//www.iadb.org/evaluationhub）。

（3）有关使用 RDD 法实际问题的回顾，请参见 Imbens, Guido, and Thomas Lemieux. 2008. "Regression Discontinuity Designs：A Guide to Practice." Journal of Econometrics 142（2）：615–635。

【本章参考文献】

[1] Barrera-Osorio, Felipe, Leigh Linden, and Miguel Urquiola. 2007. "The Effects of User Fee Reductions on Enrollment：Evidence from a Quasi-Experiment." Columbia University and World Bank, Washington, DC.

---

① 在这种情况下，您可以把临界点左右侧的位置作为两阶段最小二乘法中第一阶段中实际项目的工具变量。

［2］Duflo, Esther, Pascaline Dupas, and Michael Kremer. 2011. "Peer Effects, Teacher Incentives, and the Impact of Tracking: Evidence from a Randomized Evaluation in Kenya." American Economic Review 101: 1739 – 1774.

［3］Imbens, Guido, and Thomas Lemieux. 2008. "Regression Discontinuity Designs: A Guide to Practice." Journal of Econometrics 142 (2): 615 – 635.

［4］Levy, Dan, and Jim Ohls. 2010. "Evaluation of Jamaica's PATH Conditional Cash Transfer Programme." Journal of Development Effectiveness 2 (4): 421 – 441.

第七章 双重差分法

当分配规则不明确时的项目影响评估

目前我们已经讨论了随机分配法、工具变量法（IV）和断点回归设计（RDD）三种影响评估方法，这些都是评估团队在明确的项目分配规则前提下产生的反事实估计。我们已经讨论了为什么这些方法在相对较少的假设和条件下为反事实提供可靠的估计。下文将讨论另外两种方法，即双重差分法（DID）和匹配法：当项目分配原则不太明确或上述三种方法都不可用时，这两种方法为评估团队提供的一组补充工具。在这种情况下，双重差分法和匹配法都是可用的，但是两者都需要比随机分配法、工具变量法或断点回归设计更强的假设。直观地说，如果项目分配规则不确定，评估时就会增加一个未知数，就要相应地作出假设。但是，由于假设的准确性无法保障，因此使用双重差分法或匹配法产生的项目影响评估并非总是可靠。

双重差分法

双重差分法[①]是对项目参与人群（实验组）和未参与人群（对照组）不同时间点产出结果的对比分析。例如，道路修复项目要在地区一级实施，但不能在地区之间随机分配，也不是依据明确定义的临界值指数进行分配，则该临界值允许使用断点回归设计。地区委员会可以决定是否参加项目。项目目标之一是提高人们进入劳动力市场的机会，结果指标之一是就业率。正如第三章所

---

① 在差异中比较纳入项目的单位（治疗组）和未纳入项目的单位（对照组）在一段时间内的结果变化。这使我们能够纠正治疗组和对照组之间随时间不变的任何差异。

述，仅仅观察项目实施前后某地区就业率的变化并不能确定其与道路修复项目的因果关系，随着时间的推移，许多其他因素也会影响就业水平。与此同时，如果存在未观察到的原因导致某些地区参加了道路修复项目，那么比较已参加和未参加道路维修的地区（在已参加或未参加道路修复项目的情况下，讨论选择偏差问题）将是有问题的。

然而，如果我们将这两种方法结合起来，并比较参加或未参加道路修复项目前后两组社区就业率的变化情况，结果会如何？项目实施后，实验组前后产出的差异（第一个差值）控制了该组中不随变化的因素，这是将同一组与其自身比较的结果。但对这个群体而言，仍有随着时间变化的因素（如时变因素）。捕捉这些时变因素的一种方法是测量未参加项目但暴露在相同环境下结果的变化（第二个差值）。如果通过减去第二个差值来"清理"影响结果中其他时变因素的第一个差值，那么就可以简单地消除前后比较中让人们担忧的偏差来源。双重差分法的作用顾名思义，它结合了对反事实的两种虚假估计（前后比较，以及选择注册组和未注册组之间的比较），进而产生对反事实的更好估计。在道路修复项目的案例中，双重差分法会比较项目实施前后居住在已参加和未参加项目地区的个人就业状况。

值得注意的是，这是对实验组结果变化的反事实估计，即该反事实估计是对照组产出变化的估计。实验组和对照组在项目实施前不一定具有相同的条件。但要使双重差分法有效，对照组必须准确地代表实验组在没有参与项目时的结果变化。为了应用双重差分法，有必要测算项目实施前后参与项目的实验组和未参与项目的对照组的产出差。专栏7-1显示使用双重差分法评估巴西选举激励措施对辍学率的影响。

【专栏7-1】

应用双重差分法研究巴西选举激励机制对辍学率的影响

De Janvry、Finan 和 Sadoulet（2011）针对巴西地方政府选举激励机制开展了实证研究，并考察了有条件现金转移支付项目（Conditional Cash Transfer，CCT）对地方政府选举激励机制的影响。巴西助学金项目（Bolsa Escola）每月向贫困家庭的母亲提供津贴，前提条件是她们的孩子要上学。有条件现金转移支付是一项联邦项目，类似于墨西哥的"进步"项目（见专栏1-1和专栏4-2），由市政府具体负责实施。市政府负责确定受益人及实施项目。

De Janvry、Finan 和 Sadoulet 使用双重差分法估计了助学金项目对辍学率的影响。他们发现，助学金项目在各城市的表现存在显著差异。为了探索这种差异，研究人员比较了第一任市长和第二任市长对本市学生辍学率的改善情况。如果巴西对地方政府领导人有两届任期的限制，第一任市长关心的是连任问题，因此其行为与不担心连任的第二任市长不同。

总体而言，该项目成功地将受益人的辍学率平均降低了 8%。研究人员还发现，在有第一任市长的城市中，助学金项目的影响程度要高出 36%。他们得出的结论是，对连任的担忧激励了当地政客加大实施助学金计划的力度。

资料来源：De Janvry、Finan 和 Sadoulet，2011。

图 7-1 演示了道路修复项目案例的双重差分法。第 0 年为基准年。第一年，由一个地区组成的实验组参加了项目，而对照组则未参加项目。实验组的产出水平（就业率）从项目开始前的 A 点上升至项目开始后的 B 点，而对照组的产出则从项目开始前的 C 点上升至项目开始后的 D 点。

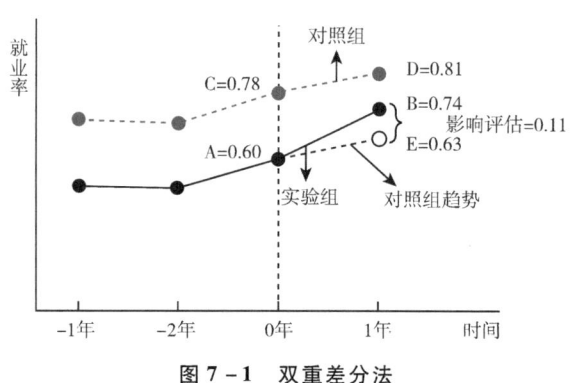

图 7-1 双重差分法

我们对反事实的两个虚拟估计：实验组参与项目前后的产出差（B-A），以及实验组与对照组参与项目前后的产出差（B-D）。在双重差分中，反事实估计是通过计算对照组的产出变化（D-C）减去实验组的产出变化（B-A）而得来的。将对照组的产出变化作为实验组产出变化的反事实估计，类似于假设，如果实验组没有参与项目，他们的产出将随着时间的变化而沿着非实验组的相同趋势发展。如图 7-1 所示，参与项目后的产出将从 A 点变为 E 点。

总之，该项目的影响可简单地计算为两个差值之间的差：

双重差分法的影响 =（B - A）-（D - C）=（0.74 - 0.60）-（0.81 - 0.78）= 0.11

图 7 - 1 中的关系也可以用一个简表表示。表 7 - 1 阐明了双重差分法估计的组成部分。第一行包含实验组干预前（A）和干预后（B）的产出，实验组在项目实施前后的产出比较是第一行的差异（B - A），第二行是对照组干预前（C）和干预后（D）的产出，两者的差为（D - C）。

表 7 - 1　　　　　　　　　　双重差分法计算

	实施后	实施前	差异
实验组/注册组	B	A	B - A
对照组/非注册组	D	C	D - C
差异	B - D	A - C	DD =（B - A）-（D - C）
	实施后	实施前	差异
实验组/注册组	0.74	0.60	0.14
对照组/非注册组	0.81	0.78	0.03
差异	- 0.07	- 0.18	DD = 0.14 - 0.03 = 0.11

利用双重差分法计算影响估计的具体步骤如下：

第一步，计算项目实施前后实验组产出（Y）差（B - A）。

第二步，计算项目实施前后对照组产出（Y）差（D - C）。

第三步，计算实验组的产出差（B - A）和对照组的产出差（D - C）之间的差，或双重差分法（DD）=（B - A）-（D - C），这种双重差分的结果就是影响评估。

我们也可以用另一种方法计算双重差分法：首先，计算项目实施后实验组与对照组之间的产出差；其次，计算项目未实施时实验组与对照组之间的产出差；最后，用前者减去后者。

DD 影响 =（B - D）-（A - C）=（0.74 - 0.81）-（0.60 - 0.78）= 0.11

双重差分法的作用如何？

为了理解双重差分法是如何起作用的，可从第三章中反事实的第二次伪评估开始，即对已注册和未注册项目的个体进行比较。请记住，这种比较的核心是上述两组个体可能具有不同的特征，这些特征可能不是由项目实施造成的产出差。未观察到的特征差异尤其令人担忧。根据定义，我们不可能在分析中包括未观察到的特征。

双重差分法有助于解决这一问题，因为单位或个人的许多特征可以被合理地假设为不随时间变动的常量。例如，可观察的特征，如出生年份、某地区距离海洋的位置、某城镇的气候或父亲的教育水平等。尽管此类变量看似与结果有关，但在评估过程中可能不会改变。使用同样的推理，我们可以得出结论，许多未被观察到的个体特征也或多或少不随时间变动。例如，考虑以下性格特征或家庭健康史。个人的内在特征不会随着时间的推移而改变，这似乎是合理的。

双重差分法不是比较干预后实验组与对照组之间的产出①，而是比较它们之间的变动趋势。个人行为趋势是其在项目实施前后的产出差。当项目实施后的产出减去实施前的产出时，我们就扣除了所有个体独有的、不随时间变动特征的影响。有趣的是，这不仅抵消（或控制）了观测到的不变特性的影响，而且还消除了未观测到的不变特性的影响，如上文提到的那些。专栏7-2介绍了一项关于使用双重差分法估计警察增加对布宜诺斯艾利斯汽车盗窃发生率的影响。

【专栏7-2】

应用双重差分法分析阿根廷警力部署对打击地方犯罪的影响

迪特拉和沙格罗德斯基（DiTella和Schargrodsky，2005）研究了阿根廷增加警力是否能减少犯罪。1994年，布宜诺斯艾利斯一个大型犹太中心遭遇了恐怖袭击事件，这促使阿根廷政府强化犹太附属建筑区域的警察保护力度。

为了解警察存在对犯罪率的影响，迪特拉和沙格罗德斯基收集了布宜诺斯艾利斯三个街区在恐怖袭击前后有关汽车盗窃量的数据。然后，他们将这些信息与社区内犹太附属机构的地理位置数据结合起来。该项研究提出了一种不同于典型犯罪回归的方法。关于警务影响的研究经常面临着内生性问题，因为政府更倾向于在犯罪率较高区域增加警力。相比之下，阿根廷警力部署的增加与

---

① 双重差分法不是比较实验组与对照组之间的产出，而是比较他们之间的变动趋势。

汽车盗窃案的发生率完全没有关系，因此该研究不存在因果关系问题。迪特拉和沙格罗德斯基使用双重差分法来评估警力增加对汽车盗窃案发生率的影响。结果显示，警察的存在对犯罪有积极的威慑作用，但这种影响很有限。与其他街区相比，在受警察保护的犹太附属建筑所在街区，汽车盗窃案显著减少，减少了约75%。他们还发现，警力增加对距离受保护建筑一两个街区的汽车盗窃案发生没有影响。

资料来源：DiTella 和 Schargrodsky，2005。

双重差分法中"趋势相同"的假设

虽然双重差分法能够处理实验组与对照组之间与时间无关的差异，但无法消除两者之间与时间有关的差异的时变量。以道路修复项目为例，如果实验区域在道路修复的同时，也受益于新海港的建设，那就无法用双重差分法区分道路修复和海港建设的影响。为了提供有效的反事实估计，必须假设实验组与对照组之间不存在这种随时间变化的差异。

另一种思考方式是，在没有道路修复项目时，实验组与对照组的影响评估要同步推进。也就是说，在没有政策干预的情况下，两组的产出需要以相同的速率增加或减少，或产出呈现相同的变动趋势。

当然，我们无法证明在没有道路修复项目的情况下，实验组与对照组之间的差异会同步变化。原因是人们无法观察在没有干预的情况下实验组会发生什么，换句话说，人们无法观察到反事实。

因此，当使用双重差分法时，必须假设在不实施项目的情况下，实验组与对照组的产出会同步变化。图7-2显示了违背这一基本假设可能的结果。如果实验组与对照组产出的变动趋势不同，那么通过双重差分法获得的项目影响评估将是无效的或有偏差的。这是因为对照组并不是对反事实的有效估计，而反事实的变动趋势在没有项目时会在实验组中盛行。如图7-2所示，如果项目没有实施，对照组的产出实际上比对照组的增长更慢，将对照组的趋势作为实验组趋势的反事实估计会导致对项目影响的有偏估计。更具体地说，我们会高估项目的影响。

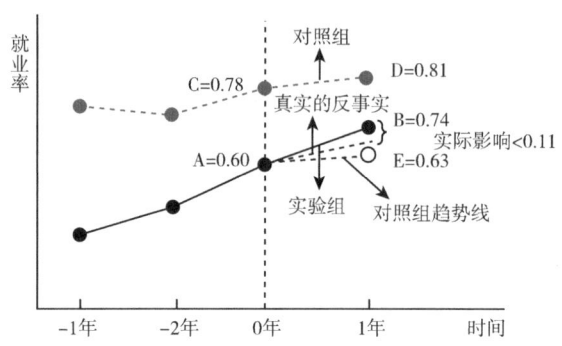

图7-2 产出趋势不同时的双重差分法

检验双重差分法中"趋势相同"假设的有效性检验

尽管无法证明,但可以评估趋势相同假设的有效性。

第一种检验趋势相同假设的方法,是在项目实施前反复比较实验组与对照组的产出变化。在道路修复项目中,这意味着在项目实施前就要比较实验组与对照组之间的就业率变化,即项目实施前1年和前2年之间,以及项目实施前1年和实施当年之间。在项目实施前,如果比较项目实施前2年和前1年以及项目实施当年之间的产出差异,那么我们就相信,项目实施后两组产出仍会同步变化。为了验证项目实施前产出变动是趋同的,我们应在项目实施前对实验组和对照组进行至少两次连续观察。这意味着开展评估需要三次连续的观察,其中两次事前观察用于评估项目实施前的产出变动趋势,以及至少一次事后观察以便使用双重差分法评估的项目影响。

第二种检验趋势相同假设的方法就是安慰剂检验。对此,可以使用一个虚拟实验组执行额外的双重差分估计,即未受项目实施影响的样本组。如果要预测课外辅导对七年级学生入学率的影响,则可选择八年级学生作为对照组。为测试七、八年级学生是否具有相同的出勤率,就可以测试八年级和六年级学生是否有相同的出勤率。假设已知六年级学生未受项目影响,对八年级学生作为对照组和六年级学生作为虚拟实验组进行双重差分估计,必然得出项目影响为零。如果不这样做,一定会发现项目实施对六年级和八年级学生出勤率均有潜在影响。反之，人们会质疑，未实施项目前七年级和八年级的学生出勤率是否趋同。

第三种检验趋势相同假设的方法，不仅使用虚拟实验组进行安慰剂检验，还使用假产出进行安慰剂测试。在课外辅导案例中，如果可以测试课外辅导成效不受学生的兄弟姐妹数量等因素的影响，就可以测试将八年级学生作为对照组的有效性。如果双重差分法评估发现课外辅导对学生的兄弟姐妹数量有影响，那么将八年级作为对照组就有一定缺陷。

第四种检验趋势相同假设的方法是使用不同的对照组进行双重差分评估。在课外辅导案例中，将八年级学生作为对照组进行首次评估，并将六年级学生作为对照组进行二次评估。如果两组都是有效的对照组，就会发现在两种计算中的影响评估结果大致相同。在专栏 7-3 和专栏 7-4 中，我们提出了两个双重差分评估的案例，他们均使用了组合法来检验趋势相同的假设。

【专栏 7-3】

检验趋势相同的假设：阿根廷水资源私有化和婴儿死亡率的关系

Galiani、Gertler 和 Schargrodsky（2005）使用双重差分法解决了一个重要的政策问题：供水服务私有化是否能改善健康结果并帮助减轻贫困？20 世纪 90 年代，阿根廷发起了有史以来规模最大的私有化运动，即将地方水务公司的产权转给受监管的私营公司。私有化进程持续了十余年，其中最大数量的私有化发生在 1995 年之后，最终覆盖了全国约 30% 的城市和 60% 的人口。

该评估利用所有权随时间变化的情况，确定供水服务私有化对五岁以下儿童死亡率的影响。1995 年以前，阿根廷各地区儿童死亡率大致同步下降。1995 年以后，已实施供水服务私有化的城市，儿童死亡率下降得更快。

研究人员认为，在这种情况下，双重差分背后的趋势相同假设可能是正确的。特别值得说明的是，在私有化进程开始前，比较城市和实验城市之间不存在儿童死亡率的差异。这意味着，私有化的决定与经济冲击或儿童死亡率的历史水平无关。为了证明上述研究结果，他们采用一项带有虚假产出的安慰剂测试法来验证：即将儿童死亡原因区分为与水条件有关的原因，如传染病和寄生虫病；和与水条件无关的原因，如事故和先天性疾病。然后，他们分别测试了供水服务私有化对两类儿童死亡原因的影响。他们发现，供水服务的私有化与传染病和寄生虫病死亡人数减少有关，但与事故和先天性疾病等导致死亡人数减少无关。

评估结果显示，在供水服务私有化的地区，儿童死亡率下降了约8%，而且最贫困地区受影响最大，儿童死亡率下降了约26%，因为在这些地区的供水网络扩张力度最大。这项研究揭示了许多围绕公共服务私有化的重要政策辩论。研究人员还发现，在阿根廷受监管的私营部门比国有企业在改善可得性、服务、重要性和儿童死亡率等指标方面做得更好。

资料来源：Galiani、Gertler和Schargrodsky，2005。

【专栏7-4】

检验趋势相同的假设：印度尼西亚学校建设计划

埃丝特·迪弗洛（Duflo，2001）分析了印度尼西亚（以下简称"印尼"）学校建设项目对教育和劳动力市场的中长期影响。1973年，印度尼西亚大力推动小学建设，建成了6.1万多所小学。针对未入学的学生，政府按地区未入学学生的比例分配学校建设量。埃丝特·迪弗洛试图评估该项目对教育和工资的影响。参与实验人数是通过该地区学校数量确定的，实验组与对照组是根据项目启动时参与者年龄来确定的。实验组由1962年以后出生的男生组成，因为他们很年轻，可以从1974年建造的新小学中受益。对照组由1962年以前出生的男生组成，他们年龄偏大而且无法从1974年新建的小学中受益。

埃丝特·迪弗洛使用双重差分法估计该项目对平均教育程度和工资的影响，比较高暴露区和低暴露区之间的产出差异。为证明这是一种有效的评估方法，她首先需要测试跨地区趋势相等的假设。为了验证这一点，埃丝特·迪弗洛使用了含有一个虚拟实验组的安慰剂测试法。她将1974年时年龄介于18—24岁的学生与12—17岁的学生进行比较。由于两组调查对象年龄太大，不能从新建学校中受益，因此教育程度变化不应在不同地区呈现系统性差异，这种双重差分回归评估结果接近于零。结果表明，项目实施前，高风险地区的教育程度不应比低风险地区增长的更快。安慰剂检验结果也显示，学校建设时依赖年龄的识别策略是有效的。

评估发现，经常参与该项目的学生（即学校建成时年龄在8岁以下的学生）在教育程度和工资方面取得了积极结果。对于这些学生而言，每1 000名儿童建造一所新学校,其受教育年限将延长 0.12—0.19 年,工资将上涨 3.0%~5.4%。该项目还将儿童的小学毕业率提高了 12%。

资料来源:Duflo,2001。

【专栏 7-5】

使用双重差分法评估 HISP 的影响

双重差分法可用于评估医疗保险补贴计划(Health Insurance Subsidy Program,HISP)。在这个场景中,有两组家庭的两轮数据,一组参加了 HISP,另一组没有参加。回想一下注册组和未注册组的情况,您会发现由于选择偏差,不能简单地比较两组间的平均医疗支出。由于拥有样本中每个家庭每期的数据,可以通过比较两组样本家庭医疗支出变化数据来解决其中的一些挑战,假设用未注册组家庭医疗支出的变化反映未参加项目时注册组医疗支出的变化情况(见表 7-2)。注意,用哪种方法计算双重差分并不重要。

接下来,使用回归分析法评估 HISP 的效果(见表 7-3)。首先,使用简单线性回归法计算双重差分评估,就会发现 HISP 使家庭医疗支出减少了 8.16 美元。然后,通过添加额外的控制变量来细化分析,换句话说,您可综合考虑使用含有许多其他因素的多元线性回归,发现家庭医疗支出也减少了。

表 7-2　　　　　　HISP 评估:双重差分法与均值法的比较

	实施后 (追踪调查)	实施前 (基准线)	差异
注册	7.84	14.49	-6.65
未注册	22.30	20.79	1.51
差异	—	—	DD = -6.65 - 1.51 = -8.16

注:表示 HISP 实施前后,注册家庭和未注册家庭平均医疗支出。

表 7-3　　　　　　HISP 评估:双重差分法和回归分析

	线性回归	多元线性回归
家庭医疗支出影响评估	-8.16** (0.32)	-8.16** (0.32)

注:括号内是标准误。显著性水平:** =1%。

♣ HISP 问题 6：

A. 接受双重差分评估的结果要满足的基本假设是什么？

B. 基于双重差分法的评估结果，HISP 是否应该在全国推广？

双重差分法的局限性

即使项目实施前趋势是相等的，但双重差分法估计中的偏差仍会出现并未被发现。这是因为双重差分法将干预开始时实验组和对照组之间的趋势差异归因于项目实施。如果存在影响两组样本趋势差异的其他因素，并且在多元回归中未考虑这些因素，则评估结果是无效的或有偏差的。

假设想要评估化肥补贴对水稻产量的影响，并通过测量化肥补贴发放前后获得补贴的农户（实验组）和未获得补贴的农户（对照组）水稻产量来估算影响。如果项目实施第 1 年爆发的干旱只影响受补贴的农户，那么双重差分法将对化肥补贴影响产生无效的估计。一般来说，如果存在任何不成比例地影响两组样本的因素，并且在实验组参与项目的同时发生这种影响（在回归中未被考虑），则项目影响的估计可能无效或有偏差。双重差分法假设不存在这种因素。

清单：双重差分法

双重差分法假设项目实施前对照组与实验组的产出变动趋势是相似的，并且除了项目本身外，解释两组样本产出差异的唯一因素不随时间变动。

（1）在项目未实施的情况下，实验组与对照组间的产出是否会同步变化？这可以通过几个证伪测算来评估，具体如下：第一，实验组与对照组的产出在项目实施前是同步变化的吗？如果项目实施前有两组数据可用，就可以测试两组样本是否存在趋势差异。第二，那些不受项目影响的虚假产出如何？他们在实验开始前是否同步？

（2）如果使用几个可靠的对照组进行双重差分分析，应该对项目影响得到类似的估计。

（3）如果对实验组与对照组以及对不受项目实施影响的虚假产出进行双重差异分析，就会发现该项目对产出无影响。

（4）如果使用选择的产出变量，对不受项目实施影响的两组样本进行双重差分比较分析，就会发现该项目对产出的影响为零。

【本章补充材料】

（1）要获得本书的辅助材料和附加资源的超链接，请参阅《影响评估实践》官网（http://www.worldbank.org/ieinpractice）。

（2）要了解双重差分法背后的潜规则，请参阅世界银行发展评估博客（http://blogs.worldbank.org/impact evaluations）。

【本章参考文献】

［1］De Janvry, Alain, Frederico Finan, and Elisabeth Sadoulet. 2011. "Local Electoral Incentives and Decentralized Program Performance." Review of Economics and Statistics 94（3）：672–685.

［2］DiTella, Rafael, and Ernesto Schargrodsky. 2005. "Do Police Reduce Crime? Estimates Using the Allocation of Police Forces after a Terrorist Attack." American Economic Review 94（1）：115–133.

［3］Duflo, Esther. 2001. "Schooling and Labor Market Consequences of School Construction in Indonesia: Evidence from an Unusual Policy Experiment." American Economic Review 91（4）：795–813.

［4］Galiani, Sebastian, Paul Gertler, and Ernesto Schargrodsky. 2005. "Water for Life: The Impact of the Privatization of Water Services on Child Mortality." Journal of Political Economy 113（1）：83–120.

第八章 匹配法

构建人工对照组

本章描述的方法是由一组统计技术组成的，我们将其统称为匹配法①。只要有未参加项目的群组，匹配法几乎可作为任何项目的分配原则。匹配法本质上是使用统计技术构建一个人工对照组。对每一个可能的实验对象，试图找到一个具有相似特征的非实验对象。例如，如果想要评估职业培训项目对收入的影响，可取得一组参与培训者和未参加培训者的个人数据集，例如收入和税收记录。如果要评估项目没有任何明确的分配规则（如随机分配或资格指数）来解释为什么一些人参加了项目，而另一些人未参加。在这种情况下，匹配法可根据数据集中可用的特征，识别出与实验对象最相似的未注册群体。这些匹配的未注册样本将成为评估反事实的对照组。

如果想为每个项目参与者找到一个恰当的匹配对象，则需要尽可能找到决定其加入项目的特征。不幸的是，这说起来容易做起来难。如果观察到的相关特征列表非常大，或者每个特征都有很多值，则很难确定实验组中每个样本的匹配对象。当增加要匹配参与该项目的样本特征或维度数量时，就会遇到所谓的维度诅咒。例如，如果仅使用三个重要特征来识别匹配的对照组，例如年龄、性别和个人是否有中学文凭，那么需要在未注册项目的个体特征池中找到所有项目参与者的匹配项，但可能会遗漏其他潜在的重要特征。但是，如果增加特征列表，如孩子数量、受教育年限、失业月数、工作年限等，那么数据库可能无法与大多数注册的项目参与者很好地匹配，除非数据库包含大量的观察结果。图 8-1 显示了基于年龄、性别、失业月份和

---

① 匹配是指使用大型数据集和统计技术对观察到的特征搭建最佳的对照组。

实验对象					非实验对象			
年龄	性别	失业月数	高中文凭		年龄	性别	失业月数	高中文凭
19	1	3	0		24	1	8	1
35	1	12	1		38	0	1	0
41	0	17	1		58	1	7	1
23	1	6	0		21	0	2	0
55	0	21	1		34	1	20	1
27	0	4	1		41	0	17	1
24	1	8	1		46	0	9	0
46	0	3	0		41	0	11	1
33	0	12	1		19	1	3	0
40	1	2	0		27	0	4	0

图 8-1　四种特征的精准匹配

中学文凭四个特征的匹配度。

倾向得分匹配法

　　幸运的是，维度诅咒可以通过一种被称为"倾向得分匹配的方法"轻易解决（Rosenbaum 和 Rubin，1983）。使用该方法时，我们不需要为每个注册样本匹配一个具有完全相同控制特征值的未分配样本。相反，对于实验组和对照组的所有样本，我们可根据样本特征（解释变量）的观测值计算其参加项目的概率（即倾向得分）。该分数是一个介于 0 到 1 的实数，它总结了所有观察到的特征对项目参加概率的影响。我们应该只使用期初观察到的特征来计算倾向得分。这是因为项目实施后样本特征可能已受到项目的影响，使用这些特征来识别匹配的对照组会使结果产生偏差。当实验影响个体特征并需要依据这些特征进行匹配时，因为项目自身的缘由需选择一个与实验组相似的对照组。如果不参与项目，这些特征看起来会更不同。这违反了对反事实进行良好估计的基本要求，除实验组参与项目而对照组未参与外，对照组在所有方面都必须相似。

　　一旦计算出所有样本的倾向得分，实验组中的样本就可以与未注册组中最接近倾向得分的样本进行匹配。① 这些特征最接近的样本成为对照组,用于模拟实验组与对照组之间的随机分配。由于倾向得分分配不是一种随机分配法,只是模拟随机分配法,并用于生成反事实的估计。倾向得分匹配法通过选择与实验组中具有相似倾向的样本作为对照组,来模拟实验组和对照组的随机分配。由于倾向得分匹配法是一种随机分配方法,而是尽量模仿随机分配法,因此它属于准实验法的范畴。

实验组或注册组与其匹配的对照组之间的产出平均差是该项目的影响估计。总之,项目影响是通过比较实验组或登记组的平均产出和统计上匹配的子样本的平均产出来估计,这种匹配是基于现有数据中观察到的特征。

为了通过倾向得分匹配法估计项目对所有实验对象的影响,每个实验或注册单位都需要与未注册组成功匹配。② 然而,在实践中,对某些注册单位来说,可能在未注册单位池中没有找到类似的倾向得分。从技术角度来看,实验组或登记组与未登记组之间的倾向得分可能缺乏共同支撑或重叠部分。

图 8-2 提供了一个缺乏共同支持的案例。

我们先根据观察到的样本特征(即倾向得分),估计其加入某项目的可能性。图 8-2 还显示注册和未注册样本的倾向得分分布情况。问题是这些分布并不完全重叠。在分布的中间位置,匹配相对容易找到,因为有注册和未注册的倾向得分水平。然而,倾向得分接近 1 的注册者无法与任何未注册者匹配,因为没有未注册者会有如此高的倾向得分。直观地说,参加项目的样本与未参加项目的样本极有可能如此不同,以至于我们无法为他们找到一个好的匹配对象。同样,倾向得分接近 0 的未注册者无法与任何注册者匹配,因为没有倾向得分如此之低的参与者。因此,缺乏共同支持出现在倾向得分分布的极端值或尾部。在这种情况下,匹配过程估计了共同支持观察的局部平均处理效应(LATE)。Jalan 和 Ravallion(2003)③ 总结了应用倾向得分匹配时要采取的步骤:步骤一,您需要开展具有代表性和高度可比性的调查,以确定哪些样本参

---

① 在实践中,许多构成最接近比较样本的定义用于执行匹配。最近的比较样本可以根据倾向性评分的分层来定义——在给定半径内根据距离确定处理样本的最近邻居。通过使用各种匹配算法来检查匹配结果的方法被认为是很好的实践。具体细节详见 Rosenbaum(2002)。

② 本书对匹配法的讨论主要集中在一对一匹配上。其他各种类型的匹配,如一对多匹配或替换/非替换匹配在此不做讨论。需要说明的是,在所有情况下,这里描述的概念框架仍然适用。

③ Rosenbaum(2002)对匹配法进行了详细的回顾。

加了项目，哪些样本没有参加。步骤二，通过调查汇集两个样本的特性，并据此评估每个样本参与项目的概率，进而得出倾向得分。步骤三，将样本限制在倾向得分分布中出现共同支持的单位。步骤四，找到与每个已注册样本具有相似倾向得分的未注册子样本。步骤五，比较实验或注册单位与其匹配的对照组和未注册组的产出情况。上述两组子样本的平均产出差是衡量项目实施对特定实验对象影响的指标。步骤六，这些样本影响的平均值可以得出局部平均处理效果的估计值。在实践中，常用的统计程序包括自动运行步骤二到步骤六的预编程命令。

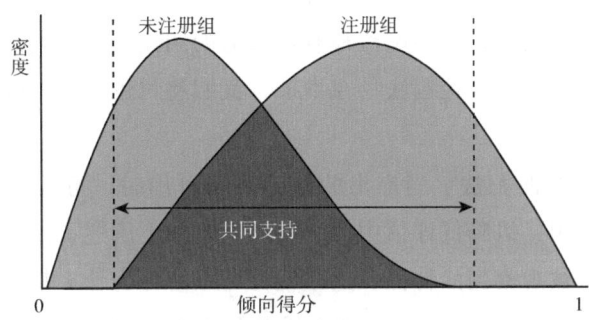

图 8-2　倾向得分匹配和共同支持

总之，有关匹配的三个关键问题很重要。首先，匹配法只能由观察到的特征来构建对照组，因此无法考虑未观察到的特征。如果存在任何未观察到的特征影响样本是否加入项目及其产出，那么通过匹配的对照组获得的影响估计就会有偏差。为使匹配结果不偏不倚，需要强有力的假设，即实验组与对照组之间不存在未观察到的差异，这些差异也与有关的产出相关。其次，必须只使用不受项目影响的特征来完成匹配。项目实施后观测到的多数特征都不属于这一类。如果没有基础数据（干预前），且唯一的数据来自项目干预，则我们能够用来构建匹配样本且不受项目影响的特征很少，如年龄和性别。尽管希望匹配更丰富的特征集，包括有关产出，但无法这样做，因为这些特征可能会受到项目实施的影响，不建议根据项目实施后的特征进行匹配。如果基础数据可用，可以基于更丰富的特征集进行匹配，包括相关结果。考虑到数据是在项目实施前收集的，则这些变量不可能受到项目的影响。然而，如果有关产出的基础数据是可用的，则不应单独使用匹配法。应该把匹配法和双重差分法结合起来，以减少偏差风险。在下一节会详细讨论评估过程。最后，匹配法估计的结果仅与用于匹配的特征相同。虽然使用大量特征进行匹配很重要，但更重要的是能够根据决定注册的特征进行匹配。对参与者选择标准越是了解，就能更好地构建匹配的对照组。

匹配法与其他方法的结合

尽管匹配法需要大量的数据，并且存在很大的偏差风险，但它已被用于在各种环境下评估发展项目。匹配法最有说服力的用途是将匹配法与其他方法相结合起来，或者使用综合控制法。在本节，我们将讨论双重差分匹配法和综合控制方法。

（1）双重差分匹配法。当产出的基础数据可用时，可将匹配法与双重差分法结合起来使用，以降低评估中的偏差风险。如上所述，简单的倾向得分匹配法不能解释未被观察到的特征，这些特征可以解释为什么某一群体选择参加项目，也会影响产出。匹配法与双重差分法结合至少可以处理两组样本之间不随时间变化的任何未被观察到的特征。具体实现方式如下：

①根据观察到的基础特征实行匹配（如前所述）；

②对每个注册样本，计算项目实施前后两阶段的产出变化（第一次差分）；

③对每个注册样本，计算该样本匹配的对照组在项目实施前后的产出变化（第二次差分）；

④用第一个差分减去第二个差分，即为双重差分法；

⑤将这些双重差分取平均值。

专栏8-1和专栏8-2提供了在实践中使用双重差分匹配法的评估案例。

【专栏8-1】

双重差分匹配法：对越南农村道路和城市市场化发展关系的评估

Mu和Van de Walle（2011）使用倾向得分匹配法与双重差分法来评估农村公路项目对社区级市场发展的影响。从1997年至2001年，越南政府修复了5 000公里的农村公路。拟修复道路是根据建设成本和人口密度标准选择出来的。

由于受益于道路修复的社区不是随机选择的,研究人员使用倾向得分匹配法构建了对照组。利用基础调查数据,研究人员发现影响社区道路入选修复项目的各种因素,如人口规模、少数民族比例、生活水平、现有道路的密度和存在客运。他们根据这些特征估计倾向得分,并将样本量限制在共同支持的范围内。由于受益于修复道路的社区不是随机选择的,研究人员使用倾向得分匹配法构建了一个对照组。利用基础调查数据,研究人员发现社区层面的各种因素,如人口规模、少数民族比例、生活水平、现有道路的密度和存在客运等,这些因素会影响社区内的道路是否被选入修复计划。他们根据这些特征估计倾向得分,并将样本量限制在共同支持的范围内,这产生了 94 个实验社区和 95 个对照社区。为了进一步限制潜在的选择偏差,研究人员进一步使用双重差分法评估当地市场环境的变化。

项目实施两年后,道路修复大大促进了当地市场产生和存续以及服务的便利性。实验社区发展出的新市场比对照社区多了 10%。在实验社区内,家庭主妇从农业领域转行到服务相关的领域,如裁缝和美发行业。然而,不同社区的成效差异很大。在较贫穷的社区,由于初始市场发展水平较低,影响往往较大。研究人员发现针对初始市场发展水平较低的地区,小型道路修缮项目可能会产生更大的影响。

资料来源:Mu 和 Van de Walle,2011。

【专栏 8-2】

双重差分匹配法:墨西哥的水泥地板、儿童健康与母亲幸福的关系

墨西哥政府推出的水泥地板计划(Piso Firme 计划)旨在为低收入家庭住房铺上 50 平方米的水泥地面(见专栏 2-1)。Piso Firme 计划起初只是科阿韦拉州的一个地方项目,后来被推广到全国范围。Cattaneo 等(2009)利用地理差异来评估这种大规模改善住房环境的努力会对健康和福利水平产生什么影响。

研究人员综合应用双重差匹配法,比较分析了科阿韦拉州家庭户与邻近的杜兰戈州类似家庭户的情况。在调查期间,杜兰戈州尚未实施 Piso Firme 计划。为提高实验组与对照组的可比性,研究人员将样本限制在两州临界附近城

市的家庭户。在上述样本中，研究人员使用匹配技术选择尽可能相似的实验组与对照组。预选择标准包括家庭脏地板比例、幼儿数量和每个街区的家庭数量。

综合控制法一般在每个样本（如国家、公司或医院）受到干预或受到事件影响时开展影响估计。该方法不是将一组实验样本与一组对照样本进行比较，而是利用实验组和对照组的特征信息，通过对每个对照组样本进行加权，构建一个"综合的"或人为的比较组，这种方法使综合对照样本最接近杜兰戈的对照样本，在调查期间，杜兰戈还没有启动实施项目。为提高实验组与对照组之间的可比性，研究人员将样本限制在两州边界两侧邻近城市的家庭户。在上述样本中，他们使用匹配法来选择最相似的实验和对照样本。他们使用的基础特征是使用脏地板的家庭比例、幼儿数量和每个街区内的家庭数量。

除了匹配法之外，研究人员还利用工具变量法从意向处理效应中恢复了局部平均处理效应。他们发现，将预提供的水泥地板作为实际拥有水泥地板的工具变量，项目实施会促使寄生虫感染率降低18.2%，腹泻患病率降低了12.4%，贫血患病率降低19.4%。此外，他们能够利用水泥地板实际覆盖率的变化来预测，在一个家庭中完全用水泥地板取代脏地板将使寄生虫感染减少78%，腹泻患病率减少49%，贫血患病率减少81%，以及儿童认知发展从36%提升至96%。作者还收集了有关成人福利的数据，发现水泥地板让母亲们更快乐，对住房满意度提高59%，生活质量的满意度提高69%，抑郁症发病率降低52%，感知压力评估量表降低45%。

Cattaneo等（2009）得出的结论是，墨西哥的Piso Firme计划对儿童认知发展的绝对影响比其他大规模的现金转移计划运行成本更低，如激励计划，以及其他在营养补充和学前儿童认知刺激方面的类似计划。与普通的驱虫项目相比，水泥地板项目还能预防更多的寄生虫感染。在类似情况下，用水泥地板取代泥土地板的项目可能会经济有效地改善儿童健康。

资料来源：Cattaneo等，2009。

（2）综合控制法。综合控制法允许对受到干预或受到某一事件影响的个体（如国家、公司或医院）开展影响估计。该方法不是将实验组与对照组进行比较，而是利用两组样本的特征信息，对每个非实验对象进行加权，进而构建一个"合成的"或人为的对照组。这需要对实验组与对照组的特征进行系列观察,并将对照组的样本组合成一个合成样本,为实验对象提供比单独提供非实验对象更好的比较。专栏8-3提供了一个使用综合控制法的评估案例。

【专栏8-3】

综合控制方法:西班牙恐怖冲突的经济影响

Abadie和Gardeazabal(2003)使用综合控制方法调查了巴斯克地区恐怖冲突的经济影响。20世纪70年代初,巴斯克地区是西班牙最富裕的地区之一。然而,到20世纪90年代末,经过30年的冲突,该地区的人均国内生产总值(GDP)已跌至第六位。20世纪70年代初恐怖冲突爆发时,人们认为巴斯克地区与西班牙其他地区的特征有所不同,而这些特征又与经济增长潜力有关。因此,比较分析巴斯克地区与西班牙其他地区的GDP增长情况,可以反映恐怖冲突对巴斯克地区的影响,也可以反映恐怖冲突爆发前决定经济增长的不同影响因素。换句话说,双重差分法会得出恐怖冲突对巴斯克地区经济增长影响的有偏估计。为应对这种情况,Abadie和Gardeazabal则结合西班牙其他地区构建了一个虚拟比较地区。

资料来源:Abadie和Gardeazabal,2003。

【专栏8-4】

使用匹配法评估HISP的影响

对匹配法有所了解后,可能想知道是否可以使用匹配法评估健康保险补贴计划(HISP)的影响。您决定使用一些匹配技术,根据观察到的基础特征,选择一组看起来与注册家庭相似的非注册家庭。为此,您可以使用统计软件的匹配包。根据观察到的特征值(解释变量)估计某个家庭参加HISP的概率,如户主和配偶的年龄、双方的教育水平、户主是否为女性、是否是土著家庭等。

我们可利用两种场景进行匹配。在第一个场景下,有很多变量可用于预测入学率,如家庭社会经济特征。在第二个场景下,几乎没有可以预测入学率的信息(只有户主的受教育程度和年龄)。如表8-1所示,如果一个家庭成员年龄较大、受教育程度较高、户主为女性、有浴室或拥有大量土地,则该家庭加入 HISP 的可能性较小。相比之下，如果一个家庭为土著居民、家庭成员多、地面肮脏以及距离医院较远，这些因素都会提高其加入 HISP 的概率。总体而言，较贫穷和受教育程度较低的家庭似乎更有可能加入 HISP，这对一个针对贫困人口的项目来说是个好消息。

表8-1　　　　　　　　　根据基准观察特征评估倾向得分

因变量：注册 = 1	全面的解释变量	有限的解释变量
解释变量：基准观察特征	系数	系数
户主年龄（年）	-0.013**	-0.021**
配偶年龄（年）	-0.008**	-0.041**
户主受教育年限（年）	-0.022**	—
配偶受教育年限（年）	-0.016**	—
户主是女性 = 1	-0.020	—
土著 = 1	0.161**	—
家庭人口数（人）	0.119**	—
脏地板 = 1	0.376**	—
浴室 = 1	-0.124**	—
土地面积	-0.028**	—
到医院的距离（km）	0.002**	—
变动性	-0.497**	0.554**

注：概率回归。如果某家庭注册了 HISP，则因变量为 1，否则为 0。系数表示每个列出的解释变量对家庭参加 HISP 概率的贡献。显著性水平：** = 1%。

现在，统计软件已经估计了每个家庭被纳入 HISP 的概率（倾向得分），就可以比较已纳入 HISP 的家庭和匹配的对照家庭之间倾向得分的分布情况。图 8-3 显示了共同支持（当使用全面的解释变量时）扩展到倾向得分的整个分布。事实上，没有一个注册家庭不属于共同支持的范围。换句话说，我们能够为每个注册家庭找到一个匹配的比较家庭。

如果决定使用近临匹配原则，即通过统计软件确定与每个注册家庭倾向得分最接近的未注册家庭。该软件将样本限制在已注册和未注册的家庭中，以便在另一组中找到他们的匹配对象。

当使用匹配法估计项目的影响时，首先要单独计算每个注册家庭的影响（使每个家庭的匹配对照家庭），然后对其影响进行平均化。表 8-2 显示，

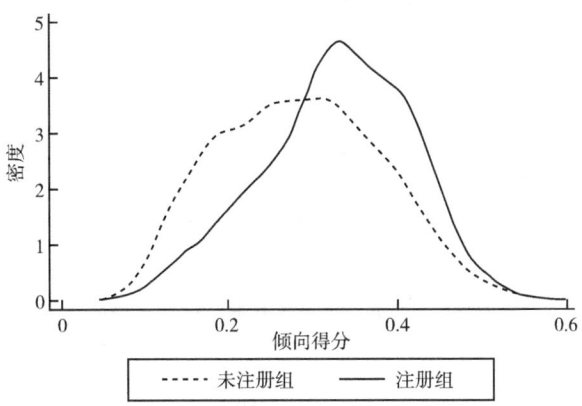

图 8-3　HISP 匹配：普遍支持

HISP 使家庭医疗支出减少了 9.95 美元。

最后，该软件还允许您使用线性回归法计算影响评估的标准误差（见表 8-3）。①

表 8-2　　　　　　评估 HISP：基准特征匹配法和均值比较

	注册组	匹配的对照组	差异
家庭医疗支出（美元）	7.84	17.79 （使用完整的解释变量）	-9.95
		19.9 （使用部分解释变量）	-11.35

注：本表表示注册家庭和匹配的对照家庭医疗支出的均值。

如果调查数据中含有关于基础产出的信息，除了可以使用全面的解释变量外，还可以使用双重差分匹配法。也就是说，要计算调研期间注册家庭和匹配的对照家庭的家庭医疗支出差异，除了要计算两组家庭在基期时的家庭医疗支出差异外，还需要计算项目实施前后两组产出差的差额。表 8-4 给出了双重差分匹配法的评估结果。

---

①　当登记单位的倾向分数没有完全被共同支持区域覆盖时，应该使用自举而不是线性回归来估计标准误差。

表 8 – 3　　　　　评估 HISP：基准特征匹配和回归分析

	线性回归 （匹配完整的解释变量）	线性回归 （匹配部分解释变量）
对家庭医疗支出的影响评估	-9.95** (0.24)	-11.35** (0.22)

注：括号内为标准误。显著性水平：** = 1%。

表 8 – 4　　　　　评估 HISP：双重差分法与基准特征匹配法的结合

		注册组	使用完整的解释变量的匹配对照组	差异
家庭医疗支出（美元）	追踪调查	7.84	17.79	-9.95
	基准线	14.49	15.03	0.54
				双重差分匹配法 = -9.41** (0.19)

注：括号内是标准误，使用线性回归计算所得。显著性水平：** = 1%。

♣ HISP 问题 7：

A. 根据匹配法接受上述结果需要哪些基本假设？

B. 为什么使用完整的解释变量和有限的解释变量时匹配法的评估结果会不同？

C. 对比匹配法的评估结果与随机分配法的评估结果会发生什么？为什么使用有限的解释变量的匹配评估结果会如此不同？为什么使用一组完整的解释变量的匹配评估结果会更相似？

D. 根据匹配法的评估结果，HISP 是否应该在全国范围内推广？

匹配法的局限性

尽管匹配法可应用到许多场景，但无论项目的分配规则如何，它都有几个严重的缺点。首先，它需要大量样本的广泛数据集，即使获取了这些数据集，实验组或注册组与非注册组之间仍可能缺乏共同支持。其次，只能根据观察到的特征进行匹配。据此，我们在计算倾向得分时不能纳入未观察到的特征。因此，为了给匹配程序确定一个有效的对照组，必须确保实验对象和匹配的比较对象之间不存在影响产出（Y）的未观察特征的系统性差异①。由于无法证明不存在影响评估结果的未观察到特征，那么必须假设不存在未观察到的特征，这通常是一个非常有力的假设。虽然匹配有助于控制观察到的项目特征，但无法排除来自未观察到的特征偏差。总而言之，没有因未观察到的特征而产生选择偏差的假设是非常有力的，从未观察到的特征中产生选择偏差的假设，核心问题是他们不能被检验。

匹配法通常不如前文已讨论过的其他评估方法有效，因为它需要强有力的假设，即不存在同时影响项目参与率和产出效益的未观察到的特征。另外，随机分配法、工具变量法和断点回归设计不需要无法检验的假设，即不存在这种未观察到的变量。它们也不需要像倾向得分匹配法那样大的样本量或广泛的背景特征。

在实际操作中，当随机分配法、工具变量法和断点回归设计不可用时，通常使用匹配法。当没有关于相关产出或背景特征的基础数据时，所谓的事后匹配是非常危险的。如果依据评估项目实施后（事后）收集的调查数据推断人们在基期的背景特征，并使用这些推断的特征来匹配实验组和对照组，则可能无意中依据项目影响的特征进行匹配。在这种情况下，评估结果将是无效或有偏差的。

相比之下，当基期数据可用时，依据基期背景特征的匹配法与双重差分法等相结合时是非常有用的，它允许我们随时纠正评估组间的差异。当项目分配规则和基础变量已知时，匹配法就更可靠，在这种情况下，可以对这些变量执行匹配。

综上所述，在项目实施前设计好影响评估方案是至关重要的。一旦项目启动，如果无法影响资金的分配方式，也没有收集到基础数据，则几乎无法执行不受项目影响的评估。

---

① 对于拥有计量经济学背景的读者来说，这意味着要考虑到进行匹配的背景特征，与是否参与项目的产出结果无关。

清单：匹配

匹配法依赖于以下假设，即注册和未注册的样本在任何未观察到的变量方面都是相似的，这些变量可能会影响参与项目的概率和产出。

（1）是否参与项目是由无法观察到的变量决定的吗？这不能直接测试，所以需要依靠理论、常识和对影响评估的设置非常了解。

（2）在匹配的子样本之间观察到的特征是否很好地达成平衡？比较观察到的每一种试验方法的特征和与之匹配的初始对照组。

（3）能否为每个实验对象找到匹配的对照样本？检验在倾向得分分布中是否存在足够的共同支持。共同支持的小范围表明，注册和未注册的样本有很大的不同，这使人质疑匹配法是否是一种可信的评估方法。

【本章补充材料】

（1）有关本书的辅助材料和补充资源的超链接，请参阅《影响评估实践》的官网（http：//www.worldbank.org/ieinpractice）。

（2）有关匹配的更多信息，请参见 Rosenbaum，Paul. 2002. Observational Studies, second edition. Springer Series in Statistics. New York：Springer – Verlag。

（3）有关实现倾向得分匹配的更多信息：Heinrich, Carolyn, Alessandro Maffioli, and Gonzalo Vásquez. 2010. "A Primer for Applying Propensity – Score Matching. Impact – Evaluation Guidelines." Technical Note IDB – TN – 161, Inter – American Development Bank, Washington, DC。

【本章参考文献】

[1] Abadie, Alberto, and Javier Gardeazabal. 2003. "The Economic Costs of

Conflict: A Case Study of the Basque Country." American Economic Review 93 (1): 113 – 132.

[2] Cattaneo, Matias D., Sebastian Galiani, Paul J. Gertler, Sebastian Martinez, and Rocio Titiunik. 2009. "Housing, Health, and Happiness." American Economic Journal: Economic Policy 1 (1): 75 – 105.

[3] Heinrich, Carolyn, Alessandro Maffioli, and Gonzalo Vásquez. 2010. "A Primer for Applying Propensity – Score Matching. Impact – Evaluation Guidelines." Technical Note IDB – TN – 161, Inter – American Development Bank, Washington, DC.

[4] Jalan, Jyotsna, and Martin Ravallion. 2003. "Estimating the Benefit Incidence of an Antipoverty Program by Propensity – Score Matching." Journal of Business & Economic Statistics 21 (1): 19 – 30.

[5] Mu, Ren, and Dominique Van de Walle. 2011. "Rural Roads and Local Market Development in Vietnam." Journal of Development Studies 47 (5): 709 – 734.

[6] Rosenbaum, Paul. 2002. Observational Studies, second edition. Springer Series in Statistics. New York: Springer – Verlag.

[7] Rosenbaum, Paul, and Donald Rubin. 1983. "The Central Role of the Propensity Score in Observational Studies of Causal Effects." Biometrika 70 (1): 41 – 55.

第九章 解决方法论上的挑战

异质性实验效果

我们知道大多数影响评估方法只在特定的假设下才能产生对反事实的有效估计。选择使用任何一种评估方法的主要风险是，当其基本假设不成立时，会导致对项目影响估计的有偏性。除此之外，上文讨论过的各种评估方法也存在一些常见的其他风险。本章将讨论其中的关键内容。

如果评估某项目对所有人的影响，那么评估结论可能会掩盖不同接受者对干预反应的差异性，即异质性实验效果，从而出现一种风险影响。多数影响评估方法假设某项目是以一种简单的、线性的方式影响所有人群。

假设不同子样本对项目的影响有很大差异，那么就需把每个子样本进行分级分类。例如，要想了解学校供餐项目对女孩的影响，但只有10%的女学生。在这种情况下，即使有大量随机学生样本，也无法穷尽所有女生，这样就无法全面评估学校供餐项目对女生的影响。对于评估样本的设计，首先按照性别对样本进行分类，并尽量包含更多的女生，以确保能够检验给定效应的大小。

（1）非预期行为效应。在进行影响评估时，还可能会引起研究对象的非预期行为反应：

①霍桑效应是指样本知道自己被选择参加实验而产生的个人行为反应，例如更加努力地工作（见专栏9-1）。

②当对照组的样本意识到自己没有被分到实验组而更加努力工作时，就会发生约翰·亨利效应（见专栏9-1）。

【专栏 9-1】

民间故事的影响评价：霍桑效应与约翰·亨利效应

霍桑效应（Hawthorne Effect）是指 1924—1932 年在美国伊利诺伊州的霍桑工厂（Hawthorne Works）实行的实验，又称为实验效应。实验测试了工作条件变化（如增加或减少光照强度）对工人生产力的影响，他们发现工作条件的任何变化（光照的增减，休息时间的增减等）都会导致工人生产力下降。这被解释为一种观察效应，即参与实验的工人认为是自己的独特性导致生产率提高，而不是工作条件的变化。虽然该项实验后来成为大家争议的主题，并在某种程度上受到质疑，但霍桑效应这个术语仍然沿用至今。

约翰·亨利效应（John Henry Effect）是由加里·萨雷茨基（Gary Saretsky）于 1972 年创造的，他是美国民间英雄约翰·亨利，是一名"打钢人"，负责在铁路隧道施工期间将钢钻钻入岩石中，为炸药打孔。据说，当他得知自己被比作蒸汽钻机时，他更加努力地工作，以便超过机器，结果他死了。这个术语用来表示比较个体有时会更努力地工作，以弥补没有参与实验的损失。

资料来源：Landsberger，1958；Levitt 和 List，2009；Saretsky，1972。

③预期可能会产生另一种非预期的行为效应。在随机推广中，对照组的样本希望能够加入项目，并在项目实施前就改变了自己的行为方式。

④替代偏差是影响对照组的另一个行为效应。未被选中参与某项目的样本可能会积极主动找到更好的替代方案。

对照组中样本产生的不成比例的行为反应是一个问题，因为即使使用随机分配评估法，仍可能会破坏评估结果的内部有效性。对照组会更加努力地工作以弥补其没有参与项目的结果，或者改变预期行为，这使得对照组并不能很好地代表反事实。

如果相信存在非预期的行为反应，有时会建立完全不受干预影响的额外对照组，这样就可以准确测试此类反应。为更好地理解行为反应，收集定性数据可能也是一个好主意。

（2）不完全依存。不完全依存是预期实验状态与实际状态之间的差异。

当分配到实验组的样本个体没有参与实验，而分配到对照组的样本个体却参加了项目时，就会发生不完全依存。我们在第五章讨论了关于随机分配的不完全依存，但不完全依存也可能出现在断点回归设计（见第六章）和双重差分法（见第七章）中。在选择采用某种影响评估法前，需要知道项目是否发生了不完全依存。

不完全依存可能以多种方式出现：

①并非所有项目参与者都实际参与项目。有时，某些样本会不被分配参与项目。

②由于管理或实施错误，一些预期参与者被排除在项目之外。

③对照组的一些样本被错误地排除在项目之外，且登记注册了。

④对照组的一些样本被错误地提供了项目并报名参与。

⑤对照组的一些样本会设法参加项目，即使项目不是免费的。

⑥该项目是根据持续合格指数分配的，但不严格执行资格得分。

⑦根据项目实施状况选择性迁徙。例如，影响评估可以比较干预和未干预的城市状况，但如果样本个体不喜欢其所在城市的干预状况，他们可能会选择搬到另一个城市。

一般来说，在存在不完全依存的情况时，标准化影响评估法会产生意向干预评估。然而，可以通过使用工具变量方法估计项目的局部平均干预效果。

在第五章中，我们提出在随机分配环境下干预不完全依存的直觉。通过调整评估样本不完全依从的百分比，我们能够从意向干预评估中恢复依从者的局部平均干预效果。通过应用更通用的工具变量法，可以将这种"修正"扩展到其他方法。工具变量包含一个外部的变化源，它可以帮助消除或纠正变化源中不完全依存的偏差。如果随机分配且不完全依存时，我们会使用 0/1 变量（虚拟变量），即当样本个体被分配到实验组，赋值为 1；当样本个体被分配到对照组，赋值为 0。在两阶段回归分析时使用工具变量法，可确定干预政策对依从者的影响。

工具变量法的逻辑可以拓展到其他评估方法中。比如，在断点回归设计背景下，工具变量是 0/1，这表明样本个体分别位于分界点两侧的不合格区域和合格区域。又如，在选择性迁徙的背景下，一个工具变量为项目实施后样本个体的位置和宣布项目实施前样本个体的位置。

尽管可用辅助变量解决不完全依存的问题，但要记住以下三点：

第一，从技术角度看，对照组中有一大部分人参加项目是不可取的。随着对照组中报名参加项目的人数增加，总体中依从者的比例就会随之减少，并且用工具变量法估计局部平均处理效应只对研究对象中的一小部分有效。如果持续时间越长，评估结果就会失去其政策意义，因为它们将不适用于所关注的多数样本。

第二，反之，如果实验组中的多数样本不报名参加项目就不可取了。同样，随着报名参加项目的实验组中人数的减少，样本中的依从者比例也会相应下降。使用工具变量法估计的局部平均处理效应只对研究对象中的小部分有效。

第三，工具变量法仅在特定情况下有效，这绝不是一个通用的解决方案（见第五章）。

（3）溢出效应。样本污染或溢出效应是另一个影响评估结果的常见问题，无论使用的是随机分配法、断点回归设计还是双重差分法。当项目影响到非参与者时，就会发生溢出效应，可能是积极的，也可能是消极的。根据 Angelucci 和 Di Maro（2015）的研究，溢出效应有四种类型：

①外部性。即项目影响从实验对象向非实验对象蔓延。例如，一个村庄的儿童接种了流感疫苗可降低该村未接种疫苗居民感染疾病的概率。这是一个正外部性的例子，外部性也可能是负面的。例如，当邻居在其耕地上使用除草剂且一些除草剂吹到邻村时，他的作物可能会被部分破坏。

②社交互动。溢出效应可能源于社会和经济干预人群和未干预人群之间的相互作用，进而对非干预人群产生间接影响。例如，加入强基计划的一名同学收到平板电脑后，与另一名没有参与计划的同学共享了平板电脑。

③情景均衡效应。当一项干预措施影响特定背景下的行为或社会规范时，被干预的地方就会产生上述效应。如果想通过增加卫生中心的资源数量，就能扩大其服务范围，可能会影响人们对所有卫生中心应提供服务范围的期望。

④一般均衡效应。当干预措施会影响商品或服务的供求时，那么改变服务的市场价格就会发生上述影响。例如，向贫困妇女提供使用私人设施分娩代金券时，可能会突然增加对私人设施服务的需求，从而提高其他所有人的服务价格。专栏9-2是关于职业培训计划背景下一般均衡效应引起的负面溢出效应案例。

【专栏 9-2】

一般均衡效应下的负面溢出效应：法国就业安置援助与劳动力市场状况

就业援助项目在许多工业化国家很受欢迎。政府与第三方机构签订合同，帮助失业工人找工作。许多研究发现，这些咨询项目对求职者有显著的积极影响。

Crépon 等（2013）调查了向法国受过教育的年轻求职者提供就业援助是否会对其他未获得援助的求职者产生负面影响。他们假设溢出机制正在发挥作用：当劳动力市场增长不多时，帮助一名求职者找工作可能会损害另一名求职者的利益，否则这名求职者可能得到该项工作。

为了研究这一假设，他们在法国选取了 235 个劳动力市场开展了随机实验。上述市场被随机分配到五个小组，每个小组中接受咨询服务的求职者比例分别为 0%、25%、50%、75% 和 100%。在每个劳动力市场中，符合条件的求职者按比例被随机分配接受职业咨询。研究人员发现，8 个月后被分配参加培训项目的失业青年比未加入项目的青年更易找到一份稳定的工作。但这些增长似乎部分是以没有从职业培训中受益的符合条件的工人为代价的。

资料来源：Crépon 等，2013。

如果经历溢出效益的非参与者是对照组成员，那么溢出效应违反了样本个体的产出不应受到对其他样本个体特定分配影响的基本要求。这种稳定单位处置值假设（the Stable Unit Treatment Value Assumption，SUTVA）是必要的，以确保随机分配产生无偏的影响估计。直观地说，如果对照组间接受到实验组所参与项目的影响（如对照组的学生从实验组的学生那里借药片），那么对照组无法准确地描述实验组在未参加项目时会发生什么（反事实）。

如果经历溢出效益的非参与者不是对照组成员，则 SUTVA 假设成立，并且对照组仍会提供一个很好的反事实估计。然而，我们仍然希望衡量溢出效应，因为它代表了该计划的真实影响。换句话说，比较实验组和对照组的产出将得出项目实施对实验组影响的无偏估计，但这未考虑项目对其他组的影响。

Kremer 和 Miguel（2004）提出了一个外部性溢出的经典例子，他们研究了肯尼亚学校儿童服用驱虫药物的影响（见专栏9-3）。肠道蠕虫可通过接触受污染的粪便造成人传人。当一个孩子吃了驱虫药物后，她体内的蠕虫数量会减少，则生活在同一环境中的人们蠕虫数量也会减少，因为他们不再接触到孩子们的蠕虫。因此，在肯尼亚的例子中，当对一所学校的孩子们使用驱虫药物时，不仅这些孩子受益（直接受益），而且邻近学校的孩子们也会受益（间接受益）。

如图9-1所示，为A组学校儿童驱虫也减少影响其他学校儿童的蠕虫数量。特别是，在A组学校附近的B组学校上学的孩子们感染蠕虫的概率降低了。然而，离A组学校较远的对照学校，即所谓的C组学校，并没有经历这样的溢出效应，因为A组学校使用的药物并没有杀死影响C组学校学生的蠕虫。评估结果详见专栏9-3。

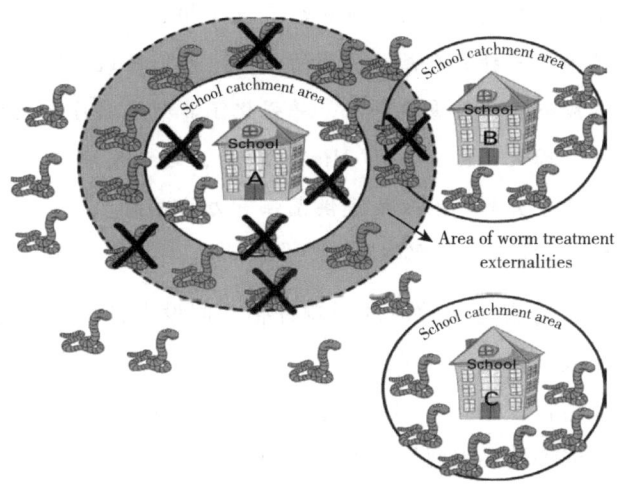

图9-1 溢出效应的经典案例：学童驱虫的正外部性

【专栏9-3】

应对溢出效应：肯尼亚的驱虫、外部性和教育

肯尼亚布西亚的小学驱虫项目旨在测试蠕虫治疗和预防的方方面面。该项目是由荷兰非营利组织非洲国际儿童支持组织与卫生部合作开展的。该项目涉及75所学校3万多名6岁至18岁的学生。根据世界卫生组织的建议，学生们接受了蠕虫药物治疗，并以健康讲座、挂图和教师培训等形式接受有关蠕虫的

预防教育。

由于行政及财政上的限制,该项目是按学校名称的英文字母顺序展开,第一组由25所学校于1998年开始,第二组于1999年开始,第三组于2001年开始。克雷默和米格尔(Kremer 和 Miguel,2004)既估计驱虫项目对学校的影响,又利用对照学校与干预学校之间的外生性来确定跨学校的溢出效应。尽管随机设计的依存性相对较高(75%的学生被分配到服用蠕虫药物的组),只有小部分对照组成员接受了治疗,研究人员还可以利用不完全依从的情况来确定校内医疗的外部性或溢出性。

该项干预措施的直接效果是,服用抗虫药物的学生中度至重度蠕虫感染的比例降低了26%。与此同时,通过间接溢出效应,就读学校但未服用药物的学生中度至重度感染下降了12%。学校之间也存在外部性。

由于蠕虫治疗成本较低,而健康和教育成效相对较高,研究人员认为驱虫项目是提高入学率的一种成本效益较高的方法。他们还认为蠕虫等热带疾病的治疗可能对教育成果发挥着重要作用,并强化了非洲疾病负担过高是导致其收入低的原因之一。因此,Kremer 和 Miguel 认为,这为发展中国家向具有类似溢出效应的疾病治疗公共补贴政策提供了强有力的理由。

资料来源:Kremer 和 Miguel,2004。

(4)设计一个考虑溢出效应的影响评估。假设设计中的项目影响评估很可能会产生溢出效应。应该如何处理这个问题?首先要认识到评估目标需要扩展。虽然标准评估旨在估计项目对实验样本个体产出的影响(或因果关系),但具有溢出效应的评估必须回答以下两个问题:

直接影响的标准评估问题。该项目对接受治疗的样本个体的相关结果有何影响(或因果关系)?这是该项目对实验组产生的直接影响。

间接影响的标准评估问题。该项目对未接受治疗的样本个体的相关结果有何影响(或因果关系)?这是该项目对对照组产生的间接影响。

为评估项目对非实验组的间接影响,需要为每个可能受溢出效应影响的非实验组确定一个额外的对照组。例如,社区卫生工作者可以进行家访,向家长介绍改善孩子饮食多样性好处的消息。假设社区卫生工作者只访问了某村庄的一些家庭。如果想了解未拜访家庭孩子的溢出效应,那么就需要为这些孩子找到一个对照组。与此同时,干预政策也可能影响成年人的饮食多样性。如果对这种间接影响评估感兴趣,则成年人中也需要一个对照组。随着潜在溢出通道数量的增加,影响评估设计可能会变得越来越复杂。

溢出效应评估引起了一些具体挑战。首先,当溢出效应可能产生时,重要的是要了解溢出机制,即生物的、社会的、环境的等。如果不了解溢出机制是什么,则无法准确地选择受溢出影响和不受溢出影响的对照组。其次,有溢出效应的评估要比没有溢出效应的评估需要收集的数据更多,以及一个额外的对照组(如上例中的邻近村庄)。我们可能还需要收集其他样本个体的数据(如上例中,儿童营养项目拜访目标家庭中的成年人)。专栏9-4考察了研究人员在评估墨西哥有条件的现金转移支付计划如何处理溢出效应。

【专栏9-4】

溢出效应评估:墨西哥有条件的现金转移和溢出效应

Angelucci 和 De Giorgi (2009) 研究了墨西哥"前进"项目 (the Progresa Program) 的溢出效应,该计划向家庭提供有条件的现金转移(见专栏1-1和专栏4-2)。研究人员试图探索村庄内是否存在风险共担机制。如果家庭共担风险,那么符合条件的家庭可以通过贷款或赠礼等形式将部分现金转移给不符合条件的家庭。

"前进"项目分阶段实施,实施周期为两年,其中1998年随机抽取了320个村庄接受现金转移支付,1999年随机抽取了186个村庄。因此,1998年和1999年,有320个实验村和186个对照村。对"前进"项目影响的村庄,根据家庭贫困程度确定是否有资格获取现金转移支付,并收集了两组家庭的普查数据。在样本中创建了四个子样本,即实验村符合条件的家庭和不符合条件的家庭,对照村符合条件的家庭和不符合条件的家庭。假设"前进"项目对对照村没有间接影响,则对照村中不符合条件的家庭为实验村的不符合条件家庭提供了有效的反事实,据此可估计村庄内部对不符合条件家庭的溢出效应。

他们发现"前进"项目对消费产生了积极的溢出效应。在实验村,不符合条件的家庭中成人食品消费量月均增长约10%,约为符合条件家庭食品消费平均增幅的一半。研究结果也验证了村庄内风险共担的假设。实验村不符合条件的家庭比对照村的不符合条件家庭从家庭和朋友那里获得了更多的贷款和转账。这意味着溢出效应是通过本地保险和信贷市场发挥作用的。

基于此，Angelucci 和 De Giorgi 得出结论，以前的评估将"前进"项目的影响低估了 12%，因为他们没有考虑到项目对实验村不符合条件家庭的间接影响。

资料来源：Angelucci 和 De Giorgi，2009。

损　耗

损耗偏倚是影响评估的另一个常见问题，无论是否使用随机分配法、断点回归设计及双重差分法。当部分样本随着时间推移而消失了，并且研究人员也无法在后续调查或数据中找到实验组和对照组的所有初始成员时，就会发生损耗。例如，初始调查中存在 2 500 户家庭，研究人员在两年后的跟踪调查中只找到了 2 300 户家庭。假设研究人员想重新调查 10 年前的同一批样本时，他们可能只找到更少的原始家庭。

人员流失可能由多种原因引发。例如，家庭成员甚至整个家庭一并搬到了另一个村庄、城市、地区乃至国家。牙买加政府对已开展的一项学前儿童发展干预项目实行长期跟踪调查，在 22 年的跟踪调查中，18% 的样本已移居国外（见专栏 9-5）。在其他情况下，受访者可能不愿意回应额外的调查，或者因为地区冲突和缺乏安全阻止研究团队对初始样本地区进行跟踪调查。

【专栏 9-5】

长期跟踪研究人员流失：牙买加学前儿童移民与发展

当初始调查和跟踪调查间隔数年，人员流失将会成为一个问题。1986 年，西印度群岛大学的一个团队开展了一项旨在衡量牙买加学前儿童干预项目的长期影响。2008 年，当首批参与者 22 岁时，又进行了一次随访。追踪所有初始研究对象是一项挑战。

该项举措是一项为期两年的项目，旨在为牙买加金斯敦地区发育不良的幼儿提供心理刺激和食物补充。随机抽取的 129 名儿童被分配到三个实验组和一个对照组。研究人员还调查了 84 名发育正常的儿童并将他们作为对照组。在跟踪调查中，研究人员对 80% 的参与者进行了重新调查。当样本中没有选择性人员减员的证据时，就意味着 22 岁时接受调查的人与不接受调查的人在初始特征上无显著差异。然而，当考虑外来务工人员子女的样本时，就会出现选择性减员的迹象。在 23 名外来务工人员中，有 9 人退出了调查，其中多数人属于实验组。这意味着学前儿童发展项目与人员流动有关。由于外来务工人员通常比留在牙买加的工人挣得多，因此很难估计其影响。

为解决外来务工人员因人员流失而产生的潜在偏差，研究人员使用了计量经济学技术。他们将待遇状况、性别和迁徙作为决定因素，通过普通最小二乘法（OLS）预测剔除外来务工人员后的收入水平。研究人员在影响评估中使用了这些预测，发现学前儿童项目取得了较好的成效。学前儿童干预项目使实验组的收入增加了 25%，这足以让发育不良的实验组样本在 20 年后赶上正常发育的对照组样本。

资料来源：Gertler 等，2014；Grantham-McGregor 等，1991。

人员流失的原因有两个：一是跟踪样本可能无法准确地代表相关总体。值得注意的是，我们在随机分配时选择的样本，是为了准确地代表相关总体。换句话说，我们选择的样本对相关总体具有外部性。如果后续调查或数据收集受到实质性损耗的影响，就会担心后续样本只代表总样本的一个特定子集。如果初始样本中受教育程度最高的人也是迁徙的人，则后续调查将错过那些受过教育的人，并且无法准确地代表那些包括受过教育的人在内的样本群。二是实验组与对照组之间的随访样本可能不再平衡。假设正在尝试评估一项旨在提高女孩教育的项目，并且受过教育的女孩更可能到城市找工作。那么后续调查结果会显示，实验组比对照组的人员流失率更高。这会影响项目的内部有效性，通过比较随访时发现的实验样本和对照样本，无法准确地评估项目的影响。

如果后续调查中发现人员流失，以下两个测试可以帮助确定人员流失的程度。第一，检查从样本中剔除的个体基本特征在统计上是否与成功开展重新调查的个体特征相符。只要两组样本的基本特征不存在统计上的差异，则新样本仍可以继续代表相关总体。第二，检查实验组的人员流失率是否与对照组的人员流失率相似。如果人员损失率有显著差异，那么样本就不再有效，需要使用各种统计技术来纠偏。常用的是逆概率加权法，该方法是一种对数据（在本案例中为追踪数据）重新进行统计加权，以纠正部分初始受访者流失的事实。

该方法对跟踪样本进行重新加权,使其看起来与初始样本相似。①

时间效应和可持续性效果

投入、过程、产出和效果之间的传导机制可能立即发生,也可能很快发生,或者有相当长的时滞性,并且通常与人类行为的变化密切相关。第二章强调了在实验开始之前考虑这些传导路径和规划的重要性,并为待评估项目制定了明确的因果链。简言之,我们将从时间问题中抽象出来,但在设计评估时,考虑与时间相关的因素是很重要的。

一方面,项目启动后并不一定立即生效(King 和 Behrman,2009)。项目管理者需要时间运行项目,受益人也不会立即获益,因为行为改变需要时间,管理机构也不会立即调整其行为。另一方面,一旦机构和受益人改变了某些行为,即使项目被终止,他们也可能继续存在。例如,一项激励家庭开展垃圾分类回收的节能项目,如果它能改变家庭关于垃圾处理和能源的规范,那么取消激励措施后,项目影响仍会继续有效。在设计评估时,需要非常谨慎(并且现实)地评估一个项目多久才能完全发挥效能。如果需要开展多次跟踪调查,以评估某项目随着时间的推移甚至终止后的影响。专栏 9-6 展示了一份评估报告,其中一些成效在项目终止后才会变得明显。

【专栏 9-6】

长期效应评估:肯尼亚驱虫蚊帐补贴项目

Dupas(2014)设计了一项影响评估,以衡量肯尼亚布西亚市驱虫蚊帐需求的短期和长期影响。通过两阶段定价实验,Dupas 给相关家庭随机分配了不同补贴标准的新蚊帐(ITNs)。一年后,部分村庄的所有家庭都有机会购买同样的蚊帐。研究人员可以衡量各家庭驱虫蚊帐的支付意愿及其随蚊帐补贴发放的变化情况。

总体而言,研究结果表明,一次性蚊帐补贴对采用率和长期支付意愿有着

---

① 一种更先进的统计方法是估计实验效果的"精准界限",见 Lee,2009。

显著的正效应。在实验第一阶段，Dupas发现，获得补贴的家庭购买新型蚊帐的价格从3.80美元降至0.75美元，购买新蚊帐的可能性增加了60%。当免费提供新蚊帐时，蚊帐采用率提高到98%。从长远来看，采用率越高则支付意愿越高，因为家庭成员看到了使用新蚊帐的好处。那些在第一阶段获得较大补贴的样本，会在第二阶段以两倍多乃至三倍的价格购买另一款新蚊帐。

本研究结果表明，蚊帐补贴项目可能会产生学习效应。这表明，需要考虑干预措施的长期影响，以及揭示项目影响的持久性。

资料来源：Dupas，2014。

【本章补充材料】

有关本书的辅助材料和补充资源的超链接，请参阅《政策影响评估实践》的官网（http：//www.worldbank.org/ieinpractice）。

【本章参考文献】

[1] Angelucci, Manuela, and Giacomo De Giorgi. 2009. "Indirect Effects of an Aid Program: How Do Cash Transfers Affect Ineligibles' Consumption." American Economic Review 99（1）：486 – 508.

[2] Angelucci, Manuela, and Vicenzo Di Maro. 2015. "Programme Evaluation and Spillover Effects." Journal of Development Effectiveness. doi：10.1080/19439342. 2015.1033441.

[3] Crépon, Bruno, Esther Duflo, Marc Gurgand, Roland Rathelot, and Philippe Zamora. 2013. "Do Labor Market Policies Have Displacement Effects? Evidence from a Clustered Randomized Experiment." Quarterly Journal of Economics 128（2）：531 – 580.

[4] Dupas, Pascaline. 2014. "Short – Run Subsidies and Long – Run Adoption of New Health Products: Evidence from a Field Experiment." Econometrica 82

(1): 197-228.

[5] Gertler, Paul, James Heckman, Rodrigo Pinto, Arianna Zanolini, Christel Vermeersch, Susan Walker, Susan M. Chang, and Sally Grantham-McGregor. 2014. "Labor Market Returns to an Early Childhood Stimulation Intervention in Jamaica." Science 344 (6187): 998-1001.

[6] Grantham-McGregor, Sally, Christine Powell, Susan Walker, and John Himes. 1991. "Nutritional Supplementation, Psychosocial Stimulation and Development of Stunted Children: The Jamaican Study." Lancet 338: 1-5.

[7] King, Elizabeth M., and Jere R. Behrman. 2009. "Timing and Duration of Exposure in Evaluations of Social Programs." World Bank Research Observer 24 (1): 55-82.

[8] Kremer, Michael, and Edward Miguel. 2004. "Worms: Identifying Impacts on Education and Health in the Presence of Treatment Externalities." Econometrica 72 (1): 159-217.

[9] Landsberger, Henry A. 1958. Hawthorne Revisited. Ithaca, NY: Cornell University Press.

[10] Lee, David. 2009. "Training, Wages, and Sample Selection: Estimating Sharp Bounds on Treatment Effects." Review of Economic Studies 76 (3): 1071-1102.

[11] Levitt, Steven D., and John A. List. 2009. "Was There Really a Hawthorne Effect at the Hawthorne Plant? An Analysis of the Original Illumination Experiments." Working Paper 15016, National Bureau of Economic Research, Cambridge, MA.

[12] Saretsky, Gary. 1972. "The OEO P. C. Experiment and the John Henry Effect." Phi Delta Kappan 53: 579-581.

第十章 综合项目评估

综合利用多种评估方法来评估项目

到目前为止，我们讨论的项目仅包括一种干预方案。在现实中，许多高度相关的政策问题都是在综合项目背景下出现的：综合多项干预措施的项目。[①] 决策者不仅想了解某项目是否有效，还想知道该项目是否比其他项目效果更好或运行成本更低。例如，如果想提高入学率，实施需求侧干预措施（如向家庭提供现金转移）或供给侧干预措施（如加大对教师的激励措施），哪个更有效？如果同时引入这两种干预措施，是否比单独使用的效果更好？换句话说，它们是互补的吗？或者，如果项目的成本效益是要优先考虑的因素，希望能确定该项目可提供的最佳服务水平。例如，职业培训项目的最佳持续时间是多久？为期6个月的培训项目是否比为期3个月的培训项目对学员就业的影响更大？如果是这样，这种差异是否足够大，是否足以证明为期6个月的培训项目所需的额外资源是合理的？最后，决策者对如何提升现有项目的成效，需要测试各种各样的机制，以便找到最有效机制。

除了简单地估计干预措施对相关结果的影响外，影响评估还可以回答以下更普遍的问题：

（1）与其他干预措施相比，本干预措施的效果如何？例如，与营养干预政策相比，提供育儿培训的项目对儿童的认知发展有什么影响？

（2）两次干预措施的综合影响是否大于两个独立干预措施的影响之和？例如，育儿干预项目和营养干预项目的综合影响是否大于、小于或等于两种单独干预项目的影响之和？

[①] 详细信息参阅 Banerjee 和 Duflo，2009。

（3）与低强度干预相比，高强度干预的额外影响是什么？例如，如果社会工作者每两周探访一次发育迟缓的儿童，与每月拜访一次相比，会对他们的认知发展产生什么影响？

本章提供了如何为两类综合项目设计影响评估的例子：具有多面性的项目以及多个处理方案。首先，讨论为具有多个干预层级的项目设计影响评估。其次，讨论如何通过多种干预措施来消除项目的各种影响。假设使用随机分配方法，是否可以推广到其他方法。

评估具有不同干预水平的项目

为具有不同干预水平的项目设计影响评估相对容易。想象一下，如果要评估项目在两种干预级别时的影响：高（如每两周拜访一次）和低（如每月拜访一次），想了解这两种选择的影响，那么需明确额外的访问对结果会产生多大影响。为此，可通过抽签方式决定谁接受高水平的治疗，谁接受低水平的治疗，以及谁被分配到对照组。图10-1说明了这个过程。

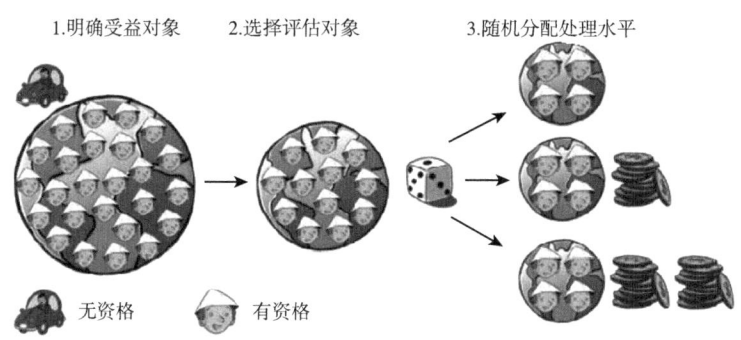

图 10-1 随机分配两种处理水平的步骤

与标准的随机分配一样，步骤一，为该项目定义符合条件的样本总体。步骤二，随机选取要纳入评估的样本，即评估样本。步骤三，一旦确定了评估样本，就可以将样本随机分配给接受高水平治疗的组、接受低水平治疗的组或对照组。由于随机分配到多个治疗水平，将创建三个不同的组：A组为对照组；B组为接受了低水平治疗的组；C组为接受了高水平治疗的组。

当项目实施时,随机分配要确保三组样本的基本特征是相似的。因此,可以通过比较 C 组与 A 组的平均结果来估计高水平治疗的影响;也可以通过比较 B 组与 A 组的平均结果来估计低水平治疗的影响。最后,可以通过比较 B 组和 C 组的平均结果来评估高水平治疗是否比低水平治疗的影响更大。

估计具有两个以上治疗级别的项目影响将遵循相同的逻辑。如果有三个治疗水平,随机分配过程将创建三个不同的实验组,外加一个对照组。一般来说,有 n 个不同的干预水平,[①] 将有 n 个实验组,外加一个对照组。专栏 10 - 1 和专栏 10 - 2 提供了测试不同强度或多种治疗方案的影响评估案例。

【专栏 10 - 1】

测试项目的强度以提高抗逆转录病毒疗法(ART)的依从性

克里斯蒂安和派伯艾利其斯等(Grigore 和 Pop - Eleches,2011)在肯尼亚一个农村诊所使用多层次横切法评估短信服务(SMS)提醒对艾滋病患者坚持抗逆转录病毒治疗的影响。该研究在两个维度上改变了治疗强度,即向患者发送信息的频率(每天或每周)以及信息的长度(短或长)。短信息仅包括一个提醒(即"这是您的提醒"),而长信息则包括提醒和鼓励的话(如这是您的提醒。要坚强勇敢,我们关心您)。共有 531 例患者被分配到 4 个实验组或 1 个对照组。实验组是每周一条短信息、每周一条长信息,每日一条短信息和每日一条长信息。

1/3 的样本被分配到对照组,其余 2/3 的样本被平均分配到 4 个实验组。生成 0 到 1 的随机数列。0~2/3 的 4 个等间隔对应 4 个实验组,而 2/3~1 的数值区间对应对照组。

研究人员发现,与没有收到信息提醒的患者相比,每周收到信息的患者对抗逆转录病毒治疗的依从性达到 90%,增加了 13%~16%。每周一条信息也能有效减少治疗中断的频率,这已被证明是在资源有限的环境中抵抗治疗失败的一个重要原因。与预期相反,在长消息中添加鼓励的话并不比短消息或不发消息更有效(见表 10 - 1)。

调查员还发现,虽然每周发信息可以提高依从性,但每天发信息却没有起

[①] 当被评估项目有 n 种不同的处理水平,则有 n 种不同的实验组,加上 1 个对照组。

到这样的效果，但他们无法确定为什么每周发信息最有效。有可能是养成了习惯，或者对频繁重复刺激的反应减弱了，或者患者认为日常信息是干扰。

表 10-1　　　　　　　　　　　项目设计概要

组别	信息类型	信息发送频率	患者数量
1	仅提醒	每周一次	73
2	提醒+鼓励	每周一次	74
3	仅提醒	每天一次	70
4	提醒+鼓励	每天一次	72
5	无提醒（对照组）	无提醒	239

资料来源：Pop-Eleches 等，2011。

【专栏 10-2】

印度尼西亚监测腐败的替代方案测试

在印度尼西亚，奥尔肯（Olken，2007）使用了一种交叉设计来测试控制腐败的不同方法，从自上而下地执法到更多的基层社区监督。他使用随机分配法选择了 600 个正在修路的村庄，这是印度尼西亚基础设施改善项目的一部分。

方法一是随机选择一些村庄，告知村民道路建设项目将由政府机构进行审计。然后，为了测试社区参与监督，研究人员实施了两项干预措施。他们向社区发出了参加责任会议的邀请，并提供可匿名提交的评论表格。为了衡量腐败程度，一个由工程师和测绘员组成的独立团队采集了新修道路的核心样本，估算了所用材料的成本，然后将他们的测算结果与预算报告进行比较。

奥尔肯发现，增加政府审计（被审计的概率从大约 4% 提高到 100%）可以减少大约 8% 的不合理支出（原来为 24%）。增加社区监测对劳动力缺失有影响，但对支出缺失没有影响。评价表格只有在学校分发给孩子们并交给他们的家人时才有效，而村领导分发时则无效。

资料来源：Olken，2007。

评估多重干预措施

除了比较不同级别的干预措施，也可能想比较完全不同的治疗方案。事实上，决策者通常更喜欢比较不同干预措施的相对优势，而不是简单地了解单一干预措施的影响。

想象一下，如果想评估一个项目对入学率的影响，该项目有两种不同的干预措施：一种是向学生家庭提供以入学为条件的现金补助，另一种是免费的校车接送。首先，要先了解每种政策举措的影响。事实上，这与测试一种干预措施有不同治疗水平的情况几乎相同，可以将样本个体随机分配到现金转移组、免费校车组和对照组，而不是将样本个体随机分配给高水平和低水平的实验组和对照组。一般来说，在 n 种不同的干预措施中，就有 n 个实验组和 1 个对照组。

此外，如果还想了解两种综合措施的效果是否比每个独立举措的效果加总更好。从参与者的角度来看，该项目有三种不同的运行模式：有条件的现金转移、免费巴士运输，或有条件的现金转移与免费巴士运输的组合。

有两种干预措施的项目与只有一种干预措施的项目的随机分配程序非常相似。主要区别是需要进行几次独立的抽签而不是一次。这就产生了交叉设计（见图 10-2）。如前所述，步骤一，明确符合项目申请条件的样本总数。步骤二，从总样本中随机抽取符合条件的样本个体，形成评估样本。步骤三，获得评估样本后，将评估样本中的个体随机分配给实验组和对照组。步骤四，通过第二次抽签使随机分配到实验组的子样本接受第二次干预。步骤五，再次抽签，使初始分配到对照组的子样本接受二次抽签，而另一个子样本将保留为纯粹的对照组。① 根据两种干预法的随机分配结果，创建四个分组：A 组同时接受两种干预措施（现金转移支付和免费巴士运输）；B 组接受干预 1，但不接受干预 2（仅接受现金转移支付）；C 组不接受干预 2，而接受干预 1（仅接受

---

① 值得注意的是，在实践中，有可能将三次独立的抽签结果合并为一次，仍可以获得相同的结果。

免费巴士运输）；D组不接受干预1和干预2，为对照组。如图10-3所示。

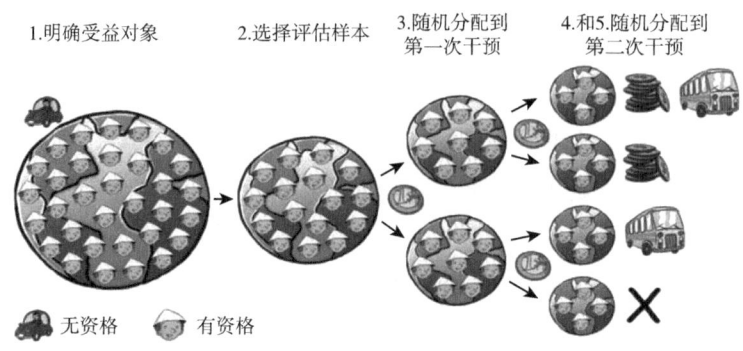

图10-2　两种干预措施随机分配的步骤

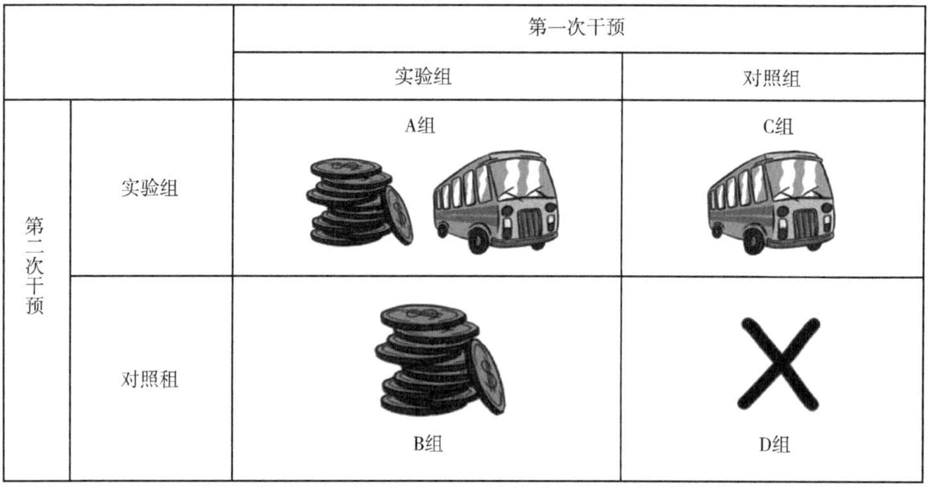

		第一次干预	
		实验组	对照组
第二次干预	实验组	A组	C组
	对照组	B组	D组

图10-3　双干预方案的交叉设计

项目实施时，随机分配确保了四个样本组是相似的。因此，通过比较B组的结果（如入学率）和对照组D组的结果来估计第一次干预的影响。也可以通过比较C组和D组的结果来估计第二次干预的影响。此外，这种设计还可以比较当样本个体已接受了第一次干预时，接受第二次干预的增量影响。比较A组和B组的结果将得出第二次干预对那些已经接受第一次干预样本的影响。比较A组和C组的结果将得出第一次干预对已经接受第二次干预样本的影响。

如前所述，使用随机分配的例子解释如何为含有两种不同干预措施的项目设计影响评估。当一个项目包含两个以上的干预措施时，可增加抽签的次数，并进一步细分评估，以构建接受各种实验的样本组合。也可以实施多种干预和多种干预水平的评估设计。如前所述，即使分组数量增加，设计背后的基本理论是一致的。

然而，评估一个或两个以上的干预措施将给项目评估和实际操作带来很大的挑战，因为设计的复杂性将随干预措施的增长而呈指数级增长。为了评估一项干预措施，只需要两个组，即实验组和对照组。如果要评估两种干预措施，则需要四组，即 3 个实验组和 1 个对照组。如果您要评估三种干预措施，就得涵盖三种干预措施的所有可能组合，即需要 $2 \times 2 \times 2 = 8$ 个组参与评估。一般而言，要对包括 n 个干预措施的所有可能组合开展评估，则需要 2n 个组。此外，为了能够区分不同组之间的产出差异，每组必须包含足够多的观察样本，以确保统计效力充分。在实践中，检测不同实验组之间的差异就比单独比较实验组和对照组时需要的样本量大。如果两个实验组成功地引起了预期结果的变化，则为检测两组之间潜在的微小差异就需要更大的样本量。①

最后，在综合多种评价方法的影响评估设计中，也可以采用交叉设计。每种干预措施的分配规则决定了必须使用哪种组合方法。例如，第一种干预是根据资格分数分配的，而第二种干预则要执行随机分配原则。在这种情况下，设计第一次干预使用断点回归设计，第二次干预使用随机分配法。

【本章补充材料】

（1）有关本书的辅助材料和补充资源的超链接，请参阅《政策影响实践评估》官网（http://www.worldbank.org/ieinpractice）。

（2）有关多种治疗方案影响评估设计的更多信息，详见 Banerjee, Abhijit, and Esther Duflo. 2009. "The Experimental Approach to Development Economics." Annual Review of Economics 1: 151 – 178。

---

① 测试多种干预措施的影响还有一个更微妙的含义。当我们增加相互测试的干预措施数量或治疗水平时，我们就增加了在至少一种测试中发现影响的可能性，即使没有影响。换句话说，我们更有可能发现假阳性结果。为了防止这种情况发生，必须对统计检验进行调整，以考虑多个假设检验。假阳性也被称为第二类错误。关于第二类错误的更多信息和多重假设检验的参考文献请参见第十五章。

【本章参考文献】

[1] Banerjee, Abhijit, and Esther Duflo. 2009. "The Experimental Approach to Development Economics." Annual Review of Economics 1: 151-178.

[2] Olken, Benjamin. 2007. "Monitoring Corruption: Evidence from a Field Experiment in Indonesia." Journal of Political Economy 115 (2): 200-249.

[3] Pop-Eleches, Cristian, Harsha Thirumurthy, James Habyarimana, Joshua Zivin, Markus Goldstein, Damien de Walque, Leslie MacKeen, Jessica Haberer, Sylvester Kimaiyo, John Sidle, Duncan Ngare, and David Bangsberg. 2011. "Mobile Phone Technologies Improve Adherence to Antiretroviral Treatment in a Resource-Limited Setting: A Randomized Controlled Trial of Text Message Reminders." AIDS 25 (6): 825-834.

第三篇

如何开展一项政策有效性评估

本书第三篇聚焦于影响评估的实施，包括如何选择适合项目运作规则的评估方法、管理评估活动、建立研究团队和政策团队之间的合作关系，以及有效管理评估的时间和预算。此外，本篇还强调了确保评估既符合伦理规范又具有可信度，遵循以人为本和开放、科学的工作原则。最后，提出将影响评估结果应用于政策制定的相关建议。

第十一章介绍了如何将项目运作规则，包括项目的资源、受益人标准和实施时间，作为选择合适影响评估方法的基础。本章提供了一个简单的分析框架，用以确定第二篇中介绍的哪种影响评价方法最适合特定的项目，这取决于项目的运作规则。进一步探讨了在运作规则范围内首选方法的特点，即要求最弱的假设和对数据需求最低。

第十二章讨论了研究团队和政策团队之间的关系以及它们各自的角色。本章回顾了独立性和无偏性之间的区别，突出评审独立性与无偏性之间的差异。重点强调了在开展影响评估时可能涉及的敏感领域。此外，提供了管理利益相关方预期的指导，并强调了一些常见风险，以及如何管理这些风险的建议。最后，概述了如何管理影响评估活动，包括建立评估团队、确定评估时间、预算和筹资、预算编制和资金筹措。

第十三章概述了影响评估的伦理和科学，强调了不剥夺合格受益人权益的重要性。探讨了涉及伦理研究的核心原则，包括强调拒绝剥夺受益人权益的重要性，以及人类主体伦理研究的核心原则。本章还讨论了批准和监督机构审查委员会的角色，以及人类研究的重要性。最后，强调了实践开放科学的重要性，包括登记评估和公开数据，以提升研究和结果的复制率。

第十四章探讨了如何将影响评估应用于政策制定，包括如何使评估结果更具相关性的建议。该章还讨论了影响评估可以提供的不同产品类型，并指导了如何制作和传播评估结果以最大限度影响政策制定。

第十一章 政策影响评估方法的选择

给定项目特征决定使用哪种评估方法

确定一个项目的因果影响的关键是,找到一个有效的对照组来估计反事实,并回答相关政策问题。在第二篇中,我们讨论了一些方法,包括随机分配法、工具变量法、断点回归设计、双重差分法和匹配法等。在本章中,我们将考虑如何为特定项目选择评估方法。

首先,通过展示项目的操作规则为如何寻找对照组提供了明确的指导,从而说明哪种方法最适合的政策环境。首先,如果一个项目的操作规则定义得很好,那么它们有助于确定哪种方法最适合评估哪类特定的项目。

其次,第二篇介绍的评估方法有不同的数据要求,并依赖于不同的基本假设。有些方法比其他方法需要更强的假设,以精确估计干预措施引起的结果变化。一般来说,我们更倾向于在操作规则范围内,选择假设要求最弱和数据要求最少的方法。

最后,我们讨论如何选择样本量。例如,该项目是在个人层面还是在更高的层面,如社区或地区分配项目?一般来说,我们倾向于选择在操作约束下可行的最小样本量。

项目操作规则如何帮助选择影响评估方法

本书的主要信息之一是,在项目操作规则[①]定义明确的情况下,就可以使

[①] 项目的操作规则决定了哪一种影响评估方法最适合评估该项目,而不是相反。

用这些规则来找到有效的对照组，而不是反过来。实际上，项目操作规则提供了一个指南，说明哪种评估方法最适合评估哪类特定项目。为设计一个更清晰的评估设计，评估不必须明确定义项目分配规则这个关键要素。

在评估设计中，操作规则中最重要的部分通常是确定谁有资格参加项目，以及如何选择他们参与。对照组在那些特定时间不能被纳入总样本（例如，当存在资源限制和需求过高时），或那些接近参与项目资格门槛的群体。

（1）定义明确的项目分配原则。在设计前瞻性影响评估时，如果选择受益人的操作规则是公平、透明和负责任的，就总是可以找到有效的对照组。具体地：

①公平的项目分配原则是，根据普遍同意的需求指标对符合资格的样本进行排名或优先排序，或规定每个人都有权获得项目福利，或至少有同等机会获得福利。

②项目分配原则是公开、透明的，因此各有官方默认同意这些规则，并可以监督大家是否遵守这些规则。透明的分配规则应该是可量化的，且是易于观察的。

③负责任的规则是项目管理员的责任，项目有效实施是管理员工作绩效和奖励的基础。

当项目实施遵循各有关方核实的量化标准，并将这些标准公之于众时，资格的操作规则就是透明的和可问责的。公平、透明和问责制是确保资格标准在数量上可以验证，并实际上按照项目评估设计实施。因此，这些明确的管理原则提高了项目实际受益人群和目标人群的关联性，同时也是成功评估的关键。如果操作规则不能量化和核实，那么评估团队就很难确保实验组和对照组的分配是按设计进行的，或者至少要记录它是如何发生的。如果评估团队成员不能实际验证项目，那么他们就不能正确地分析数据以计算评估影响。了解项目分配规则对于选择适当的影响评估方法是至关重要的。

当操作规则违反了上述三项良好治理原则中的任何一项时，我们在创建一个精心设计的项目和开展评估都会面临挑战。如果确定受益人资格和遴选则是错误的，那么就很难找到有效的对照组。如果确定受益人资格和选择规则不公平、不透明、不负责任，就很难找到有效的比较组。在这种情况下，影响评估的设计可能需要对项目运行方式进行澄清和调整。但是，如果规则定义得很好，就可以根据现有的项目分配规则来选择影响评估方法，下文将进一步详细地论述。

（2）关键的操作原则。操作规则通常规定了项目成效是什么，这些成效的资金来源和分配标准，以及如何选择项目的受益人。管理项目和选择受益人的规则是确定有效对照组的关键。管理受益人选择的规则包括入选资格，在资源有限情况下的分配规则，以及逐步推广。更具体地说，生成对照组路线图的关键规则是回答与项目的可用资源、资格标准和实施时间有关的三个基本操作问题：

①可用资源。该项目是否有足够的资源全面覆盖所有符合条件的受益人？政府和非政府组织通常没有足够的资源为每一个符合条件并申请福利的人提供服务。在这种情况下，政府必须决定哪些符合条件的申请者获得项目福利，哪些不包括在内。很多时候，项目服务限定在特定的地理区域内，服务特定的人群。很多时候，项目只限于特定的地理区域，或有限的社区，即使其他地区也有符合条件的受益人。

②资格标准。谁有资格获得项目福利？项目分配是基于资格限制的，还是每个人都有资格获取，或每个人都能享受？公立学校和基础医疗通常是普遍提供的。许多项目的操作规则依赖于具有临界点的连续排名。例如，养老金项目设定了一个年龄限制，超过这个年龄的老人就有资格获得养老金。现金转移项目通常根据家庭贫困状况确定受益人，低于法定贫困线的家庭则是有资格享受现金补贴。

③实施时间安排。该项目的潜在受益人是一次性全部加入，还是分阶段加入？通常，行政和资源方面的限制使政府和非政府组织无法立即向所有符合条件的人群提供福利。他们必须分阶段实施项目，因此必须决定谁首先获得福利，谁随后被纳入。一个常见的方法是，随着时间的推移，在一个村庄或地区分阶段实施项目，再推广到另一个村庄或地区所有符合条件的受益者。

（3）从操作规则中派生出对照组。在设计前瞻性影响评估时，对上述三个操作问题的回答，在很大程度上决定了适用于给定方案的影响评估方法。表11-1将可能的对照组反射到具体项目操作规则以及与可用资源、资格标准和实施时间有关的三个基本操作问题。各列按照项目是否有足够的资源、是否最终覆盖所有潜在的合格受益人（可用资源）等划分，并进一步细分为有连续资格排名和临界点的项目和没有资格标准的项目（资格标准）。各行被分为项目的实施阶段和当期实施方案（实施时间）。每个单元格都列出了有效对照组的潜在来源，这在第二部分讨论过。每个单元格都标有索引：首字母表示表格中的行（A，B），后面的数字表示列（1-4）。例如，单元格 A1 是指表的第一行第一列对应的单元格。例如，单元格 A1 确定了最适合资源有限，有资格标准，并随着时间逐步实施项目的评估方法。

表 11-1　　项目操作准则和政策影响评估方法的关系

		对项目的需求过大 （资源有限）		项目需求不足 （资源充足）	
	资格标准	（1）连续的资格排名和截止日期	（2）没有连续的资格排名和截止日期	（3）连续的资格排名和截止日期	（4）没有连续的资格排名和截止日期
实施时间	（A）分阶段实施	A1 单元：随机分配（第四章）断点回归设计（第六章）	A2 单元：随机分配（第四章）工具变量（第五章）双重差分法（第七章）双重差分法和匹配法组合（第八章）	A3 单元：随机分配阶段（第四章）断点回归设计（第六章）	A4 单元：随机分配阶段（第四章）工具变量（随机推广，尽早吸纳）（第五章）双重差分法（第七章）双重差分法和匹配法组合（第八章）
	（B）立即实施	B1 单元：随机分配（第四章）断点回归设计（第六章）	B2 单元：随机分配（第四章）工具变量（随机推广）（第五章）双重差分法（第七章）双重差分法和匹配法组合（第八章）	B3 单元：断点回归设计（第六章）	B4 单元：如果不能充分采纳：工具变量（随机推广，尽早）（第五章）双重差分法（第七章）双重差分法和匹配法组合（第八章）

注：DD = difference-in-differences；RDD = regression discontinuity design。

由于资金限制或后勤管理限制，大多数项目需要在一段时间内分阶段实施。这一组或一类涵盖了图表的第一行（A1、A2、A3 和 A4 单元格）。在这种情况下，公平、透明和负责任的操作规则是让每个符合条件的个体都有平等机会陆续参与该项目等。以此类推，这意味着随着时间的推移，某项目将逐渐扩围到所有人群。在资源有限的情况下，则没有足够的资源实现全面推广（单元格 A1 和 A2，单元格 B1 和 B2），对这些资源的超额需求可能会很快出现。然后，通过抽签方式决定谁可以加入项目，这是在同等条件的单元之间分配福利的可行方法。在这种情况下，每个符合条件的个体都有平等的机会从该项目中受益。抽签是一个公平、透明和负责任的操作规则，在符合条件的单位之间分配项目利益。

另一类项目，包括那些随着时间的推移而分阶段实施的项目，项目管理者可以根据需要对潜在受益者进行排名（单元格 A1 和 A3）。如果用于优先考虑受益人的标准是定量的、可用的，并有一个资格标准的临界点，该项目可以使用断点回归设计。

另一大类由具有立即执行的行政能力的项目组成，即图表底部一行单元格。当项目资源有限且无法对受益人进行排名时（单元格 B2），就可以采用基于超额需求的随机分配。如果项目有足够资源来实现规模化，且没有资格标准（单元格 B4），那么唯一的解决办法就是在项目未被完全采纳的假设下，使用工具变量法（随机推广）。如果该项目可以对受益人进行排名，且依赖于资格标准，就可以使用断点回归设计。

（4）优先受益人。三个关键的业务问题都涉及如何选择受益人这一问题，这对找到有效的对照组至关重要。对照组有时出现在不符合条件的人群中，而经常出现在符合条件但后来被纳入项目的人群中。如何优先考虑受益人部分取决于项目目标。它是一项针对老年人的养老金计划，针对穷人的扶贫计划，还是对所有人都开放的免费医疗项目。

为了根据项目需要确定受益人的优先次序，必须找到一个既可量化又可衡量的指标。在实践中，优先化的可行性在很大程度上取决于政府对需求进行度量和排序的能力。如果政府能够根据相对需求准确地对受益人进行排序，那么政府就有义务按照需求顺序来推出项目。然而，基于需求的排序不仅需要一个可量化的衡量标准，还需要有能力和资源来衡量每个可能参与项目的样本指标。

一些项目使用的选择标准原则上可以用来对相对需求进行排序，并确定是否符合资格。例如，许多助困项目，能够对家庭进行可靠排序的精准贫困指标往往难以衡量，而且费用高昂。收集所有潜在受益人的收入或消费数据，并按贫困程度对他们进行排名，是一个复杂而昂贵的过程，也很难核实。相反，许多助困项目使用某种替代经济情况调查来估算家庭贫困水平。这些是简单的可观察指标，如资产和社会人口特征指数（Grosh 等，2008）。替代经济情况调查有助于合理地确定一个家庭是高于还是低于某些标准，但其在提供社会经济状况或详细的需求排名方面可能不太精确。

许多项目不考虑对潜在受益人进行排名的成本和复杂性，而是选择在更高的综合水平上进行排名，例如在社区层面。从整体层面确定项目分配有明显的操作优势，但是在更高层次上找到实际需求排序的指标通常是困难的。

如果一个项目不能根据需求分配利益，或因为没有量化的和可验证的排名指标，要么成本太高，容易出错，此时就要用其他标准来决定如何安排项目推广的顺序。公平原则将是让每一个有资格的人都有平等的机会获得优先权，并按序随机分配给潜在受益者。在实践中，考虑到排序的挑战，项目收益的随机分配是一种常用的项目分配规则。这是一个公平和公正的分配规则。它还产生了一个随机评估设计，如果实施得好，可以提供良好的内部有效性，且其需要的假设较弱，这一点在下一节中讨论。

政策影响评估方法的比较

评估团队在确定哪种影响评估方法适用于具体项目的操作规则后，可以选择假设要求最弱、数据要求最少的方法。表 11-2 从实施影响评估方法所需的数据要求和基本假设两个方面对备选影响评估方法进行了比较，可以解释该结果干预措施的因果影响所必需的基本假设。每一行代表一个单独的方法。前两列描述了这些方法和对照组中的单元。最后两列报告了将结果解释为因果关系所需的假设和实施方法所需的数据。

表 11-2　　比较政策影响评估的方法

方法	描述	比较分组	关键假设	需要的数据
随机分配法	符合条件的样本被随机地分配到实验组或对照组。每个符合条件的样本都有平等的机会被选中。倾向于在最弱的假设下产生内部有效的影响估计	符合条件的样本被随机分配到对照组	有效的随机分配产生了两个分组：在统计学上观察到的和未观察到的特征完全一致（在基线和终点时）	实验组和对照组的后续结果数据；实验组和对照组的基础特征和其他特征数据，以检查平衡性

续表

方法	描述	比较分组	关键假设	需要的数据
工具变量法	一个随机变量（例如促销活动）会导致被评估项目的参与情况发生变化。该方法使用参与率变化所引起的结果变化来估计项目影响	当"编码"单位参与项目受到仪器影响（如果接触到仪器，他们会参与；但如果未接触仪器，则不会参与）	工具变量法会影响项目的参与人数，但不直接影响结果（即工具变量法仅通过改变项目参与率来影响结果）	各单位的后续产出数据；有效参与项目的数据；关于基期结果和其他特征的数据
断点回归设计	单位排名是基于具体的数量和持续标准，如贫困指数。有一个阈值来决定一个单位是否有资格参与某个项目。将分界线一侧的参与者的结果与分界线另一侧的非参与者的结果进行比较	接近分界线但没有资格参与项目的单位	为了确定项目对分界点附近人群的无偏差影响，紧靠分界点附近的单位在统计学上是相同的。为了确定该项目对所有人的无偏差影响，接近临界点的人群需要代表所有人	后续结果数据；排名指数和资格分界线；关于基线结果和其他特征数据
双重差分法	用非参与者随时间变化的结果来估计在没有项目情况下参与者的结果情况	没有参加项目的单位（无论何种原因），在项目实施前后均收集了相关数据	如果项目不存在，参与者和非参与者群体的产出将随时间的增加而增加	参与者和非参与者的基线数据和随时间变动的结果和其他特征
匹配法（尤其是倾向得分匹配法）	对于每个项目参与者而言，是在非参与者群体中寻找"最相似"的单位（根据观察到的特征，最接近的匹配）	对每个参与者而言，根据观察到的特征，可以预测有相同参与概率的非参与者	除了用于匹配观察到的特征外，没有任何特征会影响项目的参与率	参与者和非参与者的后续结果数据；有效参与该项目的数据；进行匹配的基期特征

资料来源：安利捷贫困行动实验室（J-PAL）网站。

所有方法都需要假设，也就是说，为了能够将结果解释为因果关系，我们必须相信一些事实是真实的，而这些事实并不能通过经验完全验证。特别值得注意的是，每一种评估方法的关键假设是其所依赖的对照组平均值是对反事实的有效估计。第二篇我们讨论了如何测试一种方法在特定情况下是否有效应考虑的因素。有些方法比其他方法更依赖强假设。

在其他条件相同的情况下，首选的是最适合操作环境、需要最弱假设和最少数据要求的影响评估方法。这些标准解释了为什么研究人员把随机分配作为黄金标准，以及为什么它通常是首选方法。随机分配法适用于许多操作环境，在最弱假设条件下，它往往能产生内部有效的影响估计。如果实施得当，它能使实验组和对照组在观察到和非观察到的特征方面产生可比性。此外，随机分配往往需要比实施准实验所需的样本更少（见第十五章）。由于随机分配法相当直观，可以直接将结果传达给政策制定者。

准实验方法在某些操作环境下可能更适合，但为使对照组能够提供有效的反事实估计，它需要更多的假设。例如，双重差分法依赖于一个假设，即对照组结果的变化为实验组的反事实变化提供了有效的估计。这种假设需要实验组和对照组的结果随着时间的增加而平行增长，当项目实施前没有收集数据时，能否达到有效评估不确定。断点回归法设计依赖于恰好低于阈值和高于阈值的目标样本具有可比性。匹配法是需要最强假设的方法，因为它假设项目参与者和非参与者之间没有任何未观察到的特征。总的来说，假设要求越强，在实践中不成立的风险就越大。

评估备选方案

当项目或政策实施时，即使有最好的影响评估设计和项目预期。例如，在职业培训项目中，项目实施机构拟根据预期超额认购情况，从众多申请者中随机选择参与者。由于目标人群的失业率很高，预计就业培训项目的申请人数量会远超可用名额。不幸的是，该项目的宣传推广效果不佳，最终申请者数量刚好低于可用的培训名额。因为没有超额认购来划分对照组，也就没有备选方案，最初用于评估项目的方法不得不被完全放弃。这种情况很常见，与项目运作或政治环境发生意想不到的变化一样。因此，制订备用方案对可能的失效情况非常有用。

从方法论的角度来看，使用多种影响评估法是明智之举。如果怀疑某种评估方法可能存在有偏性，就可以通过比较与其他方法的评估结果差来确定。当一个项目以随机分配的方式实施时，对照组最终会被纳入项目，这限制了对照组可用于评估的时间。然而，如果除了随机分配法外，还采用了随机推广法，那么对照组就可以在整个项目的实施过程中使用。在项目的全生命周期，对照组都可以使用。当最后一批被纳入项目之前，将存在两个可供选择的对照组（分别来自随机分配和随机推广），尽管从长远来看，只有随机推广的对照组才会存在。

寻求最小可行的样本

通常情况下，操作规则也决定了干预措施分配的水平，这与项目的实施方式相关。例如，如果想在地区层面实施一项健康项目，那么该地区的所有村庄（作为一个样本）要么参加项目，要么不参加。有些项目可以在个人或家庭层面实施，而其他项目则需要在社区或更广泛的行政区域实施。即使一个项目可以在个人层面上分配和实施，评估研究团队也可能更倾向于在更高层级进行数据收集，以减轻潜在的溢出效应，即从实验样本扩散到对照样本的间接效应（详见第十九章）。

在更高层次上实施干预措施可能会给评估带来问题，主要有两个原因。首先，评估在较高层次（如社区或行政区域）分配和实施的干预措施需要更大的样本量，且比较低级别（如个人或家庭）的干预评估成本更高。干预措施的层次非常重要，因为它决定了如何将样本分配到实验组和对照组，进而影响评估样本的规模和成本。对于在较高层次实施的干预措施，需要更大的样本来检测项目的真实效应。在第十五章中，我们将进一步讨论这一问题，该章将回顾如何确定评估所需的样本量，并讨论在较高层次上实施干预如何形成集群，以增加所需的样本量。

其次，在更高的干预水平上，很难找到足够多的样本纳入评估。然而，如果随机分配是在足够多的样本上开展，它只能确保实验组和对照组之间的比较是可靠的。例如，如果评估项目是在省级层面实施的，而某国只有6个省，那么通过随机分配实现实验组和对照组之间的平衡会很困难。在这种情况下，即使每个省内有大量家庭，实验组的省份也不太可能与对照组相似。这是因为平衡实验组和对照组的关键在于分配到各组中的样本量，而不是样本中的个人或家庭数量。因此，如果样本数量不足，在实施高层次干预时随机分配会对内部有效性造成风险。

为避免在较高社区或行政层面上实施干预可能遇到的风险，评估团队和项目管理者通常需要协同合作，以找到在操作上可行的最小干预单位。各种因素决定了干预的最小可行单位：

（1）项目实施中的规模经济和行政管理复杂性。

（2）在个人或家庭层面分配福利的管理能力。

（3）对紧张局势出现的潜在担忧。

（4）对对照组溢出效应和潜在污染的担忧。

干预的最小可行单位通常取决于规模经济和项目实施的行政复杂性。例如，健康保险计划可能需要在当地设立办事处，供受益人提交索赔和支付供应商。办事处的固定成本需要分摊到大量的受益人身上，因此，在个人层面推出该计划可能效率低下，而在社区层面推出则更有效。然而，对新的和未经测试的干预措施而言，则需将短期的不确定因素消化吸收后并在行政区域内推出，以确保评估的可信度，以降低数据收集的成本。

一些项目管理者认为，地方负责管理的项目，如健康保险项目，不具备在个人层面实施的管理能力。他们担心在地方层面建立向不同受益人提供不同福利的制度是一个负担，要保证按设计的方法分配实验组和对照组也是一个的挑战。后者对影响评估来说是一个严重的挑战，因为项目管理者可能无法按照评估设计来实施项目。在这种情况下，需要在更高层面上实施项目，或简化影响评估设计。

有时，政府部门倾向于在样本集聚的区域（如社区）实施项目，因为他们担忧对照组成员发现邻居得到好处时，可能会出现社会动荡。许多项目已经成功地在社区内的个人或家庭层面实施，而没有产生紧张形势，特别是当利益分配公平、透明和负责任的时候。然而，紧张局势可能出现的潜在风险需要在具体影响评估中考虑。

最后，当一个项目在小范围内分配和实施时，如家庭或个人层面，对照组的溢出效应可能会损害评估的内部有效性。例如，假设要评估自来水供应项目对家庭健康的影响。如果为某户家庭安装了水龙头，但其邻居未安装，而已安装水龙头的家庭很可能会向邻居分享水龙头使用的情况，那么该邻居家庭就不是一个真正的比较对象，因为他们会从项目溢出效应中受益。

专栏 11-1 说明了在现金转移支付项目中实施层面选择的影响。因此，在实践中，项目管理者需要选择最小的实验样本：允许有足够多的单位进行评估、减轻内部有效性的风险，以及恰当的操作环境。

【专栏 11-1】

现金转移支付项目和最低的实施层级

大多数有条件的现金转移支付将社区作为实施单位或实施层级，这是对项目管理和评估方案设计的考虑，也是对溢出效应和社区潜在紧张局势的担忧。

例如，墨西哥对有条件的现金转移计划——"进步/机会"（Progresa/Oportunidades）项目开展评估的前提条件是其实施层级在农村地区，将社区随机分配到实验组和对照组。1998 年春季，实验社区中所有符合条件的家庭都有机会参加项目，18 个月后，到 1999 年冬季时对照社区中所有符合条件的家庭也有机会参加。然而，评估团队发现，同一社区不同家庭间的产出有实质的相关性。因此，为了生成评估所需的样本量，需要在样本中加入更多家庭，如果要将个别家庭分配到实验组和对照组，则需要更多的家庭。由于无法在家庭层面上实施项目，评估所需的样本量和成本就会增加。这种限制也适用于许多人类发展项目。

资料来源：Behrman 和 Hoddinott，2001；Skoufias 和 McClafferty，2001。

【本章补充材料】

关于该书的辅助材料和其他补充资源的超链接，请参阅《政策影响评估实践》官网（http://www.worldbank.org/ieinpractice）。

【本章参考文献】

[1] Behrman, Jere R., and John Hoddinott. 2001. "An Evaluation of the Impact of PROGRESA on Preschool Child Height." Discussion Paper No. 104, Food

Consumption and Nutrition Division, International Food Policy Research Institute, Washington, DC.

[2] Grosh, M. E., C. Del Ninno, E. Tesliuc, and A. Ouerghi. 2008. For Protection and Promotion: The Design and Implementation of Effective Safety Nets. Washington, DC: World Bank.

[3] Skoufias, Emmanuel, and Bonnie McClafferty. 2001. "Is Progresa Working? Summary of the Results of an Evaluation by IFPRI." International Food Policy Research Institute, Washington, DC.

第十二章 政策影响评估管理

管理评估团队、时间和预算

政策评估团队和研究团队之间是合作关系。为确保评估成功,两组团队是相互依赖的,他们共同构成了评估团队。这种合作关系的基础是对两团队各自角色和责任的理解,对评估的共同承诺,以及对是什么激励大家在评估中各司其职有共同的认识。有效的合作关系对确保评估技术的可信度和政策影响至关重要。

本章概述了有效的合作关系的要素,包括每个团队的角色和责任,探讨了合作关系在评估的不同阶段如何发挥作用,并审查可供选择的协作模式。本章还讨论了评估时间、预算编制和实质性问题。

政策研究团队的角色和责任

(1)研究团队:研究职能和数据职能。研究团队负责评估工作的技术质量、科学性、完整性。其职责包括研究设计、数据质量和分析。研究团队通常由以下人员组成:

①首席研究员、政策制定者和项目实施者。他们合作确定评估的关键目标、政策问题、指标和信息需求(通常使用结果链所描述的变革理论);确定影响评估方法、制订评估计划、确定研究团队、注册登记影响评估;获得机构审查委员会(IRB)的批准;准备评估计划,包括更详细的预分析计划;与政策团队合作负责分析和宣传结果。首席研究员还需要与整个评估团队有效合作,具体负责数据收集、制定评估政策、实施项目。许多研究人员可能与首席

研究员合作或作为共同负责人，引领特定要素的分析工作，如抽样、定性评估或成本效益分析等。

②评估总监或现场协调员。他们在日常评估中直接与首席研究员合作，包括与政策团队中的项目实施者和政策制定者合作，并在收集主要数据时监督现场工作。当首席研究员不在现场时，在应用前瞻性评估时需要与项目实施者密切协调合作，这个人在收集主要数据时尤为重要。

③抽样专家。负责指导功率计算和抽样工作。对于本书所涉及的定量影响评估类型，抽样专家应该能够开展功率计算，以确定所建指标的适当样本量，选择评估样本。审查实际样本与设计样本之间的产出差异；并提出对预分析有意义的建议。对预分析计划提供建议。

④数据收集小组。负责编制数据收集工具、相关工作手册和代码本。收集和清理数据；当需要采集初始数据时，提供清晰有记录的数据集。第十六章将详细讨论数据来源和收集数据。

（2）政策团队：政策功能和项目管理功能。政策团队由政策制定者和项目实施者组成：

①政策制定者，负责制定研究议程，确定拟解决的核心研究问题，确保有足够的资源用于项目，并将研究结果应用于政策完善。在评估开始时，需要清晰地阐明项目情况、评估目标、变革理论和主要成效指标，包括与政策相关的产出指标和效应指标，如第二章所述。政策团队需要掌握政策对话的知识，并与主要利益相关方沟通联系，以确保评估设计尽可能符合政策相关规定，并确保在评估过程的关键节点邀请利益相关方和决策者参与。

②项目实施者与研究团队携手合作，使评估设计与项目实施保持一致。包括验证评估设计是基于项目操作有关的准确信息，并承诺在前瞻性评估时按计划实施项目。政策团队中的项目实施者通常还负责管理评估预算，并经常协助研究团队监督数据收集的现场工作。

谁在乎政策影响评估，为什么？

从政策团队的角度来看，主要关注某项目或改革是否有效，以及以何种代价取得成效，从而使团队能以目标为导向制定政策。项目实施者要努力引起官方重视，以使项目管理工作获得信任且成效显著，这通常超出了他们的日常职责范围。评估这些贡献的一个好方法是确保地方团队深入参与评估活动。要做到这一点，可通过举办联席研讨会、联合发行出版物、提供培训和能力建设活动，以及聘用地方研究人员，他们有能力作出更大的贡献，并成为研究团队和政策团队之间的重要"桥梁纽带"。

当评估问题超出政策团队的直接利益时，就公共利益而言，评估是有价值的。这也是研究人员探索与变革理论有关基本问题的主要兴趣。例如，探索人们在特定环境下的行为特征或结果传播渠道是如何发挥作用，该问题的研究有利于人们吸取经验教训并将其应用到不同环境中。影响评估正在迅速为一系列规划和政策改革的执行情况提供全球证据，以构成与项目和政策设计高度相关的知识库。因此，捐赠者和政策研究者通常对公益价值高的项目感兴趣，愿意提供更多的财政支持，进一步推动相关基础政策的评估。

研究人员也致力于使用一种强有力的、可辩护的评估方法，并希望确保他们参与影响评估的设计、数据分析，并在学术期刊上发表符合科学标准的基础研究。跨学科研究团队还有一个额外的挑战，即确保团队成员之间达成共识。不同学科，如医学和经济学，可能有不同的方法来注册试验、吸引受试者、报告结果及传播结果。这些不同的期望最好在影响评估开始时就能澄清和理解。无论研究方案是否相同，研究团队都应遵循普遍接受的科学规范和伦理原则（详见第十三章）。

政策团队和研究团队之间不同的利益倾向可能会造成需要理解和管理的紧张关系。研究人员倾向于在评估设计中重视技术的严谨性，而不是项目实施的可操作性。团队也可能分别对不同的评估问题感兴趣。最后，两个团队都可能对公布细微差别或负面结果感兴趣，因为这可能会对政策团队的项目表现不佳，也可能对研究团队的学术兴趣较低。政策团队也可能对公布结果有选择地感兴趣，而研究团队则高度重视公布整体结果的能力。

对于整个评估团队来说，培养透明和尊重证据的评估环境至关重要。政策制定者和项目管理者应该因为他们致力于以证据为基础的政策制定而得到奖励。即使结果不理想，这些人也应该因倡导透明度而受到嘉奖。同样地，无论研究结果如何，都应鼓励研究团队报告和发表项目成果。

评估期间研究团队和政策团队之间的合作关系

评估的技术质量和政策影响取决于研究团队和政策团队在评估的每个阶段:设计、实施、分析和传播之间的积极合作关系。专栏 12-1 总结了一些指导原则。

【专栏 12-1】

政策团队和评估团队参与的指导原则

- 尽早参与,最大化评估设计选项,并确保政策团队和评估团队之间的有效合作。
- 一开始就制订一个清晰的影响评估计划。
- 了解不同利益相关者的角色、职责和动机,并赋予他们在评估中占的相应权益。
- 积极参与整个评估过程,以确保影响评估与被评估的干预措施之间的一致性。
- 承认管理风险和收益,明确影响评估能做什么,不能做什么。
- 重视透明度,确保客观性,尊重结果,无论结果好坏。

(1)设计阶段。第一,政策制定者需要清晰地构建和传达核心研究问题、相关的变革理论以及核心指标,并确保研究团队对这些要素有很好的理解和尊重。为确保政策的相关性,政策团队还需要牵头制定一个参与策略,确保在必要时咨询利益相关方,并告知他们评估的设计、实施和结果。对研究人员而言,应向政策团队澄清开展良好影响评估的必要条件。在前瞻性评估时,首先要与政策团队中的项目实施者和政策制定者进行核对,以确定项目运作机制已建立起来,确保被评估的项目在评估期间不会发生重大变化,从而使评估结果与政策目的相关。开展影响评估的最佳时机通常是指项目已开展过充分的现场测试,确定按其预期运行方式操作,但尚未扩围,这为构建适当的反事实提供了更多选择。

第二，研究团队需清楚项目的操作规则，即项目的可用资源、选择受益人的资格标准和实施时间。政策团队应清楚地向研究团队传达这三条操作规则，因为他们对评估方法的选择至关重要，如第十一章所述。

第三，研究团队应制订一项包含业务和研究方面的影响评估计划，并与政策制订者分享该计划，以确保评估集中在相关问题上，如概述与政策团队合作的要素、评估团队对所提出的问题以及结果属性、时间安排等都是明确的和直观的（见专栏12-2）。考虑风险和拟议的缓解措施也很有用。最后，研究团队应获得机构审查委员会的伦理批准，并在试验登记处登记评估结果（见第十三章）。

【专栏12-2】

影响评估方案的概要

1. 介绍
2. 对干预措施描述
3. 评估目标
    3.1 基础假设，变革理论，结果链
    3.2 政策问题
    3.3 主要结果指标
    3.4 风险
4. 评估设计
5. 抽样和数据
    5.1 抽样策略
    5.2 功率计算
6. 前期分析计划概述
7. 数据收集方案
    7.1 初始调查
    7.2 跟踪调查
8. 待交付的产品
    8.1 评估报告初稿
    8.2 政策影响评估报告

8.3 政策概述

8.4 完整记录数据收集、设计和分析的工作底稿

9. 宣传计划

10. 关于保护人类受试者的伦理协议

10.1 签订知情同意书

10.2 获得机构审查委员会（IRB）的批准

11. 评估时间安排

12. 预算和资金来源

13. 评估团队的组成和作用

设计阶段的对话应促使对评估计划作出明确和共同的承诺，并对政策团队和研究团队成员的责任抱有现实的期望和协商一致。这类对话为研究团队提供了机会，澄清了影响评估的价值，特别是关于因果关系的确立、评估结论的普适性及其局限性，如无法深入了解某些结果的成因，与样本量和功率计算的权衡，或者产生某些结果所需的时间等。这种对话还为政策团队明确了需优先解决的问题，并确保评估与所关心的政策问题相一致的机会。

（2）实施阶段。政策团队和研究团队需要共同努力，以确保项目实施顺利推进，并排除故障。例如，在随机对照试验中，团队需要就实际操作中随机分配的最佳方法达成一致。此外，在此阶段，为确保评估设计和项目实施之间的真实性，团队之间的协调尤为重要。

（3）分析阶段。该阶段的分析应与评估项目和更详细的预分析计划中概述的内容相一致。研究团队应在关键时刻向政策团队提供评估结果并讨论结果的可用性。影响评估初期，就应审查所收集数据的质量以及评估计划的遵守情况，这有助于确保评估计划切实可行，并适时调整优化。这也是审查哪些成果在哪个阶段交付的好机会，并查验这些结果的产生是否符合政策制定者的初衷。一旦评估团队完成了影响分析，就应将评估结果与政策团队分享，以确保任何问题都得到回答，并为宣传阶段做好准备。

（4）宣传阶段。政策团队需要确保评估结果在恰当的时间以合适的方式传达给利益相关方，同时确保评估阶段的所有数据都得到准确记录。通常情况下，评估团队会采用多种策略和工具来宣传评估结果，牢记不同的目标受众，如第十四章所讨论的那样。

建立合作关系

（1）如何建立合作关系。评估是研究团队提供的技术专长和独立性与政策相关性、战略指导和业务协调之间的平衡，政策团队中的政策制定者和项目实施者提供了这种平衡，可以使用一系列模型建立研究团队与政策团队之间的合作关系。

模型选择取决于影响评估的背景、目标以及对一系列风险的考虑。一方面，完全独立的研究团队与政策团队的合作十分有限，可能导致影响评估与相关政策问题脱节，或者使用受项目实施者互动不足限制的评估方法。另一方面，如果不遵循科学开放的原则，研究团队与政策团队完全整合可能会产生利益冲突的风险，或导致对某些结果的审查（详见第十三章）。此外，评估通常可以有多个目标，包括提升政府机构的评估能力，以及在实地开展项目时提高项目管理者对项目的敏感性。这些更广泛的目标也可能在一定程度上影响模型的选择。

总之，对影响评估的质量而言，最重要的是合作方法是否能对项目影响产生无偏的估计。只要遵循研究伦理和开放科学的原则，相对于研究团队和政策团队履职的独立性，公正性、客观性往往对项目影响评估质量至关重要。在实践中，研究团队和政策团队之间的密切合作，以确保实施高质量的影响评估战略。

（2）外包模式。当业务管理操作纷繁复杂时，项目管理者更愿意将评估方案设计和实施项目的责任委托给第三方机构。外包模式可以采取不同的形式，包括将设计和实施工作一次性外包给单个实体，或者先将评估方案设计外包，再分阶段签订数据收集和分析合同。

外包模式能够实现影响评估设计和项目实施的分隔，使影响评估更具独立性。然而，完全外包模式可能会给影响评估带来巨大的风险。这种契约关系的建立会限制项目实施者和协议研究团队之间的合作。

在某些情况下，协议第三方机构会得到一组预设的项目参数，几乎没有机会讨论评估方案设计、实施项目或确定研究范围。在其他情况下，协议第三方机构可能不需要明确影响评估所需的操作规则和实施方式。

在另外一些情况下，项目可能已经设计好或已经开始实施，这可能会严重限制评估方法的选择。协议第三方机构通常需要根据项目实施情况调整评估设计，而在实施过程中没有密切参与或了解项目实施情况。这可能会导致评估设计不理想或实施过程中面临挑战，因为第三方协作机构可能与牵头评估设计的研究人员和政策制定者的初衷不同。

最后，第三方协作机构的选择和监督对项目实施单位来说是具有挑战的。必须事先仔细考虑采购规则，以确保外包工作是有效的，不会出现利益冲突。某些规则可能会限制签约参与影响评估设计的第三方协作机构实施影响评估的可能性。

为降低这些风险，政策团队通常会在委托协议生效前就已经明确了影响评估设计，包括识别战略、核心产出指标、初步功率计算和大致样本量。这有助于指导采购和合同签订，这些因素会深度影响评估预算。政策团队还应该建立监管机制，以确保对影响评估设计和实施执行严格的技术监督。监督工作可以由监督委员会执行，或者对影响评估成果开展定期的技术指导和科学审查。分析结果显示，最有效的模式通常不是完全的外包模式。

（3）合作模式。研究团队和政策团队相互合作是非常重要的，而这种合作不完全建立在合同关系上。双方互惠互利的合作关系，有助于实现共同的目标。当研究人员有兴趣着手有关政策问题研究时，当政策制定者和项目实施者设法在项目中构建一个高质量的影响评估时，合作模式就可以实施。此时，研究人员就有动力去解决增加全球证据基础的新问题，推动影响评估的发展，并为其提供更广泛的知名度。如果出资人的目标与评估研究重点密切一致，研究团队也许能够利用一些资助金开展影响评估。

另一种综合模式变得更加突出，特别是在包括世界银行、货币基金组织和泛美开发银行等在内的大型机构中，利用内部影响评估的研究能力来支持政策和项目团队。

这种合作关系方式存在一定的风险。有时，研究人员会在影响评估中纳入一些新的研究要素，这些要素可能与地方级政府的直接政策目标不完全一致，尽管它们可以在更大范围内增加价值。对于政策制定者和项目实施者而言，他们并不完全理解开展严格的影响评估所需的科学严谨性，他们比研究团队对影响评估的潜在风险有更高的容忍度。

为了降低这些风险，研究团队和政策团队需要明确共同的目标，并在影响评估中制订全面的评估方案设计以及各个团队的角色和职责（见专栏12-2）。影响评估方案要突出关键操作规则以及潜在的操作风险。

即使没有建立合同关系，双方对明确评估项目所体现的承诺对于合作关系的顺利开展也是至关重要的。这种相互承诺通常采用书面协议的形式，例如以职责范围或谅解备忘录的形式，明确定义影响评估的角色、责任和成果。这些方面也可以包括在影响评估方案中。

（4）完全整合的模式。一些影响评估是在一种完全整合的模式下实施的，在这种模式下，研究团队和项目实施团队是同一个团队。这种方法有时用在有效性实验中，在此实验中，新的干预措施正在被测试以证明其概念。在这种情况下，研究人员希望能掌控项目实施进程，并使其接近设计方案。虽然这种影响评估最能检验基本理论，并确定某种干预措施是在理想情况下发挥作用，但风险在于产出的外部有效性是有限的。

专栏12-3给出了研究团队和政策团队可以合作的不同模式的案例。

【专栏12-3】

政策研究团队模型的案例

千禧挑战公司的外包评估

千禧挑战公司（The Millennium Challenge Corporation，MCC）是一家美国援助机构，成立于2004年，非常强调问责制和产出。它要求每个发展项目都有一个全面的监测和评估计划，重点是公正、独立的评估。这一重点促使MCC开发了一种新模式，即将评估方案设计和项目实施完全外包给外部研究人员。然而，在MCC早期运营中，项目人员和外部研究人员之间的分离有时会产生问题。例如，在洪都拉斯，研究人员设计了一项农民培训项目的随机对照试验。然而，由于实施合同是以绩效为基础的，项目执行者有强烈的动机为项目寻找高绩效的农民。符合条件的农民并没有被随机分配到项目中，从而使得评估设计无效。随着对农民培训项目前五次评估结果的发布，MCC对类似的经验进行了反思，并得出结论，在整个评估方案设计和实施过程中，项目实施者和评估者之间的合作至关重要。本组织调整了合作模式，使其在影响评估中更具选择性，以便在问责制和学习之间取得平衡。

扶贫创新项目的整合行动

"贫困创新行动"（Innovations for Poverty Action，IPA）是一个非营利组织发起的一项减贫活动，总部设在美国。IPA的研究人员和政策团队从项目评估设计之初就携手合作，甚至从项目启动之初就开始合作。IPA模式广泛依赖外地的办事处网络，其中许多办事处与政策机构研究人员和其他执行人员建立了合作关系。从构思评估计划开始，全球范围内的IPA研究人员会与地方办事处的负责人合作，共同制订评估方案和项目实施计划。一旦提案获得批准，他们就会聘请项目管理人员负责收集地方数据，这些工作都在IPA总部完成。研究人员和项目实施者之间通常是密切合作的，在某些情况下，IPA办公室也负责实施被评估的干预措施。

世界银行的合作关系模式

在过去的十年中，世界银行快速推广应用前瞻性影响评估，以评估其资助的一些发展项目。世界银行利用发展影响评估（Development Impact Evaluation，DIME）、战略影响评估基金（Strategic Impact Evaluation Fund，SIEF）和性别创新实验室（Gender Innovation Lab，GIL）等评估小组为影响评估工作提供资金和技术支持。当一个特别具有独创性或重大项目到位时，就会开展影响评估活动，这些评估活动将纳入项目并由对应政府负责管理。无论采用哪种评估方式，都要建立一个由研究团队和政策团队组成的评估团队。其中，研究团队包括技术专家和学者；政策团队通常由政策制定者、项目实施者和项目运营团队负责人组成。

以科特迪瓦为例，世界银行、贫困创新行动组织和地方政府联合发起了一项倡议，拟对促进青年就业和技能发展的项目开展影响评估。他们按程序组建了评估团队，其中研究团队包括世界银行项目负责人、国际学者和当地的行业专家等，政策团队则由项目实施单位及其下设单位的专家和世界银行工作人员等组成。评估团队确定了影响评估的优先领域，并进行了一项前瞻性对照试验。政府部门确定了评估的关键问题，并为数据收集提供资金，部分外包给了国家统计学院（the National School of Statistics，ENSEA）负责，其余工作由专门负责数据收集的内部团队完成。贫困创新行动组织旗下的专家学者也为此项活动作出了贡献。事实证明，这种模式需要确保科学性、严谨性和广泛相关性以及政策制定者的优先事项保持一致方面是有效的。它需要认真管理合作关系，并对评估团队的各个利益相关者进行有效协调。

资料来源：Bertrand 等，2016；IPA，2014；Sturdy、quino 和 Molyneaux，2014。

（5）选择一个合作研究团队。政策制定者和项目实施者需要决定与谁合作进行评估。关键的问题是，研究团队（或部分团队）能否成为一个本地团队，以及需要什么样的外部协作。研究能力因国而异。当需要特定的技能和专业知识时，通常会与国际公司签约，或者与本地公司合作。数据收集任务通常由本地公司执行，因为他们对当地背景和环境有深入的了解。这也符合全球大趋势，以确保当地研究人员充分参与影响评估工作。

随着评估能力的提高，政府、私人企业和多边机构与当地研究人员合作实施影响评估的情况越来越普遍。考虑当地研究人员对所在地方的环境更熟悉，他们参与影响评估会带来重大价值。在一些国家，研究授权可能只提供给包括当地研究人员的团队。总的来说，由评估经理负责评估当地研究人员的能力，并决定由谁来具体承担评估工作的哪些方面。国际影响评估学术网络（如 J - PAL 或 IPA）、私人研究公司或国际机构的影响评估小组（如世界银行的 DIME 和 SIEF，或者泛美开发银行的 SPD 或 RES）可以帮助政策团队与具有技术专长的国际研究人员建立联系，以便在影响评估方面进行合作。①

另外，政策制定者和项目实施者是否应该与私人公司或公共机构合作。私人公司或研究机构可以更可靠地提供及时的结果，但可以理解的是，私营公司往往不太愿意在签订合同后将使工作成本更高的因素纳入评估。研究团队也可以借鉴研究机构和大学的经验。他们的声誉和技术专长可以确保评估结果被利益相关者广泛接受。然而，这些机构有时缺乏业务经验和执行评估的某些能力，例如收集数据的能力。这些方面的工作可能需要分包给另一个合作伙伴。公共部门的能力建设也可作为一项目标，并可作为影响评估职责范围的一部分。无论评估组合最终是如何制定的，对潜在合作者过去开展的评估业务进行合理的审查并作出必要选择都至关重要。特别是在与负有多重责任的公共机构合作时，需要根据其承担的相关业务活动来确定内部研究小组开展影响评估活

---

① J - PAL 是 Abdul Latif Jameel 的贫困实验室。SPD 是泛美开发银行的战略规划和发展办公室。RES 是泛美开发银行的研究部。

动的能力。认识到工作量对如何开展影响评估、评估质量以及公共评估机构负责的其他工作的机会成本等都很重要。

如何安排评估时间

前文讨论了在项目准备阶段设计前瞻性评估的优势。提前规划对生成对照组有更多的选择、促使基础数据的收集以及帮助利益相关者就项目目标和相关问题达成共识都非常关键。

尽管在项目设计阶段做好评估规划准备工作很重要，但是执行评估的时间应该定在前面提到的"关键节点"，该点一般位于项目足够成熟、稳定，但尚未推广扩围之前。这是因为试点项目或新兴改革项目通常容易被修改，其中项目实施内容、实施方式、实施时间、实施地点和实施对象等可能会随时调整。项目供给方需要一段时间学习和适应新的操作规则。因此，评估需要通过明晰的项目运行规则来生成适当的反事实，所以在项目建立后将评估结果应用于完善项目是至关重要的。

评估启动时间的确定，要以确保取得准确的结果为准。这需要权衡，因为过早开展评估可能会导致只发现部分影响或根本没有影响；较晚开展评估可能会失去资助者和公众的支持，或者一个设计糟糕的项目已被推广实施范围（King 和 Behrman，2009）。[1] 需要对一系列因素进行加权，以确定何时收集随访数据。

（1）项目实施周期。包括项目持续时间、实施时间和潜在的延误。项目影响评估需要与项目实施周期相协调，影响评估不能驱动被评估的项目。就影响评估的性质而言，影响评估时间受制于项目实施时间，而他们必须与项目预期实施时间保持一致。当项目分配效应缓慢或受到外部影响而滞后时，评估时间和实施时间必须适应潜在的实施滞后。[2] 一般而言，虽然评估时间应该在项

---

[1] 关于与公共项目评估有关的时间问题的详细讨论，见 King 和 Behrman，2009。
[2] 有几个原因可以解释为什么项目实施既不会立即成效显著也不会很完美，为什么参与治疗的持续时间不仅在不同的项目领域不同，而且在不同的最终受益者之间也不同，以及为什么不同的接触时长可能会导致对项目的影响估计不同。详见 King 和 Behrman，2009：56。

目实施前就纳入计划，但评估人员应保持灵活，随时准备根据项目进展进行修改。此外，应该使用一个强有力的监测系统来跟踪干预措施，以便根据干预措施的实际进度来评估干预效果。

项目影响评估所需的预期时间，以及相关结果的性质。后续数据收集的时间必须考虑到项目实施后需要多少时间才能使结果得以显现。规划结果链有助于确定产出指标和衡量他们的适当时间。一些项目（如收入支持项目）旨在提供短期收益，而另一些项目（如基础教育项目）则更关注长期收益。此外，某些项目的产出（如医疗改革带来的预期寿命或生育能力的变化）比其他项目的产出（如培训计划带来的收入）效果呈现时间更长。

例如，玻利维亚社会投资基金评估是以1993年收集的初始数据为基础的，由于开展干预措施（水和卫生项目、诊所和学校）需要时间，对受益人健康和教育的影响（Newman 等，2002）也需要时间，但后续跟踪数据到1998年才收集。巴基斯坦一项小学教育项目的评估也需要类似时间，该项目采用了一种带有初始调查和后续调查的实验设计，以评估社区学校对学生成绩（包括学业成绩）的影响（King、Orazem 和 Paterno，2008）。然而，考虑到及时结果的压力或预算、项目实施周期的限制，低成本数据的收集往往要比建议的早（McEwan，2014）。

因此，何时收集后续数据将取决于正在研究的项目以及相关结果指标。在实验组仍在接受干预时，要多次收集随访数据，方便对比短期效益和中期效益。如果指标测量得太早，后续数据可能无法反映项目的全部影响。尽管如此，记录短期影响是非常必要的，这些信息可用于预测长期效应，并产生早期影响评估结果，促进研究团队和政策团队之间的沟通对话，保持与评估样本的联系，避免实验样本的逐渐流失。

在项目实施后，衡量长期效益的跟踪调查往往会产生关于项目有效性的最具说服力的证据。例如，美国学前儿童项目长期影响评估的积极效应（Currie，2001；Currie 和 Thomas，1995，2000）对牙买加（Grantham-McGregor 等，1994；Gertler 等，2014）学前儿童投资干预项目是有影响力的。

长期影响有时是明确的项目目标，但即使是强有力的影响评估设计也可能经不起时间的考验。例如，个体可能会从项目受益人的溢出效益中受益。评估团队也会多次收集随访数据，以便对比短期、中期和长期的项目效果。

（2）决策周期。评估的时间框架必须与项目的决策周期相协调，评估实施周期还必须考虑到什么时间需要某些信息来为政策决策者提供依据，并必须使影响评估和数据收集活动与关键决策点同步。项目成效产生应确保及时为政策决策、预算分配、项目扩展等提供支撑依据。最后，这种协调可以确保结果生成时间与决策点同步。

如何为影响评估做预算

预算编制是实施评估设计的最后步骤之一。在本节中，我们将回顾一些现有的影响评估成本数据，讨论如何为评估做预算，并提出一些可供选择的筹资方案。

（1）审查成本数据。表12-1和表12-2提供了与严苛地开展影响评估有关的费用标准。包括世界银行创新影响评估基金（the Strategic Impact Evaluation Fund，SIEF）资助的若干项目影响评估费用数据。其中，表12-1中的样本来自对SIEF资助的学前儿童教育发展研究集群项目的全面审查。表12-2中的样本是根据SIEF资助的一系列项目影响评估中现有的预算统计数据选定的。①

表12-1　　　　部分世界银行支持项目的影响评估费用

影响评估（IE）	国家	影响评估总成本^a（美元）	项目总成本（美元）	占比（%）
安全网项目	布基纳法索	750 000	38 800 000	1.9
移民技能发展和就业项目	中国	220 000	50 000 000	0.4
社会安全网项目	哥伦比亚	130 000	86 400 000	0.2
综合营养/工会福利制社会安全网试点项目	吉布提	480 000	5 000 000	8.8
社会部门投资项目	多米尼加共和国	600 000	19 400 000	3.1
教师绩效激励项目	几内亚	2 055 000	39 670 000	4.9

---

① 虽然表12-1和表12-2提供了有用的基准数据，但它们并不代表SIEF方案或世界银行开展的所有评价。

续表

影响评估（IE）	国家	影响评估总成本ª（美元）	项目总成本（美元）	占比（%）
社会保障项目	牙买加	800 000	40 000 000	2.0
慢性营养不良问题缓减项目	马达加斯加	651 000	10 000 000	6.1
社区儿童照护中心试点项目	马拉维	955 000	1 500 000	38.9
信息及无条件现金转移项目	尼泊尔	984 000	40 000 000	2.4
社会安全网技术援助项目	巴基斯坦	2 000 000	60 000 000	3.3
社会保障项目	巴拿马	1 000 000	24 000 000	4.2
第一社区生活水平项目	卢旺达	1 000 000	11 000 000	9.1
问责信息和教师激励干预	坦桑尼亚	712 000	416 000 000	0.2
班级规模和教师素质干预项目	乌干达	639 000	100 000 000	0.6
社会发展基金项目	也门	2 000 000	15 000 000	13.3
平均值		936 000	59 798 000	6.2

资料来源：世界银行战略影响评估基金的学前儿童教育发展研究组支持的影响评估样本。

注：IE = Impact Evaluation。

a. 项目总成本不包括与影响评估相关的成本。

表 12-1 和表 12-2 所列样本影响评估活动的直接费用在 130 万美元至 278 万美元，平均成本约为 100 万美元。虽然各项目评估费用①差异较大，且每个项目的评估费用绝对值看似很高，但其通常只占项目总预算的一小部分。此外，必须比较开展影响评估的成本与不开展严格影响评估的机会成本，因为未经评估的项目可能是无效的。影响评估有助于研究人员和政策制定者确定哪些项目或项目特征有效，哪些无效，以及哪些战略在实施项目目标方面最有效或最高效。从这个意义上来说，实施影响评估是一项所需成本相对较小但意义重大的投资。

表 12-2 列出了 SIEF 资助项目影响评估样本的费用。影响评估的总费用包括世界银行工作人员的时间成本、国际国内行业专家费、差旅费、数据收集费和宣传活动费等。② 与所有不能利用现有数据的评估一样，评估中成本最高的是新数据的收集费，平均约占评估总成本的 63%，如表 12-2 所示。

---

① 影响评估预算通常只占项目总预算的一小部分。此外，通常要比较影响评估费用与不开展严格影响评估的机会成本，从而避免实施无效项目。

② 在这种情况下，影响评估成本可按世界银行资助项目的百分比计算。

表 12-2 选定的世界银行支持项目影响评估的分类成本

影响评估	国家	总成本[a]（美元）	样本量	数据收集（%）[b]	员工和咨询顾问（%）[b]	旅游（%）[b]	传播和研讨会（%）[b]	其他（%）[b]
培养父母帮助儿童营养和健康的能力	孟加拉	655 000	2 574 个家庭	27	48	5	0	20
缩小罗姆学前儿童学习差距	保加利亚	702 000	6 000 个家庭	74	21	4	1	0
布基纳法索安全网项目中的幼儿发展和营养项目	布基纳法索	750 000	4 725 个家庭	55	20	3	1	21
社区教师薪酬	乍得	1 680 000	2 978 个学校	52	14	12	18	4
以家庭为基础的学前儿童发展干预措施	哥伦比亚	573 000	1 429 个人	54	36	2	2	7
综合营养/工作福利社会网试点项目	吉布提	480 000	1 150 个人	75	0	0	6	18
提高学习的监督和激励：TCAI绩效提升项目	加纳	498 000	480 个学校	51	46	3	0	0
教师绩效激励项目	几内亚	2 055 000	420 个学校	82	9	3	1	4
教育服务提供及支援项目	海地	436 000	200 个学校	40	31	17	3	9
激励教师工作的非财务外在和内在动机	印度	448 000	360 个学校	83	5	11	1	0
印度儿童综合发展战略中的幼儿在园活动机	印度	696 000	2 250 个人	49	43	5	3	0
以加强健康、营养、卫生和食品安全为目标的妇女自助团体	印度	844 000	3 000 个家庭	52	39	5	1	2
贫困家庭学前儿童项目	印度	1 718 000	2 588 个家庭	46	53	1	1	0
学前儿童营养卫生服务提供者的可用性与青年人的生活水平	印度尼西亚	2 490 000	6 743 个人	94	0	2	4	0
解决慢性营养不良	马达加斯加	551 000	5 000 个人	0	0	66	2	32
养育、营养和疟疾预防综合项目	马里	949 000	3 600 个人	58	22	4	5	11
通过社区教育助理加强教育质询咨询	墨西哥	268 000	230 个学校	70	26	3	2	0
加入私立综合教育模式	墨西哥	420 000	172 个人	45	48	5	1	1
早期读写技能干预的随机影响评估	莫桑比克	1 762 000	110 个学校	78	5	4	8	6

续表

影响评估	国家	总成本[a]（美元）	样本量	数据收集（%）[b]	员工和咨询顾问（%）[b]	旅游（%）[b]	传播和研讨会（%）[b]	其他（%）[b]
学前儿童发展和营养综合项目	莫桑比克	1 908 000	6 700 个家庭	74	8	5	7	7
健康保险试点项目	尼泊尔	485 000	6 300 个家庭	61	33	3	4	0
信息和无条件现金转移对营养的影响	尼日尔	984 000	300 个人	57	23	9	1	10
学前儿童培育及全面发展现金转移项目	尼日尔	984 000	4 332 个家庭	67	18	7	1	7
利用信息动态，用好问责利器	尼日利亚	1 052 000	120 个学校	59	25	8	3	6
补贴再投资，赋权方案以及妇幼保健倡议	尼日利亚	2 775 000	5 000 个家庭	76	13	6	4	2
社区参与农村贫困人口的私立学校建设	巴基斯坦	845 000	287 个学校	59	15	6	3	18
小学教师绩效契约选择和激励	巴基斯坦	2 124 000	2 000 个学校	26	25	5	2	42
在小学开展的宣传活动	卢旺达	797 000	300 个学校	79	7	3	1	11
关于问责制和教师激励干预的测试信息	南非	647 000	200 个学校	67	24	2	3	4
设计有效的教师激励方案	坦桑尼亚	712 000	420 个学校	86	6	7	2	0
有关艾滋病感染高危妇女的方案	坦桑尼亚	889 000	420 个学校	85	11	2	2	0
班级规模和教师素质的干预	坦桑尼亚	1 242 000	3 600 个人	90	7	2	1	0
公共部门和私营部门教育服务供给效率	乌干达	639 000	200 个学校	82	9	7	2	0
	乌干达	737 000	280 个学校	77	18	3	3	0
平均		1 026 000		63	21	7	3	7

资料来源：由世界银行战略影响评估基金资助的影响评估样本。

注：a. 评估成本并不总是包括评估所花费的总成本，还包括政策团队工作的时间。
b. 按类别划分评估总成本的百分比。这一费用不包括当地项目工作人员的费用，由于没有定期记录有关这些费用的准确数据，谁经常大量参与评估的设计和监督。

这些数据反映了不同规模和类型的项目评估成本。评估一个试点项目的相对成本通常高于评估一个全国性或普适性项目的相对成本。此外，有些评估只需要一次后续调查，或者可用现成的数据资源，而另一些评估则需要进行多轮数据收集。数据收集费用在很大程度上取决于当地评估团队的薪酬、调研评估样本的人均费用以及实地调研时长。要了解更多关于如何评估一项特定项目的调查费用，建议评估团队与国家统计局联系，并试着与国家统计调查队获取资料。

（2）为影响评估编制预算。执行严格的影响评估需要许多资源，特别是在收集原始数据时。预算支出内容包括至少一名主席研究员/研究员、一名现场协调员、一名抽样专家和一个数据收集团队人员等的工作经费。在整个评估过程中，还需要为政策团队的项目工作人员提供技术指导和支持。这些人力资源可能包括来自国际组织的研究人员和技术专家、国际或当地顾问以及地方项目工作人员。他们的差旅和生活费用也必须列入预算。在评估规划中应考虑以讲习班、报告和学术论文等形式提供宣传材料。

如前所述，评估中最大的成本通常是数据收集费（包括创建和试点测试调查）、数据收集材料和设备购置费、调查员培训、调查员日常工资、车辆和燃料费以及数据录入费等费用。计算上述投入的预算需要做一些假设，例如，完成调查问卷需要多长时间，以及在不同地点出差的时间。

影响评估的费用可能会在数年内分摊。表12-3中的预算案例显示了如何将影响评估的每个阶段支出按年度分摊，方便会计核算和报告。同样，在收集数据的年份，预算需求可能会更高。

（3）筹集评估经费的备选方案。影响评估工作的资金来源很多，包括项目资源、直接项目预算、研究拨款或捐助资金。通常情况下，评估团队会通过各种渠道筹集所需的资金。虽然评估资金过去主要来自研究预算，但对循证决策的日益重视增加了来自其他渠道的资金。如果一项评估很可能填补发展界更广泛关心的大量知识空白，如果一项可靠有力的评估结果可用于分配公共利益，则应鼓励政策制定者引导社会资本参与。资金来源包括各国政府、开发银行、多边组织、联合国机构、基金会、慈善家以国际影响评估倡议（International Initiative for Impact evaluation）等研究和评估组织。

表 12-3　　影响评估样本预算

	设计阶段				基线数据阶段			
	单位	单位成本（美元）	单位数量	总成本（美元）	单位	单位成本（美元）	单位数量	总成本（美元）
A. 员工工资	周	7 500	2	15 000	周	7 500	2	15 000
B. 咨询费				14 250				41 900
国际咨询（1）	天	450	15	6 750	天	450	0	0
国际咨询（2）	天	350	15	3 500	天	350	10	3 500
研究助理/现场协调员	天	280	0	0	天	280	130	36 400
统计专家	天	400	10	4 000	天	400	5	2 000
C. 差旅费和生活补贴								
员工：国际机票	旅行	3 350	1	3 350	旅行	3 350	1	3 350
员工：住宿及餐饮费	天	150	5	750	天	150	5	750
员工：市内交通	天	10	5	50	天	10	5	50
国际咨询：国际机票	旅行	3 500	2	7 000	旅行	3 500	2	7 000
国际咨询：住宿及餐饮费	天	150	20	3 000	天	150	20	3 000
国际咨询：市内交通	天	10	5	50	天	10	5	50
现场协调员：国际旅费	旅行		0	0	旅行	1 350	1	1 350
现场协调员：住宿及餐饮费	天		0	0	天	150	3	150
现场协调员：当地市内交通	天		0	0	天	10	3	30
D. 数据收集								126 000
数据类型1：赞同					学校	120	100	12 000
数据类型2：教育结果					孩子	14	3 000	42 000
数据类型3：健康结果					孩子	24	3 000	72 000
E. 数据分析和传播								
讨论会								
宣传/报告								
每个阶段的总成本	设计阶段			43 450	基线阶段			198 630

续表

	跟踪阶段数据，阶段Ⅰ				跟踪阶段数据，阶段Ⅱ			
	单位	单位成本（美元）	单位数量	总成本（美元）	单位	单位成本（美元）	单位数量	总成本（美元）
A. 员工工资	周	7 500	2	15 000	周	7 500	2	15 000
B. 咨询费				14 250				
国际咨询（1）	天	450	15	6 750	天	450	10	4 500
国际咨询（2）	天	350	20	7 000	天	350	10	3 500
研究助理/现场协调员	天	280	100	28 000	天	280	100	28 000
统计学专家	天	400	5	2 000	天	400	5	2 000
C. 差旅费和生活费								
员工：国际机票	旅行	3 350	1	3 350	旅行	3 350	2	6 700
员工：住宿及餐饮费	天	150	10	1 500	天	150	10	1 500
员工：地方市内交通	天	10	5	50	天	10	5	50
国际咨询：国际机票	旅行	3 500	2	7 000	旅行	3 500	2	7 000
国际咨询：住宿及餐饮费	天	150	20	3 000	天	150	20	3 000
国际咨询：地方市内交通	天	10	5	50	天	10	5	50
当地协调员：国际旅费	旅行	1 350	1	1 350	旅行	1 350	1	1 350
当地协调员：住宿及餐饮费	天	150	3	450	天	150	3	450
当地协调员：地方市内交通	天	10	3	30	天	10	3	30
D. 数据收集				126 000				126 000
数据类型1：赞同	学校	120	100	12 000	学校	120	100	12 000
数据类型2：教育结果	孩子	14	3 000	42 000	孩子	14	3 000	42 000
数据类型3：健康结果	孩子	24	3 000	72 000	孩子	24	3 000	72 000
E. 数据分析和宣传								55 000
讨论会						20 000	2	40 000
宣传/报告						5 000	3	15 000
每个阶段的总成本	跟踪阶段Ⅰ			201 530	跟踪阶段Ⅱ			254 130
					评估的总成本			697 740

【本章补充材料】

（1）关于本章的配套材料和其他补充资源的超链接，请参见政策影响评估实践官网（http：//www.worldbank.org/ieinpractice）。

（2）要获得一些帮助计划和实施评价的工具，请参见泛美开发银行评价门户网站（http：//www.iadb.org/evaluationhub），包括以下内容：

①设计部分：协助安排影响评估活动的甘特图，估算影响评估费用的预算模板工具，以及要开展的核心活动清单。编制甘特图，以协助安排影响评估活动；编制预算模板工具，以测算影响评估的费用；编制核心活动清单，方便开展影响评估。

②实施部分：主要研究人员、数据收集机构和技术支持机构的职权范围（TORs）样本。主要调查员、数据收集机构以及技术支持和监督的职权范围样本。

（3）关于帮助计划和实施评估的指南和工具，请参见世界银行影响评估工具包（Vermeersch、Rothenbühler和Sturdy，2012），包括以下内容：

①模块2：团队建设：主要调查员、评估协调员、数据分析员、当地研究人员、研究人员和其他相关人员的职责范围样本。主要调查员、评估协调员、数据分析员、当地研究人员、功率计算专家、数据质量专家、现场工作人员和其他人员的职权范围样本。

②为家庭和卫生设施提供实地手册和培训方案。

③模块3：设计：关于如何调整影响评估的时间、团队组成和预算的指标，以及预算模板。

④模块4：数据收集准备：关于安排数据收集活动的信息采集活动，并与利益相关者就数据所有权达成协议；甘特图；数据采集预算样本。所有权；甘特图；数据收集预算样本。

【本章参考文献】

[1] Bertrand, Marianne, Bruno Crépon, Alicia Marguerie, and Patrick Pre-

mand. 2016. "Impacts à Court et Moyen Terme sur les Jeunes des Travaux à Haute Intensité de Main d'oeuvre (THIMO): Résultats de l'évaluation d'impact de la composante THIMO du Projet Emploi Jeunes et Développement des competence (PEJEDEC) en Côte d'Ivoire." Washington, DC: Banque Mondiale et Abidjan, BCP – Emploi.

[2] Currie, Janet. 2001. "Early Childhood Education Programs." Journal of Economic Perspectives 15 (2): 213 – 238.

[3] Currie, Janet, and Duncan Thomas. 1995. "Does Head Start Make a Difference?" American Economic Review 85 (3): 341 – 364.

[4] Gertler, Paul, James Heckman, Rodrigo Pinto, Arianna Zanolini, Christel Vermeersch, and others. 2014. "Labor Market Returns to an Early Childhood Stimulation Intervention in Jamaica." Science 344 (6187): 998 – 1001.

[5] Grantham – McGregor, Sally, Christine Powell, Susan Walker, and John Himes. 1994. "The Long – Term Follow – up of Severely Malnourished Children Who Participated in an Intervention Program." Child Development 65: 428 – 493.

[6] IPA (Innovations for Poverty Action). 2014. "Researcher Guidelines: Working with IPA." September 1. http://www.poverty – action.org/sites/default/fi les/researcher_guidelines_version_2.0.pdf.

[7] King, Elizabeth M., and Jere R. Behrman. 2009. "Timing and Duration of Exposure in Evaluations of Social Programs." World Bank Research Observer 24 (1): 55 – 82.

[8] King, Elizabeth M., Peter F. Orazem, and Elizabeth M. Paterno. 2008. "Promotion with and without Learning: Effects on Student Enrollment and Dropout Behavior." Policy Research Working Paper 4722, World Bank, Washington, DC.

[9] McEwan, Patrick J. 2014. "Improving Learning in Primary Schools of Developing Countries: A Meta – Analysis of Randomized Experiments." Review of Educational Research. doi: 10.3102/0034654314553127.

[10] Newman, John, Menno Pradhan, Laura B. Rawlings, Geert Ridder, Ramiro Coa, and Jose Luis Evia. 2002. "An Impact Evaluation of Education, Health, and Water Supply Investments by the Bolivian Social Investment Fund."

World Bank Economic Review 16 (2): 241 – 274.

[11] Sturdy, Jennifer, Sixto Aquino, and Jack Molyneaux. 2014. "Learning from Evaluation at the Millennium Challenge Corporation." Journal of Development Effectiveness 6 (4): 436 – 450.

[12] Vermeersch, Christel, Elisa Rothenbühler, and Jennifer Sturdy. 2012. Impact Evaluation Toolkit: Measuring the Impact of Results – based Financing on Maternal and Child Health. World Bank, Washington, DC. http://www.worldbank.org/health/impact evaluation toolkit.

第十三章　影响评估的伦理学与科学

管理伦理和可信性评估

评估伦理学以保护参与评估的个人或人类受试者为中心,而评估方法的透明度有助于确保评估结果的公正、可靠和可信,并有助于扩大知识范围。

政策制定者和研究人员有共同的利益和责任来确保评估活动符合伦理规范,即评估结果是公正、可靠和可信的。如果不这样做,可能会使评估无效,并导致超出评估范围的问题。想象一下,一项影响评估会因公布个人数据从而危及一群体,或者一项评估使用不公平的项目分配机制,将最需要帮助的家庭排除在外。想象一下,一个评估表明一个项目非常成功,但没有提供任何数据来支持这种说法。这些案例中的任何一个都可能会引发公众的强烈抗议,可能会收到媒体、法院或其他地方的投诉,也会给政策制定者和研究人员带来争议。对评估的批评可能会波及项目本身,甚至破坏其实施。评估结果的可靠性和完整性也非常重要,当项目影响评估产生偏差或部分偏差时,政策制定者作出充分知情决策的能力将受到限制。

虽然影响评估与公共计划或项目相关,但它们也是一项研究活动,所以常在社会学领域开展。因此,评估团队必须遵守一些社会科学原则和规范,以确保评估方法和结果符合伦理规范和透明度。

运行影响评估的伦理学

当影响评估将受试者分为实验组与对照组,并收集和分析他们的数据时,评估团队有责任最大限度地减少个人可能受到伤害的任何风险,并确保参与评估的个人是在知情同意的情况下开展的。

（1）实验组与对照组分配的伦理学。与医学界的希波克拉底誓言（Hippocratic Oath）一样，评估伦理的首要原则应该是不伤害他人。最令人担忧的是，待评估的项目干预可能会直接或间接地伤害个人。例如，道路修复项目可能使生活在道路某些路段的家庭流离失所。或者，一个不考虑母语使用者的扫盲项目可能会损害土著社区。许多为发展项目提供资金的政府和国际捐助者使用保障框架来预防和减轻这类风险。虽然项目实施者负有项目保障措施的主要责任，但评估团队也应保持警惕，并验证项目是否符合这些框架。

另一个担忧是，拒绝潜在受益人参与项目可能会造成损害。一项基本原则是，不应仅仅为了评估而将某些团体排除在实验对象之外。只有当评估团队不清楚干预措施在特定环境下是否有用时，才应该开展影响评估。此外，如果评估表明项目具有成本效益（cost-effective），则项目的出资人（无论是政府、捐助者还是非政府组织）都应作出合理努力，在影响评估完成后将项目推广到包括对照组的范围。

本书所提倡的一个相关原则是影响评估不应决定如何分配项目。相反，影响评估应符合项目分配规则，以确保这些规则是明确和公平的。当评估规则不存在或不公平时，评估也可以帮助重新定义规则。遵循上述原则有助于确保伦理问题不会太多地来自影响评估本身，而是来自选择项目受益人时使用的伦理规范。尽管如此，对实验组与对照组的分配，可能会引发人们对拒绝向符合条件的受益人提供项目福利（program benefits）的伦理问题担忧。在第二篇第十一章中，我们强调了随机分配是一种可以应用于特定操作环境的方法。特别是，大多数项目的运作资金和行政资源有限，因此不可能同时惠及所有符合条件的受益人。这解决了评估伦理问题，因为即使没有影响评估，项目本身必须制定分配规则，并强制实施特定形式的配给。从伦理学的角度来看，应该让所有同等资格参与项目的人，都有同样的机会参与项目。随机分配法可以满足这一要求。在其他运营环境中，如果一个项目随着时间的推移而分步实施，则可随机选择同等受益人或受益人群体参与项目的顺序。同样，每个符合条件的受益人都有相同的机会成为第一个接受该项目的人。在这些情况下，较晚参与项目的受益人，可以作为早期受益人的对照组，产生可靠的评估设计，以及透明和公平的稀缺资源分配方法。

最后，当项目在有效性未知的干预措施中投入大量资源时，不开展评估也可能是一个伦理问题。在这种情况下，缺乏影响评估本身可能被视为不道德的，因为它可能会将不利于人们的浪费项目永久化，而项目资金本可用于其他更有效的干预措施上。影响评估产生的项目有效性信息可以引导公共资源投向更有效和更合乎伦理的地方。

（2）在数据收集、处理和存储过程中保护受试者。受试者权益可能受到损害的第二点是在数据收集、处理和存储阶段。如果家庭、教师、医生、行政人员和其他通过回答问卷或其他手段提供的信息是公开的，但是没有采取足够的保障措施来保护其匿名性，那么他们可能会受到伤害。这种伤害可能会波及受试者本人或其他所属的组织。以下是几个案例：

①在项目调查时，一名妇女分享了她关于计划生育做法的信息，她的丈夫（不赞成计划生育）无意中听到了她与普查员的谈话。

②当个人设法利用网络公开调查数据来确定特定家庭的收入和资产时，家庭隐私就会受到侵犯（并危及他们的安全）。

③一项研究使用不合格的统计员进行生物测量测试，如抽血。

④调查对象要求中途退出访谈，但在普查员的指示下完成了调查。

⑤调查数据用于识别反对某些政府政策的社区组织，并对其进行报复。

考虑到上述风险，根据适当的国家伦理规范或立法以及国际准则，主要研究人员和其他人员均有责任保障参与影响评估的人类受试者的权利和福利。[①]

世界卫生组织（WHO）建议采用以下基本标准来评估研究项目的相关测试者：

①应充分保护影响评估人类受试者的权利和福利。

②研究人员应取得参与者自愿签署的知情同意书。

③所涉及的风险和潜在利益之间的平衡应由独立专家团队评估并认可接受。

[①] 在缺乏国家伦理规范的情况下，研究人员和团队应遵循东京第二十九届世界医学大会（1975年10月）通过的《赫尔辛基宣言》和1966年12月16日联合国大会通过的《公民权利和政治权利国际公约》第七条。世界卫生组织和《贝尔蒙关于保护受试者的道德原则和准则的报告》（1974）提供了其他指导（http://www.hhs.gov/ohrp/policy/belmont.html）。人类研究国际准则汇编可查阅：http://www.hhs.gov/ohrp/international。

④应满足国家的特殊要求。

贝尔蒙特报告（Belmont）：保护人类受试者的伦理原则和指南（1978年国家委员会）确定了三项原则，这些原则构成了人类研究对象伦理行为的基础：

①尊重他人。研究人员如何获得研究对象的知情同意书？

②善行。研究人员将如何确保研究在不会造成损害的同时，最大化潜在利益并最小化潜在危害？

③公平。研究人员将如何确保研究权益和负担的公平、公正分配？

作为其保护人类受试者的关键要素，首席研究人员应将研究和数据收集协议报机构审查委员会（Institutional Review Board，IRB）[①]审查和批准，该委员会也被称为独立伦理委员会（Independent Ethics Committee，IEC）或伦理审查委员会（Ethical Review Board，ERB）。IRB是一个专门负责审查、批准和监督涉及人类受试者的生物医学和行为研究委员会。在研究开始前和实施期间，IRB会审查研究方案和相关材料，以评估研究其方法的伦理问题。在影响评估中，当研究需要收集家庭和个人数据时，IRB审查尤为重要。特别是，IRB会检查参与者是否有能力选择参与数据收集活动，以及他们的选择是否充分知情和自愿。最后，IRB审查是否有任何理由相信参与者的安全不会受到威胁。

首席研究员负责确定所有应审查和清理研究机构。许多国家都设有国家伦理审查委员会，多数大学也设有机构审查委员会。通常情况下，评估团队需要获得各自国家的国家道德审查委员会和研究者所属的大学机构审查委员会的伦理许可。然而在某些特殊情况下，影响评估可能是在没有国家道德审查委员会的国家开展的，或研究人员所在机构没有机构审查委员会的情况下进行的。此时，主要研究人员应与第三方机构审查委员会（可能是商业机构）签订合同。审查和批准过程可能需要2—3月，但时间取决于IRB委员会开会的频次。政策团队和研究团队应协调向IRB提交收集的文件和数据，以便在开始收集人类受试者数据之前能够获得必要的许可。

IRB审查是确保人类受试者得到保护的必要但不充分条件。IRB在社会科学实验方面的能力和经验，以及审查的重点方面，可能存在很大差异。IRB可

[①] 机构审查委员会（IRB）是一个专门负责审查、批准和监督涉及受试者研究的委员会。

能对当地情况了解不足，特别是当IRB距离评估活动所在地较远时，会导致无法识别对人类受试者的环境威胁。他们可能会过分强调调查问卷和知情同意书的措辞。或者他们可能会更关注学科领域或成熟经验，例如医学实验，其伦理规范对人类受试者的风险方面与社会实验有很大不同。当获得了IRB的批准后，保护人类受试者的思考也不能停止；相反，应该视为确保评估符合伦理的起点。

机构审查委员会通常要求提供以下信息以供审查：

①培训证据。许多IRB（以及许多国家伦理指南）要求研究团队接受保护人类受试者的培训，尽管培训模式因国家不同而不同。在本章结尾的附加资源部分列出了几个培训选项。

②研究方案。研究方案包括评估项目的核心要素，特别是研究目的和评估目标、核心政策问题、拟定的评估方法，以及研究团队如何确保人类受试者得到保护的描述。因此，研究方案是评估文件中的重要文件之一。研究方案通常包括以下与人类受试者参与项目有关的要素：选择研究对象（人类受试者）的标准、用于保护弱势人类受试者的方法和协议、用于确保人类受试者对所参与研究的风险和收益的告知程序，以及用于确保匿名的程序。调查公司应使用研究方案来指导实地调研过程。有关研究方案内容的更多信息，请访问世界卫生组织（WHO）官网查阅影响评估工具包。①

③请求和记录知情同意②的程序。知情同意是任何研究中保护人类受试者权利的基础之一。它要求人类受访者清楚地了解自己参与数据收集的目的、程序、风险和利益。一般而言，成年受访者的知情同意要求提供一份书面文件，其中包括保护受访者隐私的方法、受访者在任何时间点拒绝或停止参与项目的权利、对潜在风险和利益的解释、方便联系数据收集团队时的沟通渠道，以及为受访者预留参与数据收集及记录正式签订书面知情书的时间。有时，研究参与者无法作出参与的选择。例如，儿童通常被认为无法作出这种选择。因此，与有能力的成年人相比，未成年人不能同意参加调查；得到父母或监护人的书

---

① 世界卫生组织. 关于如何编写涉及人类受试者研究方案的指南，http://www.who.int/RPC/Research_Ethics/Guide_RP/en/index.html。

② 知情同意是保护人类受试者的基石。它要求人类受访者清楚地了解他们被要求参与的数据收集的目的、程序、风险和利益。

面许可后，他们才可以同意参加。虽然上述步骤是默认的知情程序，许多影响评估要求 RB 豁免一项或多项，不要求获得人类受访者的正式书面同意书。例如，当评估对象涉及文盲时，符合条件的潜在成人受访者通常不适用正式的书面同意，取而代之的是口头同意文件。①

④保护受访者隐私的程序。在存储和使用数据时，保护人类受试者的隐私是至关重要的。在数据收集过程中提供的所有信息都应匿名化，以保护人类受试者的身份。虽然研究结果可能会对外公布，但报告撰写方式应确保无法识别个人或家庭。为确保调查数据的机密性，应为每个调查对象分配一个唯一的加密识别号码（ID），并从公开可用的数据库中删除所有姓名和标识符。标识符包括允许识别个人或家庭的任何变量（如地址），或具有相同功能的任何变量组合（如出生日期、出生地点、性别和教育年限的组合）。如果研究团队预计，在随后的调查中需要跟踪受访者，他们将需要标识符，则可以保留一个单独的、安全的数据库，将加密的标识符与受访者的标识信息联系起来。② 除了加密个人身份外，还需要加密受访者所在的地点和机构。例如，如果家庭和个人使用加密 ID 进行编码，但村庄可被识别，则仍有可能通过调查中包含的特征来识别家庭。例如，一个特定村庄可能只有一户家庭拥有摩托车、七头牛和理发店。任何有权访问这些数据的人都可能找到这个家庭，这违反了对测试者家庭保密的原则。

通过开放科学确保评估可靠可信

影响评估的基本目标之一是估计项目对一系列相关成果的影响。第二篇讨论了一系列确保评估影响稳健的方法。精心设计和实施的影响评估应确保结果是公正的、可靠的和可信的，并有助于传播推广。如果评估结果是公正、可靠和可信的，并且可以在相关知识体系内加以解释，那么评估就有助于作出良好的政策决定，改善人们的生活。然而，在现实中，有几个问题会阻碍这一理想

---

① 有关数据收集过程中知情同意程序的更多信息，请参见世界银行的影响评估工具包。
② 有关 ID 分配的更多信息，请参见世界银行的影响评估工具包。

的实现。

在本节中，我们将讨论如何将影响评估中的一些科学问题转化为政策制定者的难题，并讨论预防或缓解这些问题的潜在措施。这些方法通常被归为开放科学，因为它们旨在使研究方法公开透明。[①] 大多数问题需要由研究团队处理，但政策团队在监督管理影响评估时需关注这些问题。表13-1对评估问题、政策影响和可能的解决方案进行了总结。

表13-1　　通过开放科学确保政策信息的可靠可信

研究问题	政策建议	通过开放科学预防和缓解问题
公开偏差。只有积极的结果才会公布。显示影响有限或没有影响的评估没有得到广泛传播	政策决策是基于扭曲的知识体系。政策制定者几乎不知道什么是无效的，并继续尝试/采取没有影响的政策	实验登记
数据挖掘。对数据进行切块分析，直到出现正回归结果，或者根据结果修正假设	采取干预措施的决定可能基于对影响的毫无根据的积极评估	事前分析计划
多重假设检验，分组分析。研究人员对数据进行了梳理分析，直到他们发现某些群体的积极结果。特别是，(1)某影响实际上并不存在，但多次测试得出的结论是他们存在，或(2)仅报告了重大影响	采取干预措施的决定可能基于对影响的毫无根据的积极估计	事前分析计划和专门的统计调整技术，如指数测试、家庭错误率和错误发现率控制[a]
不可复制性。结果无法复制，因为研究方案、数据和分析方法没有充分记录	政策决定可能基于被操纵（正面或负面）结果，评估结果可能是由计算错误造成的	数据文件登记注册，包括项目协议、组织代码、代码发布和数据发布[a]
错误和操纵可能不会被发现	不同研究结果无可比性	
研究人员对复制研究不感兴趣，期刊对复刻结果也不感兴趣	结果在其他情境下的有效性无法测试	更改刊发政策和资助政策，要求数据文档化并鼓励复制实验
干预措施不能被复制，因为干预方案没有充分记录	政策制定者可能无法在不同环境下复核干预措施	

a：关多重比较问题和潜在统计修正的基本介绍，请参见 https：//en.wikipedia.org/wiki/Multiple_comparisons_problem。

[①] 有关影响评估背景下开放科学建议的更多信息，请参见 Miguel 等，2014。

（1）出版偏差和实验登记。从事影响评估工作的研究人员通常愿意把评估结果发表在同行评议的期刊上，因为这有助于他们自己的职业生涯。然而，大多数发表在期刊上的结果显示了积极的影响。这就引出了一个问题，即显示负面结果或未显示出任何显著结果的评估会发生什么。研究人员几乎没有动力撰写不重要的结果或将它们提交给同行评议期刊发表，因为他们认为这些期刊对不显著的评估结果没有什么兴趣，而且期刊会拒绝他们的论文（Franco、Malhotra 和 Simonovits，2014）。这种出版偏差通常被称为"文件抽屉问题"（file drawer problem），因为结果保留在文件抽屉中，不会传播或发布。特定项目的影响评估可能会出现类似的出版偏差问题。政策团队、出资人和政府更有可能公布和宣传项目评估的积极结果，而不是负面或无结果。基于此，我们很难对那些无效的干预措施有一个清晰的认识。因为这些干预措施的结果往往不可用，而且现有的证据也相当失真。根据现有证据制定政策的决策者可能无法获得未公布的成效。因此，他们可能会继续尝试在其他地方推广上述政策。

注册实验是解决出版偏差的方法之一。应鼓励影响评估团队注册参与实验，政策团队在确保研究团队注册影响评估方面发挥着重要作用。在医学领域，注册实验非常普遍（而且经常是必需的），但它在社会科学领域才刚刚起步，包括在影响评估方面。注册意味着研究人员在实际开展评估之前，通过在注册表中记录评估的关键信息（见专栏 13－1），公开宣布开展影响评估的意图。因此，无论结果是否积极，都应该有一份含有已开展影响评估的完整清单。

注册是确保在现有知识体系不那么扭曲的前提下向前迈出的一大步。然而，这仍有许多挑战。例如，即使从注册中心可以清楚地了解影响评估，也可能不太容易获得评估结果的信息。影响评估可能会停止或可能无法很好地进行。即使评估没有结果，这些问题也会引发一系列其他问题，使结果更难以解释和执行。研究人员是因为评估设计和实施不当而没有发现结果，还是因为该项目确实没有产生影响？正如第十六章所讨论的，通过项目监控或从其他数据源收集的补充数据，有助于确保结果得到很好的解释。

【专栏 13－1】

科学社会实验登记处

由于研究的性质，公共政策的影响评估通常应在社会科学注册中心登记，而不是在医学注册中心登记。以下是几个示例：

第一，美国经济协会的随机对照三项实验注册表可访问：http://www.socialscienceregistry.org。截至2015年7月，它列出了71个国家的417项研究。

第二，国际影响评估倡议（the International Initiative for Impact Evaluation，3IE）负责管理国际发展影响评估登记处（RIDIE），该登记处专注于在中低收入国家与发展相关的影响评估，截至2015年7月，注册机构已注册了约64次评估。

第三，开放科学中心负责管理开放科学框架（the Open Science Framework，OSF），其侧重点略有不同，但它也可以作为一个注册中心（https://osf.io/）。OSF是一个基于云的研究项目管理系统，它允许在任何时间点创建研究快照，并具有持久的URL和时间节点。研究人员可以将他们的协议、研究假设、数据和代码上传到OSF，并共享结果网络链接，作为注册证明。

（2）数据挖掘、多假设检验和分组分析。影响评估的另一个潜在问题是数据挖掘，即操纵数据以获得积极结果的做法。数据挖掘可以以不同的方式进行自我检验。例如，当数据可用时，可能会对数据进行跑回归，直到出现积极的结果，然后根据该结果对假设进行修改，从而得出有吸引力的假设。原因如下，当我们对影响的显著性做统计测试时，需要使用显著性水平，例如5%。从统计上看，即使基本分布不足以保证产生影响，但20次冲击实验中就有1次会在5%的水平上产生显著影响（关于Ⅰ类错误的讨论，请参见第十五章）。通过数据挖掘，人们再也无法确定影响结果是实际结果，或者它是否纯粹来自测试的统计特性。这个问题与多重假设检验的问题有关：当一项研究包含许多不同的假设时，很有可能至少有一个假设会被纯偶然的积极检验证实（因为检验的统计特征），而不是因为真实的影响。分组分析也会出现类似的情况，当样本足够大时，研究人员可以尝试将实验样本进行细分，直到发现对某个分组的影响。同样，人们再也无法确定该子样本的影响结果是否是真实的结果，或者它是否纯粹来自测试的统计特征。

数据挖掘的另一个例子是，当数据收集继续或停止的决定取决于期中结果时：例如，计划对2 000户家庭开展现场调查，而实际调查了1 000户。如果减少的样本量产生了积极的影响评估结果，为避免发生额外数据改变结果的风险，决定停止数据收集，这就是数据挖掘。其他示例包括排除某些不合理的观察或子样群，或选择性地隐藏不合理的结果。虽然没有理由相信这些做法是普遍存在的，但只有少数引人注目、令人震惊的案例有可能破坏作为一门科学的影响评估。此外，即使是较小的数据挖掘案例，也有可能扭曲决策者在决定开始、继续或停止某种干预措施时使用的证据。

避免数据挖掘的常见建议。该计划在开展影响评估分析之前就确定了分析方法，进而明确了评估重点，并减少了分析开始后改变方法的可能性。预分析计划应详细说明要测量的结果、要构建和使用的变量、要进行分析的分组，以及在评估影响时使用的基本分析方法。如果需要，预分析计划还应包括研究人员对多元假设检验和分组检验提出的修正。例如，测试教育干预对五个不同学校组（1年级至5年级）和两个性别（男性和女性）的六种不同测验分数（数学、英语、地理、历史、科学、法语）的影响，将得出60种不同的假设，其中一种或几种假设必然会有一个显著测试。相反，研究人员可以提出计算一个或多个指标，并将指标组合成一个综合指标，以减少假设和分组的数量。①

虽然预分析计划有助于缓解数据挖掘的担忧，但也有人担心，它可能会对研究人员灵活地开展分析不利。例如，预分析计划可以指定整个结果链中干预的预期影响渠道。然而，一旦干预措施开始实施，可能会突然出现大量额外的、未预料到的因素。例如，如果政府考虑实施一种向医疗卫生提供者付费的新模式，人们或许会提出影响传导的路径。然而，很难预测每种可能的影响。在某些情况下，需要对供应商进行定性访谈，以准确了解他们如何适应变化，以及如何影响绩效。要把所有这些可能性纳入预分析计划是非常困难的。在这种情况下，研究人员必须在最初的预分析计划之外工作，而且不应为此受到惩罚。换句话说，预分析计划将评估转化为假设，从而为评估提供额外的可信度，而不仅是探索性研究。但研究人员应继续探索新的选项，这些选择可以在后续评估中转化为验证性研究。

（3）缺乏复制性。有两种复制性对影响评估很重要。首先，对给定的研究，初始研究团队以外的研究人员使用相同的数据和分析时，应该能够产生与初始研究人员相同（或至少非常相似）的结果。复制给定的影响评估结果是检查其内部有效性和无偏性的一种方法。当由于缺乏编码或数据信息的可用性

---

① 其他技术也可用。例如，参见 Anderson (2008)。

而无法复制研究或结果时，就可能存在分析中的错误和操纵未被发现的风险，不准确的结果可能会继续影响政策。幸运的是，数据、编码和协议的可获得性正在取得实质性进展。越来越多的社会科学期刊开始要求在发表结果的同时提供数据和编码。开放科学中心制定的《透明度和开放促进指南》等正在慢慢改变实践和激励措施。为确保结果能够复制，影响评估团队需要公开数据，并确保影响评估的所有协议（包括随机化协议）、数据集和分析代码都有文件记录、安全存储并足够详细。

其次，一旦评估完成，其他政策制定者和研究人员应该可以采取原始干预和评估方案，并在不同的背景或在不同的时间应用它们，查验结果是否适用不同的情况。评估结果缺乏复制性是决策者面临的一个严重问题。例如，一项评估表明，在学校引入计算机会有非常有利的结果，但这是唯一产生此结果的研究，以及其他研究人员无法在随后的类似项目评估中获得同样的积极结果。在这种情况下，政策制定者该怎么做？结果缺乏重复制可能有很多原因：比如，很难进行只是试图复制先前研究结果的评估；研究人员和出资人可能都对"模仿"研究感兴趣。又如，即使有复制研究的意愿和资金，复制也未必成立，因为原始研究方案（包括随机化方案）、数据和分析代码可能不可用或不够详细。支持影响评估的组织越来越多地努力鼓励跨环境复制。比如，就类似主题开展研究集群或促进多站点影响评估。

清单：影响评估的道德和可信度

政策制定者可以发挥重要作用，确保为合乎伦理和可信度的影响评估搭建合适的平台。特别是，政策制定者对确保项目分配规则的公平性负有主要责任，他们应该对研究团队使用的研究方法透明度负责。我们建议提出以下问题清单：

（1）实验组与对照组的分配是否公平？在何种情况下，那些需求紧迫的群体是否应该参与项目？谁将被排除在影响评估之外？

（2）研究团队是否已确定相关机构审查委员会或国家伦理审查委员会？

（3）在开始收集受试者数据之前，是否有足够的时间准备并向 IRB 提交研究方案并获得同意？

（4）研究团队是否将研究方案和预分析计划提交给社会科学实验登记处？

（5）是否有一种适当的程序，以确保干预的关键要素在发生时就被记录下来，而不仅是按计划进行？

（6）政策制定者是否了解评估结果可能表明干预措施无效，他们是否同意毫无保留地将这些结果公之于众？

（7）评估团队是否确定了即使研究团队无法在同行评议期刊上发布结果，评估数据和结果也将可用？

本章中确定的原则、问题和清单有助于确保您的影响评估既可信又合乎伦理。

【本章补充材料】

（1）有关本书的辅助材料和其他资源的超链接，请参见《政策影响评估实践》官网（http：//www.worldbank.org/ieinpropice）。

（2）美国国立卫生研究院（NIH）的人类受试者培训。

√ NIH 提供了一个在线培训，虽然专注于医学科学，但美国仍然提供了非常丰富的信息，只需一小时即可完成。参见 http：//phrp.nihtraining.com/users/login.php 和 http：//www.ohsr.od.nih.gov。

（3）迈阿密大学（CITI）合作机构培训计划实施人类受试者培训。

（4）CITI 为机构和个人提供多语种国际课程，但该课程需要付费（每人 100 美元起）。参见 http：//www.citiprogram.com。

（5）国际人类研究标准汇编。

√ 美国卫生与公众服务部每年会出版一份法律、法规和指导方针的汇编，以及管理涉及人类受试者的研究。2015 年版包括 113 个国家的标准，以及一些国际和区域组织的标准。该文件确定了国家和国际机构审查委员会（http：//www.hhs.gov/ohrp/international）。

（6）美国国际开发署（USAID）支持研究的人类受试者保护程序（http：//www.usaid.gov/policy/ads/200/humansub.pdf）。

（7）《透明社会科学研究最佳实践手册》，由 Garret Christensen 在 Courtney Soderberg（开放科学中心）的协助下编写（https：//github.com/garretchristensen/BestPracticesManual）。

∨ 这是一份透明的量化社会科学研究的最新、最佳实践工作指南。手册定期更新。

（8）《透明度和开放促进（TOP）准则》（http：//centerforopenscience.org/top/）。

∨ 这些指南可在开放科学中心官网上找到。

（9）获得认可的独立审查委员会和独立 IRB 服务的链接，请参见泛美开发银行评估门户官网（http：//www.iadb.org/evaluationhub）。

（10）有关数据收集的更多信息，请参见泛美开发银行评估门户官网（http：//www.iadb.org/evaluationhub）。

∨ 参见《人类受试者保护》中的数据收集部分。

∨ 请注意与人类研究保护计划认证协会（AAHRPP）的链接。AAHRPP 为 IRB 提供培训和认证。可在其网站上找到认证组织的列表。

（11）关于保护人类研究参与者的指南，请参阅世界银行影响评估工具包，模块 4（http：//www.worldbank.org/health/impactevaluationtoolkit）。

【本章参考文献】

[1] Anderson, Michael L. 2008. "Multiple Inference and Gender Differences in the Effects of Early Intervention: A Reevaluation of the Abecedarian, Perry Preschool, and Early Training Projects." Journal of the American Statistical Association 103 (484): 1481–1495.

[2] Christensen, Garret, with Courtney Soderberg. 2015. The Research Transparency Manual. Berkeley Initiative for Transparency in the Social Sciences. https：//github.com/garretchristensen/BestPracticesManual.

[3] Franco, Annie, Neil Malhotra, and Gabor Simonovits. 2014. "Publication Bias in the Social Sciences: Unlocking the File Drawer." Science 345 (6203):

1502 – 1505.

［4］Miguel, Edward, C. Camerer, Katherine Casey, Joshua Cohen, Kevin M. Esterling, and others. 2014. "Promoting Transparency in Social Science Research." Science 343: 30 – 31.

［5］National Commission for the Protection of Human Subjects of Biomedical and Behavioral Research. 1978. The Belmont Report: Ethical Principles and Guidelines for the Protection of Human Subjects of Research. U. S. Department of Health, Education, and Welfare Publication No. (OS) 78 – 0012. Washington, DC: Government Printing Office.

［6］Vermeersch, Christel, Elisa Rothenbühler, and Jennifer Sturdy. 2012. Impact Evaluation Toolkit: Measuring the Impact of Results – Based Financing on Maternal and Child Health. World Bank, Washington, DC. http://www.worldbank.org/health/impactevaluationtoolkit.

第十四章 宣传评估成果和实现政策影响

政策的坚实证据基础

项目影响评估是一项艰巨任务，需要多年的努力，和大量的财政和人力资源。交付的最终评估产品，包括一份 200 页的报告和多个附件。到这里任务完成了吗？

实际上，现在一个新阶段开始了，为确保所有这些努力以政策影响的形式得到回报。影响评估的根本目的是对过去的投资进行问责，并指导未来的政策决策，以实现更具成本效益（cost-effective）的发展，从而使稀缺资源产生尽可能高的社会回报。这些政策决定将受到从政治经济到意识形态等一系列因素的影响。但影响评估可以且应该通过提供一个坚实的证据基础来影响政策，将资源引导到行之有效的干预措施上。从新项目的早期阶段开始，甚至在它正在构思的时候，来自现有影响评估的证据也应为指导项目设计和下一组评估问题发挥核心作用。

通常情况下，影响政策的过程不会随着证据的产生而自然发生。影响评估[①]必须以严谨的方式回答相关政策问题，及时向主要利益相关者提供可操作的证据。但政策制定者和项目经理可能没有时间和精力深入研究一份 200 页报告的细节，并试图从中提炼出关键的发现和建议。通过影响评估产生的信息，需要以决策者容易获取和使用的方式进行包装和传播。

在本章中，我们将讨论影响评估影响政策的方式。您可能希望拜访关键群体，以及向目标受众传达和传播信息，以便评估实现政策影响。

影响政策的出发点是选择有助于决策的评估问题，如本书第一篇所述。在

---

① 影响评估必须以严谨的方式回答相关的政策问题，及时向主要利益攸关方提供可操作的证据，并以政策制定者易于获取和使用的形式传播证据。

设计影响评估的早期阶段，政策制定者和评估人员可能会从一系列问题清单开始。这些问题应与利益相关者和决策者等关键群体一起审查，他们最终将使用影响评估来制定决策。问题清单通常会随时调整和改进，包括数量有限但精心制定的问题，这些问题既与政策相关，也可以通过影响评估来回答，本书第二篇中讨论的方法可用。同时，让政策制定者确定重要问题，并让评估团队衡量回答这些问题的技术可行性，这是影响政策的关键一步。

一旦项目启动，影响评估可能会产生重要的分析输入，在项目和影响评估取得成果之前为政策提供信息。一个常见的例子是基线调查（baseline survey）或短期结果分析。基线调查通常为一个项目提供第一个全面的、针对特定人群的数据，提供描述性统计数据，用于项目设计和政策对话。虽然一个项目可能通过国家调查或诊断研究对其目标人群有一个总体描述，但基线调查可能为该项目实施的特定子人群或地理区域提供第一个详细信息。例如，一项旨在通过营养补充改善儿童营养的项目，可能会从现有调查中获得国家水平上发育迟缓和消瘦率的统计数据，但基线调查可能会为该项目实际服务的儿童群体提供营养状况和饮食习惯的第一个衡量标准。这类信息对于调整干预设计是有价值的，并且必须及时提供给政策团队（最好是在干预实施之前），以影响项目的设计。专栏14-1是莫桑比克的一个例子。

一些影响评估，特别是那些依赖于行政数据源或常规调查的评估，可以产生中间结果，并在项目实施过程中反馈给项目。这些结果为因果路径上的指标变化提供了宝贵的信息和建议，允许项目实施和评估活动随时调整。例如，如果项目进行到一半时，发现短期效应没有明显，则建议项目实施业务评估，以发现瓶颈并采取纠正措施。评估时间可以调整，以避免在干预结果生效之前进行成本高昂的最终调查。以儿童营养项目为例，如果对营养补充剂分配的行政数据分析表明，补充剂没有达到预期的受益人，可以提醒政策团队对其供应链进行审查。为测量儿童身高和体重的高成本后续调查可能会推迟到项目有效运行后的几个月，因为没有充分的理由相信，如果营养项目没有惠及参与者，它会更快产生影响。

【专栏 14-1】

莫桑比克创新学前教育模式的政策影响

回顾一下，在第一章专栏1-2中，对莫桑比克儿童社区学前项目评估是该国国家幼儿发展政策的重要投入。然而，即使在项目结束之前，评估也为该国在这一领域的政策辩论提供新的和具有启发性的信息。评估的基线调查产生了第一次以人口为基础的儿童发展专门测试，使用了适合莫桑比克国情的儿童发展专门测试，并由专业调查人员收集。尽管数据来自莫桑比克一个省的一组选定社区，但基线统计数据提供了该国儿童发展成果的快照，表明许多儿童从语言和沟通到认知和社会情感发展的许多方面都落后了。

评估小组在研讨会和讲习班上介绍了基线调查结果，并与高层决策者、国际捐助者和学前儿童发展界的主要利益攸关方讨论了调查结果。通过影响评估产生的数据进一步加强了在这一领域投资的必要性，并在动员对该国幼儿议程的支持方面发挥了催化作用。完成的评估甚至通过各种渠道传播，包括政策说明、视频和博客，其中一些已在国际影响评估倡议（3IE）网站上进行了汇总。

影响评估往往会产生大量信息，从评估设计的技术基础到描述性统计和影响分析，包括数据集、统计代码和报告。至关重要的是，评估团队应努力记录整个评估周期的所有信息，并尽可能将相关（非保密）技术文件对外公开，如通过专用网站。最终，评估结果的可信度将取决于实施评估的方法和严谨程度。完全透明加强了评估的可信度及其影响政策的潜力。

虽然完整性和透明度至关重要，但大多数信息的消费者不会深入研究细节。评估团队将负责提炼出一组可管理的关键信息，总结与政策最相关的结果和建议，并在受众中一致地传播这些信息。传播活动的顺序对政策影响也至关重要。除非政策团队另有约定，评估结果的第一轮陈述和咨询应在内部进行，由项目工作人员、经理和政策制定者参与。将不成熟的结果泄露到公共领域，可能会损害项目的声誉，并对评估的政策影响造成持久损害。

为不同受众定制沟通策略

影响评估结果至少有三个主要受众：参与评估特定项目的工作人员和管理人员，将利用评估为出资人和政策设计决策提供信息的高层决策者，以及实践共同体，广泛包括学术界、行业从业者、民间组织（包括媒体）和项目参与者。这些受众对评估结果有不同的兴趣,需要量身定制沟通策略,以实现宣传影响政策的目标(见表 14-1)。

表 14-1　　吸引主要群体参与政策影响:原因、何时和如何

	项目人员和经理	高层决策者	民间组织和社会团体
原因	他们可以成为影响评估和证据使用的拥护者	他们需要理解为什么这个问题很重要,影响评估如何帮助他们作出更好的决策,最终结果将告诉他们应该把精力(和可用资金)投向哪里	他们需要有关发展项目影响的证据,以便作出决定,设计新项目,在其他国家复制成功的项目,并开展有助于改善生活的研究
何时	甚至在项目推出之前,并在整个过程中持续频繁地互动 基线数据可用于调整干预措施。他们是最先对评估结果发表评论的人	在确定评估问题时,在评估开始之前,以及当最终结果确定时。重要的是,高层决策者要了解为什么要进行影响评估,以及评估结果如何帮助他们	根据所评估的项目,民间组织、社会团体和行业专家可以成为重要的地方捍卫者(champion)。一旦评估结果最终确定并通过项目工作人员和政策制定者的审查,就应传播信息
如何	在研讨会上介绍证据在政策制定中的作用,使项目经理参与评估设计。在关键点跟进会议;在收集基线数据后、在收集中期结果后及在项目结束时	出席国家性研讨会,并寻求与高级员工直接会面,以解释他们的工作 鼓励项目经理、技术人员和中层决策者随时向各部门通报影响评估情况。当最终证据确定后,要提交给高层决策者 如果可能,应该包括成本效益或成本效益分析及下一步工作建议	公共活动和研讨会及会议的论坛、工作论文、期刊文章、媒体报道和网络材料等都是接触这些受众的途径

技术人员和管理人员。第一批关键受众包括技术和操作人员、设计和项目管理人员,以及与项目密切相关的机构(如部委或基金机构)的个人。这些人通常会第一时间看到评估结果,并对评估解释和建议提出意见。

由于这通常是评估结果的首次公开,因此向这些关键群体发布信息的时机至关重要。一方面,尽早分享评估结果是很重要的,项目决策者可以结合政策执行环境作出政策调整决定,例如扩大(或缩小)干预或调整项目组成部分,以改善资源的使用并实现更大的影响。另一方面,警告不要分享基于部分或不完整的分析。这些结果可能会发生变化。它们的发布可能会给项目人员产生期望,并促使过早作出政策决定,而这可能会在未来付出代价。因此,在与项目

团队初步传播成果时，应寻求及时性和完整性之间的适度平衡。这通常发生在评估团队开展了彻底分析和稳健性检查之后，但是在最终结果、解释和建议形成之前。

项目工作人员和管理人员通常对评估方法和分析的技术细节以及初步调查结果和建议的细节感兴趣。对结果的初步讨论可能非常适合于研讨会式的会议，由评估团队进行陈述，并有充分的时间澄清各方的问题和意见。这些初步讨论通常会丰富最终的分析，为结果解释提供信息，并帮助调整最终建议，使其最适合指导项目的政策目标。与项目工作人员和管理人员的初步讨论将是讨论意外或有潜在争议结果的好机会，并在预期影响评估公开披露的情况下提出政策建议和应对措施。

负面结果（包括发现没有影响）或意想不到的结果可能会让项目工作人员和管理人员失望，他们在项目中投入了大量时间和精力，但也起到了促使政策重新制定的关键作用。例如，如果发现项目因实施方面的挑战而未能实现其主要目标，则可以采取措施解决这些问题，并在以后重新评估改进项目。如果项目在短期内不会产生影响，或者仅在结果链的一个分组样本中产生影响，并且有理由相信需要额外的时间才能达到最终结果，那么评估可以提出并捍卫初始结果，并可以在未来的某一天计划额外的测量。最后，如果干预很明显未产生预期的利益或意外造成伤害，那么项目经理可以立即采取措施停止干预或重新制订实施方案。这样，当评估结果公开时，负责制订计划的决策者可以提前宣布纠正干预措施，并制定应对措施，以解决政策辩论或媒体提出的棘手问题。

高层决策者。第二个关键群体是高层决策者，他们会根据影响评估结果作出决策，如是否扩大、维持或减少政策资金投入。高层决策者包括国家立法机构、总统和总理、部长和首席秘书、董事会或出资人。一旦评估结果确定，并分别通过了项目工作人员、管理人员审查和外部技术专家的审查，评估结果通常要告知上述利益相关者。其间，评价团队需要集中精力以便利的方式传达关键成果和建议，评估的技术细节可能是次要的。高层决策者倾向于使用成本效益分析将影响转化为具有经济意义的价值，或通过成本效益分析与其他干预措施进行比较。这些参数将有助于政策制定者了解项目是否值得投资，以推进一个重要的发展目标。高层决策者也可能会利用评估结果推进他们的政治议程，例如游说支持（或反对）某项评估支持（或不支持）特定的公共政策。评估团队可以与宣传专家合作，以确保正确结果和相关建议得到正确解释，并确保传播战略中的信息与评估结果保持一致。

实践共同体。实现政策影响的第三个关键群体，广泛包括方案或国家背景直接领域之外的评估消费者。这一异质群体包括与评估相关部门的实践团体，包括行业从业者、学术界、民间组织和其他国家决策者。特定项目之外的行业从业者，可能对使用评估结果为新的或现有方案的设计提供信息。这些从业者既会对评估的细节（方法、结果、建议）感兴趣，也会对可以帮助他们更有效地实施自己项目的操作经验和建议感兴趣。另外，学术界可能对评估方法、数据和实证结果更感兴趣。

在社会实践中，会有媒体和项目参与者两个关键的支持者。通过媒体向公众通报评估结果，可以在实现公共支出问责制、建立公众对评估建议的支持以及维持有效政策方面发挥关键作用。这尤其适用于新的和创新的政策，这些政策结果最初是不确定的，或者是政策实施中有争议。如果这项评估能够从经验上揭示迄今为止主要是理论或意识形态上的争论，那么它将成为政策变革的有力工具。

最后，项目参与者应参与宣传工作。参与者在项目中投入了时间和精力，并花费了大量时间提供信息，以实现评估。确保项目参与者能够获得评估结果并随时了解评估结果，这是一个小而重要的动作，有助于维持激发他们对项目的兴趣或未来参与影响评估。

宣传评估结果

接下来，我们将讨论各种策略，以告知这些关键选区并实现政策影响。理想情况下，评估规划的早期阶段将包括宣传活动或政策影响战略。该一策略应事先商定，明确说明评估政策目标（例如，扩大更具成本效益的干预模式）、评估项目的主要目标对象、要使用的宣传战略以及开展传播活动的预算。虽然宣传活动和产品格式和内容会因具体情况而异，下文会提供一些提示和指南。专栏14-2列出了一些宣传推广工具。

【专栏 14-2】

宣传推广工具

以下是宣传影响评估的渠道示例：

(1) 制定有关项目影响评估结果的幻灯片；

(2) 让受益人录制视频，讲述他们对项目实施的看法以及项目如何影响他们的生活；

(3) 解释评估结果并总结政策建议的简短政策说明；

(4) 研究人员和政策制定者解释评估结果重要性的博客；

(5) 基于项目最终产出的完整评估报告，并附有强有力的执行摘要，以确保读者能够快速理解主要的发现；

(6) 邀请媒体到现场，让记者看到项目的实际情况并报道结果。

评估报告通常是完整评估集的第一个出路。我们建议报告篇幅维持在 30 页至 50 页，包括 1 页或更少的摘要，以及 2 页至 4 页的包含主要结果和建议的执行摘要。技术细节、相关文档和支持性分析，如稳健性和伪造测试，可在附件或附录中提出。

将影响评估作为学术工作论文或文章发表在同行评议的科学期刊上，可能是一项费力但却非常值得的工作，这是撰写评估结果的最后一步。出版过程所需的严格同行评议，将为分析和解释评估结果提供宝贵的反馈，出版是向政策制定者传递关于评估结果的质量和可信度的强烈信号。

根据已商定的宣传战略，评估报告和论文可通过各种渠道发表，包括项目网站，评估机构官网，或者作为工作论文系列、同行评议学术期刊和书籍的一部分。

虽然评估报告和学术论文是传播战略的基础，但可能受到篇幅和学术语言的限制无法接触到实物界和学术界之外的、更广泛受众的影响。评估团队虽然与宣传行业专家合作，以清晰简单的语言、以讲故事或新闻的方式编写短文，向更广泛的受众传播。短文章可以以政策简报、通讯、公告和信息图表的形式发表。对于这些出版物而言，消除技术壁垒并将结果转化为具有视觉吸引力的表现形式，包括图片、表和图，将特别有帮助（见专栏 14-3）。

【专栏 14-3】

有效宣传影响评估

各种出版物以易于访问和用户友好的格式展示了影响评估的结果。其中包括以区域为重点的两项更新:

(1) 拉丁美洲和加勒比地区各项目的影响评估结果收录在《发展成效概览》(Development Effectiveness Overview) 中,该报告由泛美开发银行战略规划和发展效率办公室每年出版。评估结果总结在简短、易读的文章中,其中包括一页信息图表摘要,以数据、图形和图标提炼出关键的影响评估问题、评估方法、评估结果和政策建议,使读者能够快速直观地掌握关键信息。《发展成效概览(2014 版)》(The 2014 Development Effectiveness Overview) 包括对阿根廷旅游业、多米尼加共和国职业培训、玻利维亚农业生产力和秘鲁青年管弦乐队等项目的影响评估结果。

(2) 世界银行的《更新版的非洲影响评估》(The World Bank's Africa Impact Evaluation Update) 汇集了非洲地区的最新证据。2013 年重点关注性别问题,2014 年重点关注农业和土地问题。

资料来源:http://deo.iadb.org 和 http://www.worldbank.org。

评估团队可以生成一套演示文稿,并附上书面报告和短文。演示文稿应为特定受众量身定做。一个好的起点是为项目工作人员和学术听众制作一份学术报告,并为政策制定者和民间组织制作一份简短且通俗易懂的报告。虽然主要结论和政策建议是相同的,但这两种报告的结构和内容会有重要的差异。学术报告演示应该在达到结果和建议之前,通过对评估方法、数据和分析的介绍,为结果建立可信度。针对政策制定者的介绍应强调干预措施要解决的发展问题以及研究结果的现实意义,同时略去技术细节。

为了利用发展中国家扩大互联网接入和制作多媒体的低成本替代方法,评估团队还可以考虑利用各种媒体传播评估结果,从网站到音频和视频片段。短视频片段可以是通过图像和声音传递复杂思想的有效方式,使评估故事比传统印刷媒体以更快速、更全面的方式展开(见专栏 14-4)。

【专栏 14-4】

在线传播影响评估

以下是影响评估结果在线传播的一些值得注意的例子：

（1）国际影响评估倡议（3IE）按部门组织影响评估的证据，包括政策简报、系统审查和证据差距图。

（2）Abdul Latif Jameel 贫困行动实验室（J-PAL）宣传由研究人员开展影响评估评估的证据，包括政策简报、成本效益分析和学术论文链接。

（3）世界银行的发展影响评估（DIME）介绍了世界银行项目影响评估结果的简报、通讯和报告。

（4）世界银行战略影响评估基金（SIEF）包括视频、简报和访谈。

最后，有了各种宣传品，评估团队必须积极主动地将这些产品传播给项目、政府和更广泛实践社区中的消费者，使潜在用户能够接触到这些消息，并将其融入决策过程和政策辩论。宣传过程涉及评估团队和项目经理之间的线下会议，向高层决策者进行游说，在学术界和实践界成员聚集以了解发展和评估最新进展的研讨会和其他会议上发表演讲，通过广播和电视的采访、新闻节目，越来越多地通过互联网进行采访和新闻节目。博客和社交媒体是一种可以接触到大量的潜在用户，并引导读者从给定评估中获得一系列成果的经济高效方式（见专栏 14-5）。虽然评估策略会因具体情况而异，但我们建议尽早规划和编制宣传活动的渠道和预算，以便评估结果能够快速有效地传递给预期受众，从而最大限度地发挥政策影响。

【专栏 14-5】

影响评估博客

以下是一些定期发布影响评估结果的博客案例：

（1）世界银行发展影响博客（World Bank Development Impact Blog）。

（2）泛美开发银行发展效率博客（Inter-American Bank Development Effectiveness Blog）。

（3）扶贫行动创新博客（Poverty Action Blog）。

第十四章 宣传评估成果和实现政策影响

【本章补充材料】

（1）有关本书的辅助材料和其他资源的超链接，请参见《政策影响评估实践》官网（http://www.worldbank.org/ieinpropice）。

（2）国际影响评估倡议（3IE）和海外发展研究所（ODI）开发了一个在线政策影响工具包，以帮助传播和使用影响评估的证据进行决策。

【本章参考文献】

[1] Imbens, Guido W., and Donald B. Rubin. 2008. "Rubin Causal Model." In The New Palgrave Dictionary of Economics, second edition, edited by Steven N. Durlauf and Lawrence E. Blume. Palgrave.

[2] Rubin, Donald B. 1974. "Estimating Causal Effects of Treatments in Randomized and Nonrandomized Studies." Journal of Educational Psychology 66 (5): 688–701.

第四篇

如何获取影响评估数据

本书第四篇提供了如何获取影响评估数据的指导，包括选择样本和寻找足够的数据来源。

第十五章讨论了如何从目标人群中抽取样本，以及如何进行统计效力计算以确定影响评估样本量。本章重点描述采样和统计效力计算的主要原理。明确政策团队需要向负责采样和统计效力计算的研究团队或技术专家提供的关键要素。

第十六章回顾了影响评估可使用的各种数据来源。它强调何时可以使用现有的数据源，包括管理数据。由于许多评估需要收集新数据，本章讨论了收集新调查数据的步骤：确定谁收集数据、开发和测试数据收集工具、进行实地调查和质量控制，以及处理和存储数据。

第十七章是对整本书的总结。它简要地回顾了精心设计的影响评估核心要素，以及进行影响评估时减轻常见风险的一些提示。它还提供了一些关于影响评估和相关制度化工作成果的最新观点。

第十五章 选择样本

采样和统计效力计算

一旦确定使用哪种评估方法来选择一个对照组并估计反事实，开展影响评估的下一步工作就是确定需要什么样的数据和样本来精确估计实验组与对照组之间的结果差异。在本章中，我们将讨论如何从目标人群中抽取样本（抽样），以及如何确定项目影响精确估计（统计效力计算）所需要的样本量。采样和统计效力计算需要特定的技术技能，通常会委托给行业专家。在本章中，我们将介绍执行采样和统计效力计算的基础知识，并重点介绍政策团队需要向行业专家提供的关键要素。

绘制样本

抽样是从目标群体中提取样本单位以估计总体特征的过程。采样通常是必要的，因为通常不可能直接观察和测量所有目标人群的结果。例如，如果想了解一个国家两岁以下儿童的平均身高，直接访问和测量所有儿童的身高是耗时、耗力、耗财的。相反，从目标人群中抽取儿童样本可以用来推断人口的平均特征（见图 15-1）。

从目标人群中抽取样本的过程至关重要。抽样原则为绘制具有代表性的样本提供了指导。在实践中，绘制样本有三个主要步骤：一是确定目标人群；二是确定样本框；三是根据统计效力计算的需要，从样本框中抽取尽可能多的样本个体。

首先，需要明确界定目标人群。这需要准确地指定目标人群中用于衡量结

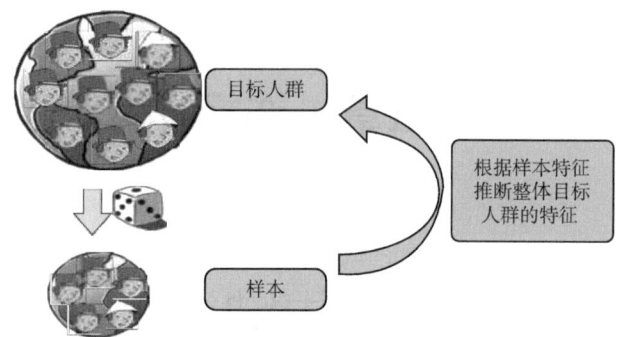

图 15-1 使用样本推断感兴趣人群的平均特征

果的样本单位,并明确定义地理覆盖范围或任何其他相关属性,以限定目标人群。例如,如果您负责管理一项学龄前儿童发展项目,且计划测算一下该项目对全国3—6岁幼儿认知结果的影响,仅针对农村地区的儿童,或仅针对学龄前儿童。

其次,一旦确定了目标群体,就必须建立一个样本框。样本框是获得目标样本的最全面清单。理想情况下,样本框应该与目标群体完全一致。① 对目标人群进行全面和最新的普查将构成一个理想的样本框。在实践中,现有的名单,如人口普查、设施普查或入学名单等,通常被用作样本框。

需要一个适当的样本框,以确保分析样本得出的结论可以推广到所有目标群体。事实上,与目标群体完全不一致的样本框会产生覆盖偏差,如图 15-2 所示。如果出现覆盖偏差,评估结果对所有目标人群不具有外部有效性,而仅

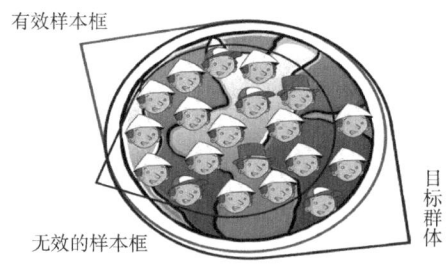

图 15-2 有效的采样框架覆盖了所有目标人群

---

① 样本框是在目标人群可以得到的最全面的单位列表。如果样本框与目标人群不完全重叠,就会发生覆盖偏差。

对样本框中包含的人群具有外部性。从样本中计算出的统计数据在很大程度上可以推广到目标人群的程度取决于覆盖偏差的大小，换句话说，样本框和目标人群之间不重叠。

覆盖偏差构成了一种风险，因此样本框的构建需要谨慎努力。例如，人口普查数据可能包含人口中所有单位的名单。然而，如果从人口普查开始到收集样本数据跨越很长时间，那么样本框可能不再是最新的。此外，人口普查数据可能不包含有关特定属性的足够信息，无法构建样本框。如果研究对象包括学龄前儿童，则人口普查没有学龄前儿童入学数据，则需要补充入学数据或设施列表。

最后，一旦确定了总样本和样本框，就必须选择一种绘制样本的方法。可以使用各种替代程序。

概率抽样法是最严格的方法，因为它们为要绘制的每个单元指定了一个定义明确的概率。[①] 三种主要的概率抽样方法如下：

（1）随机抽样。总体中每一个单位都有相同的概率被画出来。[②]

（2）分层随机抽样。目标人群被分成若干组（如男性和女性），并在每组内进行随机抽样。因此，每个组（或阶层）中的每个单元都具有相同的绘制概率。如果每个群体都足够大，分层抽样就有可能不仅在人口水平上，而且在每个群体内部得出干预结果。当您希望对人口中较小（如少数群体）的分组样本进行抽样以便更仔细地研究时，分层抽样就非常有用。分层对比较这些分组样本之间的项目影响评估至关重要。

（3）整群抽样。样本按集群分组，并绘制集群的随机样本。此后，要么这些集群中的所有单元构成样本，要么随机抽取组中的一些单位。这意味着每个集群都有一个明确定义的被选择概率，并且被所选中的整群内的样本也有明确定义被绘制的概率。

在影响评估中，抽取样本的程序通常由被评估项目的资格规则决定。正如关于样本量的描述，如果实施的最小可行样本大于观察样本，则随机分配效益将产生集群。因此，在影响评估研究中经常出现整群抽样。

[①] 抽样是从样本框中抽取样本的过程。概率抽样为每一个被绘制的单元分配一个明确的概率。

[②] 严格来说，样本是从样本框中提取的。在讨论中，我们假设样本框与总体完全重叠。

非概率抽样会产生严重的抽样误差。例如，假设要开展一项全国性调查，要求一组采访者从每个村庄离学校最近的住所收集家庭数据。当使用这种非概率抽样程序时，样本很可能不能代表所有的目标人群。特别是，由于不调查偏远住宅，因此会产生覆盖偏差。

有必要仔细注意样本框和采样程序，以确定从给定样本获得的结果是否可以推广到所有目标人群。即使样本框具有完全的覆盖范围，并且使用了概率抽样程序，非抽样误差也会干扰影响评估的内部有效性和外部有效性。第十六章讨论了非采样误差。最后，有时会混淆随机抽样和随机分配。专栏 15 – 1 清楚地表明，随机抽样与随机分配有很大不同。

【专栏 15 – 1】

随机抽样不足以进行影响评估

随机抽样和随机分配有时会引起混淆。如果有人自豪地告诉您，他们通过随机抽样方式对实施影响评估的参与者（包括参与者和非参与者）进行访谈，那该怎么办？假设一群人参加了就业计划，而另一群人没有参加，如果从这两组中随机抽取一个样本进行影响评估，会怎么样？图 15 – 3 说明通过随机抽样获得的参与者和非参与者。

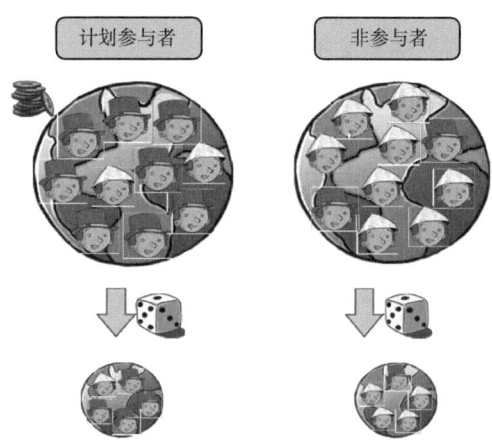

图 15 – 3　不可比较的参与者和非参与者群体的随机抽样

如果参与者和非参与者具有不同的特征，那么参与者和非参加者的样本也会具有不同特征。随机抽样不能使两个不可比较的组具有可比性，因此不能为影响评估提供内部有效度。这就是随机抽样不足以开展影响评估的原因。

从第二篇的讨论中可以清楚地看到，项目福利的随机分配不同于随机抽样。随机分配过程从符合条件的目标人群开始，并使用随机分配法确定干预的实验组与不接受干预的对照组样本（通常由人或一群人组成，如学校的儿童）。图15-3和图15-4中样本随机抽样程序不同。如第二部分所述，当随机分配得到很好的实施时，它有助于影响评估的内部有效性。随机抽样有助于确保外部有效性方面是有用的，只要样本是从目标人群中随机抽取的。

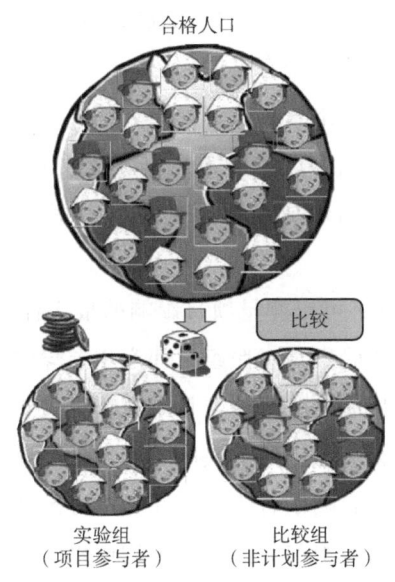

图 15-4　实验组与对照组之间的项目成效随机分配

在本章的其余部分，我们将讨论样本规模如何影响评估的精度。很明显，需要相对较大量的样本才能获得总体特征的精确估计。还需要更大的样本，以便更准确地估计实验组与对照组之间的差异，即估计项目的影响。

确定影响评估的样本规模：统计效力计算

如前所述，抽样描述了从目标群体中抽取样本个体以估计该群体特征的过程。样本量越大，对人口特征的估计就越精准。影响评估所需的样本到底需要多大？确定样本大小的计算称为统计效力计算。可以通过关注最简单的情况，我们讨论了统计效力计算背后的基本直觉，使用随机分配方法进行评估，针对未接受干预的对照组测试程序的有效性，假设不存在不合规问题。① 本章末尾会简要讨论上述简单案例之外的其他考虑因素。

（1）统计效力计算的基本原理。统计效力计算表明进行影响评估和令人信服地回答相关政策问题所需的最小样本量。特别是，统计效力计算可用于：

①评估现有数据集是否足以开展影响评估。

②避免数据收集太少。如果样本量太小，就可能无法检测到积极的影响，即使它存在，并且可能因此得出该项目无效的结论。这可能会导致政策制定者作出取消政策的决定，而这将是有害的。

③帮助作出关于足够样本量的决定。更大的样本量提供了对项目影响更准确的估计，但信息收集的成本可能非常高。统计效力计算提供了关键的输入，以评估在收集额外数据所需的成本与影响评估中获得更高精度的收益之间的权衡。

统计效力计算②提供了可以测量项目影响的最小样本量（和最低预算）的参考指标，即允许检测实验组与对照组之间产生差异的最小样本。因此，统计效力计算对确定哪些项目成功，哪些项目不成功至关重要。

正如第一章所述，影响评估所解决的基本评估问题是，项目产出或因果影响是什么？简言之，项目影响是否为零？在随机分配的情况下，回答该问题需要两个步骤：一是估计实验组与对照组的平均产出；二是评估实验组与对照组的平均产出之间是否存在差异。

我们接下来讨论如何估计每组的平均结果，然后如何测试各组之间的差异。

（2）评估实验组与对照组的平均产出。假设想要评估一项营养项目对两岁儿童体重的影响，并且有 20 万名儿童有资格参加该项目。从所有符合条件

---

① 如第二篇所述，依从性假设分配给实验组的所有单位都参加了项目，而分配给对照组的所有单元都没有参加项目。

② 统计效力计算提供了一个最小样本量的指示，它可以精确地估计一个项目的影响，也就是说，最小的样本将使我们能够检测实验组和对照组之间结果的差异。

的儿童中，随机抽取 10 万名作为实验组参加该项目，剩余 10 万名符合条件但未参加项目的儿童作为对照组。首先，需要估计两组儿童的平均体重。

为了确定参与儿童的平均体重，则可以逐一测量 10 万名参与儿童的体重，然后取其平均值。当然，这样做的成本非常高。幸运的是，无须测量每名儿童的体重。平均值可以通过从参与调查的儿童群体中抽取样本的平均体重来估算。[1] 样本儿童越多，测算的样本平均体重就越接近真实平均值。当样本量很小时，平均权重构成了对总体平均体重的一个非常不精确的估计。例如，两个孩子的样本量无法给出准确的估计。相比之下，以 1 万名儿童为样本，就会得出更精确的估计值，更接近真实的平均体重。一般来说，样本中的观察值越多，从样本中获得的统计结果就越精确（见图 15-5）。[2]

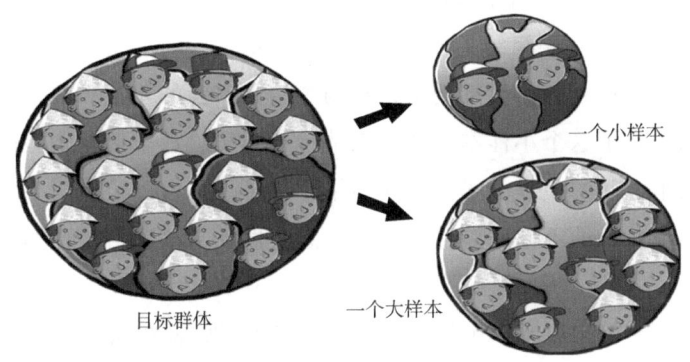

图 15-5　大样本更可能与感兴趣人群相似

可见，抽取的样本足够多，我们就能更准确地了解参与研究的儿童群体。对于不参加项目的儿童也是如此，随着不参与儿童样本越来越多，就能更准确地了解这个群体的情况。但我们为什么要在意呢？假设能够更准确地评估参与和未参与儿童的平均体重，也就能够更精确地说出两组之间的体重差异，这是

---

[1]　在这方面，人口一词不是指国家的人口，而是指相关的儿童群体：相关人群。
[2]　这种直觉由一个称为中心极限定理的定理形式化。从形式上讲，对于结果 y，中心极限定理表明样本平均值 y′构成总体平均值的有效估计。此外，对于大小为 n 的样本和总体方差 s√61 490，样本平均值的方差与样本大小成反比：

$$var(\bar{y}) = \frac{\sigma^2}{n}$$

随着样本 n 的大小增加，样本估计的方差趋于 0。换句话说，大样本比小样本可更精确地估计平均值。

对项目影响的估计。换句话说，如果对参与（实验）组和未参与（对照）组儿童的平均体重只有一个模糊概念，那么怎么能对这两组儿童的体重差异有一个准确的概念呢？没错，基本不可能。接下来我们会以一种更正式的方式来探讨这个想法。

（3）比较实验组与对照组的平均结果。一旦估算了实验组（通过随机分配选择的参与儿童）与对照组（通过随机分配选择的未参与儿童）的平均体重，就可以继续确定这两种结果是否相同。这一部分很清楚，减去平均值，然后检查差异。从统计学角度来说，影响评估检验了原假设（或默认）与备择假设的对比。

原假设是指项目没有影响的假设。其表示为：

H0：实验组与对照组结果的影响或差异 $=0$。

Ha：实验组与对照组结果的影响或差异 $\neq 0$。

想象一下，在营养项目案例中，从两个接受实验的儿童和两个对照组儿童的样本开始。有了这个小样本，就可以估计接受实验和未接受实验的儿童平均体重以及两组之间的差异，尽管估算结果不胜可靠。可以绘制两个实验组儿童和两个对照组儿童的不同来验证这一点。您会发现，该项目的预期影响会有很大变化。

相比之下，如果将1 000名实验组儿童和1 000名对照组儿童作为样本开始。如前所述，对两组样本平均体重的估计将更加精确。因此，对两组之间差异的估计也将更加精确。

例如，假设发现实验（参与）儿童样本的平均体重为12.2千克，而对照（未参与）儿童的平均体重则为12.0千克。两组之间的差异为0.2千克。如果这些数字来自两次观察的样本，那么就不能很确信该项目的影响是真正积极的，因为0.2千克可能是源于不精准的估算。然而，如果这些数字来自每1 000个观察样本的结果，那么将更有信心相信评估结果非常接近真实的项目影响，在这种情况下，评估结果是积极的。

那么关键问题就变成了，样本量必须多大才能让一个积极的影响评估是由真实的项目影响，而不是由于结果估计缺乏精确性？

（4）影响评估中的两个潜在错误。当测试一个项目是否有影响时，可能会出现两种类型的错误。当评估得出某项目有成效，而实际上没有时，就会出现第Ⅰ类错误。① 在营养干预项目中，假设两组样本儿童的平均体重事实上相等，但评估人员观察到两组间的差异纯粹是巧合，并得出实验组儿童平均体重高于对照组儿童体重的评估结论。在这种情况下，观察到的积极影响纯粹是源于不够精确的估计。

第Ⅱ类错误是相反的一种错误。当评估结论认为项目没有影响，而实际上已经产生了影响时，就会发生第Ⅱ类错误。在营养干预项目中，如果观察得出两个样本中儿童的平均体重相同的结论，即使实验组儿童的平均体重实际上高于对照组儿童，这也是可能的。同样，项目影响应该是积极的，但由于估计缺乏精确性，得出的评估结论则是该项目没有影响。

当要验证某项目是否产生影响时，统计学家可以限制第Ⅰ类错误发生的概率。第Ⅰ类错误发生的概率可以通过一个称为显著性水平的参数来设置。显著性水平通常固定在5%，这意味着有95%的信心得出某项目产生了影响。如果非常担心会犯第Ⅰ类错误，则可以保守地设置一个较低的显著水平，例如1%，这表示有99%的信心断定该项目产生了影响。

然而，第Ⅱ类错误也令政策制定者担忧。许多因素都会影响第Ⅱ类错误发生的概率，但样本量大小是至关重要的。如果5万名实验组儿童的平均体重与5万名对照儿童的平均体重相同，那么可以明确得出该项目没有影响的结论。相比之下，如果两个实验组儿童的平均体重与两个对照组儿童的相同，则很难得出可信的结论。平均体重相似是因为已实施项目没有影响，还是因为数据不足以在这么小的样本中检验假设？当样本量足够大时，就不大可能仅仅凭运气就能观察到体重相同的孩子。在大样本中，实验样本和对照样本之间的平均差异可以更好地反应实验组和对照组之间的真实平均差异。

影响评估的能力（或统计能力）是指当实验组与对照组之间存在差异时，就能检测到差异发生的概率。如果没有检测到真正的项目影响的风险很低，即发生第Ⅱ类错误的风险很低，那么影响评估就有很高的作用。前面的案例显示样本是影响评估能力的关键决定因素。下面几节将进一步说明这一点。

---

① 第Ⅰ类错误是评估结论认为某项目产生了影响，而实际上它没有影响。第Ⅱ类错误是当评估结论认为项目没有影响时，而实际上已经产生了影响。

（5）为什么统计效力（power）计算对政策至关重要。统计效力[①]计算的目的是确定需要多大的样本量，以避免得出某项目没有影响的结论，而实际上已经产生了影响（第Ⅱ类错误）。测试的次数等于1减去第Ⅱ类错误的概率。

如果第Ⅱ类错误不太可能发生，则影响评估就具有很高的统计效力，这意味着不用对评估项目没有影响感到失望，而实际上它确实产生了影响。

从政策角度来看，影响力评估不足对防止出现第Ⅱ类错误不仅没有帮助，而且评估成本很高。第Ⅱ类错误发生的高概率会危及影响评估以确定统计显著性结果的潜力。因此，将资源投入影响力不足的评估是一项冒险的投资。

影响力不足的评估也会产生严重的实际后果。例如，上文提到的营养干预项目中，如果评估结论认为该项目无效，即使它是有效的，政策制定者也可能会取消一个实际上对孩子有益的项目。因此，通过在影响评估中使用足够大的样本量，将发生第Ⅱ类错误的概率降至最低至关重要。这就是开展统计效力计算如此重要的原因。

（6）逐步计算统计效力。我们现在转向统计效力计算的基本原理，重点关注随机分配项目的简化情况。开展统计效力计算需要检查以下五个主要问题：

①项目是否通过集群发挥作用？
②产出指标是什么？
③要证明在干预中进行的投资是否合理，最低影响水平是多少？
④总产值的均值是多少？产出指标的潜在方差是什么？
⑤对正在开展的影响评估，什么是合理的统计效力和统计上显著水平？

以上每个问题都适用于开展影响评估所涉及的特定政策环境。

统计效力计算的第一步是要评估确定项目实施是否助推了集群的创建。当干预级别（通常是地点）与期望预测级别（通常是人）不同时，会在干预位置周围形成集群。例如，在医院、学校或村庄层面实施一个项目（换句话说，通过集群），可以衡量其对患者、学生或村民的影响[②]（见表15-1）。当影响

[①] 统计效力用于测试影响产生的概率，当影响确实存在的时候。如果没有检测到真实项目影响的风险很低，那么影响评估就具有很高的功效，即发生第Ⅱ类错误的风险很低。

[②] 由于社会或政治因素，集群利益分配往往是必要的，这使集群内的随机分配成为可能。在影响评估下，集群往往是必要的，因为集群成员之间可能会产生溢出效应或项目效应的传染。见第十一章的讨论。

评估涉及集群时，集群的数量在很大程度上决定了有用的样本大小。相比之下，集群内的个体数量影响较小。我们将在下面进一步讨论这个问题。

表 15-1　　　　　　　　　　集群示例

利益	衡量分配结果（集群）的水平	衡量单位
现金转移	村民	家庭
疟疾治疗	学校	个人
培训项目	邻里	个人

从集群项目中构建的任何样本数据的性质，与从非集群项目中获得的样本略有不同。因此，统计效力计算涉及不同的步骤，这取决于项目是在集群之间随机分配收益，还是在集群内成员之间随机分配收益。我们将依次讨论每种情况。从没有集群时的统计效力计算原理开始，也就是说，从项目实施成效可以观察到时开始，再继续讨论集群存在时的统计效力计算问题。

（7）无群集时的统计效力计算。第一，假设已经解决了第一个问题，即确定项目实施成效不是由集群分配所决定的。换言之，要评估项目成效是在符合条件的所有受益人群中随机分配。

第二，必须确定项目拟要改善的最核心的产出指标。如第一篇所述，这些指标来自项目目标、变革理论和基本评估研究问题。统计效力计算还将有助于深入了解影响评估可用于评估的指标类型。事实上，正如我们将进一步讨论的那样，可能需要不同规模的样本来衡量不同指标的影响。

第三，必须确定某项目的最小影响，以证明在干预中所做的投资是合理的。这本质上是一个政策问题，而不是一个技术问题。如果一项现金转移计划能够减少5%、10%或15%等更多的贫困，那么它是否值得投资？如果一个积极的劳动力市场计划能使收入增加5%、10%或15%，那么它是否值得实施？答案因情境而异，但在所有情境下，有必要确定产出指标的变化，以证明项目投资的合理性。换句话说，当项目的影响水平低于多少时，项目实施就可视为不成功？该问题的答案为您提供了影响评估所需识别的最小可检测效果。① 回

---

① 最小可检测效应（The minimum detectable effect，MDE）是影响评估设计用于估计给定显著性和功率水平的效应大小。在其他条件保持不变的情况下，需要更大的样本进行影响评估，以发现实验组和对照组之间的较小差异，或发现更可变的结果差异。

答这个问题不仅取决于项目实施成本及其实施成效，还取决于不将资金投资于替代干预措施的机会成本。

虽然可以根据政策目标确定最小可观察的影响，但可以使用其他方法来确定这些影响。将可检测到的最小影响与类似项目的研究结果进行对比，有助于阐明可预期的影响程度。例如，教育项目通常用以标准化考试成绩衡量项目成效。现有研究表明，0.1 个标准差的增加相对较小，而 0.5 个标准差的增加相对较大。此外，可以进行事前模拟，以评估各种假设下的实际影响范围。第一章提供了有条件现金转移计划的事前模拟案例。最后，事前经济分析可以说明，要使给定投资的回报率足够高，需要产生的影响规模。例如，由职业培训项目引发的年收入增长率要高于现行市场利率。

直观地说，识别两组之间的大差异比识别两组间的小差异更容易。为了确定实验组与对照组之间的微小差异需要开展影响评估，需要非常精确地估计两组之间的平均产出差。这需要大量样本。另外，对于那些仅在产出指标发生重大变化时才被认为有价值的干预措施，开展影响评估所需的样本更少。然而，最小可检测效果的设置应保守，因为任何小于最小期望效果的影响都不太可能被检测到。

第四，要开展统计效力计算，必须请专家估算一些基本参数。例如，产出指标的基准值和方差。这些基准值最好是从现有数据中获得的，这些数据收集环境与正在研究的项目实施环境类似，或者从目标人群的试点调查中获得。① 值得注意的是，研究结果的变量越多，精确估算项目所需的样本量就越大。在假设的营养干预项目中，儿童体重是相关的产出指标。如果所有样本初始体重相同，则可在小样本中估计营养干预的影响。相比之下，如果儿童初始体重相差很大，则需要更大的样本量来估计项目的影响。

第五，评估团队需要确定项目影响评估的合理统计水平和显著性水平。如前所述，测试的统计效力等于 1 减去任何第 Ⅱ 类错误的概率。因此，统计效力范围从 0 到 1 不等，上限表示无法识别现有影响的风险较小。0.8 的统计效力是一个广泛使用的基准值。这意味着您会在 80% 的案例中发现项目有影响。统计效力为 0.9（或 90%）等更高级别时，通常提供了一个有用的基准值，但更保守，这增加了所需的样本量。

---

① 当从基线计算统计效力时，在统计效力计算中还应考虑结果随时间的相关性。

显著性水平是发生第Ⅰ类错误的概率。它通常设置为5%，如果确实发现了重大影响，那么有95%的信心断定该项目已经产生了影响。其他常见的显著性水平为1%和10%。显著性水平越小，就越有信心相信影响估计是真实的。

一旦解决了这五个问题，统计效力计算专家就可以使用标准统计软件计算所需的样本量。① 统计效力计算将根据步骤1至步骤5中建立的参数指标来确定所需的样本量。一旦确定了与政策相关的参数（尤其是在步骤2和步骤3中），计算本身就很简单的。② 如果对统计效力计算感兴趣，本书官网上的技术同伴提供了使用Stata软件和Optimal Design软件计算统计效力的示例。

当向统计专家寻求建议时，评估团队应要求分析统计效力计算对假设变化的敏感性。也就是说，重要的是要了解更保守的假设条件（如较低的预期影响、更高的结果指标方差或更高的统计效力水平）下，所需的样本量必须增加多少。作为所需的样本，委托对各种产出指标进行统计效力计算也是很好的做法，如果某些产出指标比其他指标变化更大，那么样本规模可能会有更大差异。最后，统计效力计算还可以表明在特定分组（例如，男性或女性，或目标人群的其他分组）之间，比较项目影响所需的样本量（专栏15-2）。每个样本组都有其所需的样本量。

【专栏15-2】

评估HISP的影响：评估决定推广HISP需要多大的样本量

回到第二部分的例子，想让卫生部对健康保险补贴计划（HISP）的质量和结果感到满意。然而，在拓宽项目实施范围之前，卫生部决定试点一个扩展版的HISP，他们称之为HISP⁺。原来的HISP为贫困农村家庭支付部分医疗保健费用，包括初级保健和药品费用，但不包括住院费用。卫生部部长想知道，扩围的HISP⁺（也包括住院治疗）是否会进一步降低贫困家庭的自付医疗费

---

① Spybrook和其他人（2008）引入了Optimal Design，这是一款用户友好软件，用于进行统计效力计算。

② 一般来说，实验组与对照组样本量相同是可取的。事实上，对于样本中给定数量的观察结果，通过将一半的观察结果分配给实验组，一半分配给对照组，可以最大化统计效力。然而，实验组与对照组的规模并不总是相等的。参见本章末尾的讨论。

用。卫生部请你们先设计一项影响评估，以评估 HISP$^+$ 是否会减少贫困农村家庭的医疗支出。

在这种情况下，选择影响评估设计对您来说不是一个挑战：HISP$^+$ 的资源有限，无法立即大范围推广。因此，您得出的结论是，随机分配法将是最可行和最稳健的影响评估方法。卫生部部长了解随机分配方法的效果，并表示支持。

为了最终确定影响评估的设计，您已经聘请了一位统计学家，他将帮助确定需要多大的样本量。在开始工作之前，统计专家要求您提供一些关键信息。他列出了五个问题清单。

（1）HISP$^+$ 会生成集群（clusters）吗？此时，您并不完全确定。您认为，可能会在家庭层面上通过随机分配方式，向已受益于 HISP 的所有贫困农村家庭扩大福利。然而，您知道卫生部部长更倾向于在乡村一级分配扩大的 HISP 方案，这会产生集群。统计学家建议在没有集群的基准情况下进行统计效力计算，然后考虑结果如何随集群而变化。

（2）结果指标是什么？您解释说，政府对一个定义明确的指标感兴趣：贫困家庭的自付医疗支出。统计学家寻找最新的数据来源以获取该指标的基准值，并建议使用 HISP 评估后续调查。他指出，在已接受 HISP 的家庭中，年人均自付医疗支出为 7.84 美元。

（3）干预投资的最低影响水平是多少？换言之，在平均 7.84 美元以下的自付医疗支出减少多少，HISP 的实施才值得？统计学家强调，这不仅是一个技术问题，也是一个真正的政策问题；这就是为什么政策制定者必须设置评估应该能够检测到的最小影响。根据事前经济分析，如果 HISP$^+$ 将家庭自付医疗支出减少 2 美元，则该计划的实施被视为有效的。尽管如此，出于评估的目的，在确定最小可检测影响方面保持保守可能会更好，因为任何较小的影响都不太可能被捕获。为了解所需样本量如何根据最小可检测效果而变化，建议统计学家对自付医疗支出的最低减少额进行计算，即为 1 美元、2 美元和 3 美元。

（4）结果指标在目标人群中的差异是什么？统计学家回到 HISP 受益家庭的数据集，指出自付医疗支出的标准偏差为 8 美元。

（5）影响评估的合理权力水平是什么？统计学家补充说，统计效力计算通常在 0.8 至 0.9。他建议使用 0.9，但建议稍后进行稳健性检查，以获得不太保守的 0.8 水平。

具备了所有这些信息，统计专家就开始进行统计效力计算。按照约定，他从更保守的 0.9 次幂开始。他得出的结果如表 15-2 所示。

表 15-2　　　评估 HISP⁺：检测各种最小可检测效应
所需的样本量，统计效力=0.9

最小可检测效果	实验组	对照组	总样本数
1 美元	1 344	1 344	2 688
2 美元	336	336	672
3 美元	150	150	300

注：最小可检测影响描述了影响评估可检测到的家庭自付医疗支出的最小减少值。统计效力=0.9，无集群。

统计学家得出的结论是，要以 0.9 的幂值检测到家庭自付医疗支出减少 2 美元，样本需要包含至少 672 个单位（336 个实验样本和 336 个对照样本，没有聚类）。他指出，如果您发现家庭自付医疗支出减少了 3 美元，那么至少 300 个单位的小样本（每组 150 个单位）就足够了。相比之下，需要更大的样本，至少需要 2 688 个单位（每组 1 344 个单位），才能检测出家庭自付医疗支出减少 1 美元的情况。

统计学家制作了另一个统计效力水平为 0.8 的表。如表 15-3 所示，统计效力为 0.8 的幂次比 0.9 的幂次所需的样本量更小。为了检测家庭自付医疗支出减少 2 美元，502 个单位的总样本就足够了。为了检测到家庭自付医疗支出减少 3 美元，至少需要 224 个单位。然而，为了检测到 1 美元的减少，样本中至少需要 2 008 个单位。统计学家强调，以下结果是统计效力计算的典型结果：

统计效力水平越高（越保守），所需的样本量就越大。

待检测的影响越小，所需的样本量就越大。

表 15-3　　　评估 HISP⁺：检测各种最小可检测效应
所需的样本量，统计效力=0.8

最小可检测效果	实验组	对照组	总样本数
1 美元	1 004	1 004	2 008
2 美元	251	251	502
3 美元	112	112	224

注：最小可检测影响描述了影响评估可检测到的家庭自付医疗支出的最小减少值。统计效力=0.8，无集群。

统计学家问您是否愿意对其他感兴趣的结果进行统计效力计算。您还建议考虑检测 HISP⁺ 是否影响住院率所需的样本量。在接受 HISP 的治疗村庄样本中，5% 的家庭在某一年有一名成员去医院就诊；这提供了一个基准利率。统计学家制作了一个新的表格，该表格显示，需要相对较大的样本来检测住院率的变化，即从 5% 的基础上变化 1%、2% 或 3%。

如表 15-4 所示，与家庭自付医疗支出相比，住院率所需的样本量要大于自付医疗费用的样本量。统计学家的结论是，如果您有兴趣检测对两种结果的影响，则应该使用对住院率进行统计效力计算所暗示的更大样本量。如果使用了对家庭自付医疗支出进行的统计效力计算的样本大小，统计学家建议让卫生部部长知道，评估将没有足够的权力来检测政策对住院率的影响。

♣ HISP 问题 8：

- 您建议使用哪种样本量来评估 HISP⁺ 对家庭自费医疗支出的影响？
- 样本量是否足以检测住院率的变化？

表 15-4　　　　评估 HISP⁺：检测各种最小检测效果
所需的样本量（住院率增加）

最小可检测效果（百分比）	实验组	对照组	总样本数
1	7 257	7 257	14 514
2	1 815	1 815	3 630
3	807	807	1 614

注：最小期望效果描述了通过影响评估可以检测到的医院利用率的最小值（以百分比表示）。统计效力 = 0.8，无集群。

（8）基于集群的统计效力计算。前面讨论了对不创建集群的项目开展统计效力计算的原理。然而，正如第二篇所讨论的，一些项目在集群级别分配利益。简要介绍统计效力计算的基本原理需要如何适应集群样本。

在存在集群的情况下，一个重要的指导原则是集群的数量通常比集群内个体的数量更重要。需要足够数量的集群，通过比较实验和对照样本中的结果来令人信服地测试一个项目是否产生了影响。集群的数量在很大程度上决定了有用或有效的样本量。如果在少数集群中随机分配实验，则实验集群和对照集群不太可能相同。在两个地区、两所学校或两所医院之间随机分配并不能保证这两个集群是相似的。相比之下，在100个地区、100所学校或100所医院之间随机分配一项干预措施，则更有可能确保实验组和对照组相似。简言之，需要足够数量的集群来确保实现平衡。此外，集群的数量①也影响估计干预效果的准确性。需要足够数量的集群来测试一个项目具有足够影响力的假设。因此，在实施基于随机分配的影响评估时，确保集群数量足够大是非常重要的。

通过进行统计效力计算，可以确定精确假设测试所需的集群数量。对集群样本进行统计效力计算需要问上面列出的五个问题，外加一个问题：集群内的结果指标有多可变？

在极端情况下，集群内的所有结果都是完全相关的。例如，可能家庭收入在村庄内变化不大，但村庄之间的收入存在显著的不平等。在这种情况下，如果您考虑在评估样本中添加一个人，那么添加来自新村庄的个人将比添加一个已经代表村庄的个人提供更多的效力。由于结果在集群内完全相关，从现有集群中添加新的个体不会增加任何新信息。事实上，在这种情况下，第二个村民看起来与原始村民非常相似。总的来说，较高的集群内结果相关性（即属于同一集群的单元之间的结果或特征相关性较高）增加达到给定统计效力水平所需的集群数量。

在集群样本中，统计效力计算突出了添加集群和在集群内添加观测值之间的权衡。向新集群添加一个单元所增加的相对统计效力总是大于向现有集群添加一个单元所增加的统计效力。尽管通过添加新集群带来的统计效力增加可能是巨大的，但增加集群也可能带来运营影响，并增加项目实施或数据收集的成本。在本章的后面，我们将介绍如何在 HISP⁺ 的情况下使用集群进行统计效力计算，并讨论其中的一些权衡问题（见专栏15－3）。

在许多情况下，在使用随机分配方法时，每个实验组和对照组中至少需要40—50个集群，以获得足够的统计效力并保证基线特征的平衡。然而，根据已经讨论的各种参数以及集群内相关性，这个数字可能会有所不同。此外，正如下面将进一步讨论的那样，当使用非随机分配以外的方法时（假设其他条

---

① 对于统计效力计算，集群的数量比集群中的个体数量更重要。至少在每个实验组和对照组中通常需要30组至50组，尽管样本量的要求将根据具体情况而变化，并且需要进行统计效力计算以确保足够的样本量。

件都是常数），这个数字可能会增加。

【专栏 15-3】

评估 HISP 的影响：决定需要多大的样本来评估具有集群的扩展 HISP

在与统计学家首次讨论了 HISP$^+$ 的统计效力计算后，决定与卫生部部长简要讨论接受 HISP 基本计划的所有个人随机分配扩大的 HISP$^+$ 福利的影响。协商结果表明，这样的项目在政治上不可行：在这种情况下，很难解释为什么一个人会获得扩大的福利，而他的邻居却不能。

因此，您建议随机选择一些 HISP 村庄来实验 HISP$^+$，而不是在个体层面上进行随机分配。被选村庄的村民都将获得资格。这个过程将创建集群，因此需要新的统计效力计算。现在，当您需要确定按集群随机分配 HISP$^+$ 时，需要多大的样本来评估它的影响。

您再次咨询统计学家。他向您保证：只需要再多做一点工作。在他的清单上，只剩下一个问题未回答。他需要知道结果指标在集群内的变化程度。幸运的是，他可以使用 HISP 数据回答这个问题。他发现，家庭自付医疗支出在村庄内的相关性为 0.04。

他还询问，是否对实施新试点村庄数量设置了上限。由于该项目现有 100 个 HISP 村，您解释说，HISP$^+$ 最多可以有 50 个实验村和 50 个对照村。利用这些信息，统计学家得出了表 15-5 中所示的 0.8 次方时的统计效力计算结果。

表 15-5　评估 HISP$^+$：检测各种最小可检测影响（家庭自付医疗支出减少）所需样本量

最小可检测效果	群集的数量	每个集群的单位	带聚类的总样本	无聚类的总样本
1 美元	100	102	10 200	2 008
2 美元	90	7	630	502
3 美元	82	3	246	224

注：最小可检测影响描述了影响评估可检测到的家庭自付医疗支出的最小减少。簇的数量是簇的总数，其中一半是比较组的簇的数量，另一半是实验组的簇的数量。计效力 = 0.8，最多 100 个集群。

统计学家得出的结论是，要检测到家庭自费医疗支出减少 2 美元，样本必须包括至少 630 个单位：即 90 个集群中，每个集群包括 7 个单位（即实验组

45 个集群，对照组 45 个集群）。他指出，这一数字高于家庭层面随机分配的样本，该样本只需要 502 个单位（实验组 251 个集群，对照组 251 个集群，详见表 15-3）。为了测试家庭自费医疗支出减少 3 美元，样本需要包括至少 246 个单位，或在 82 个集群中每个集群包括 3 个单元（实验组 41 个集群和对照组 42 个集群）。

然后，统计学家向您展示样本中所需的观察数如何随集群总数的变化而变化。他决定重复计算，以获得最小可检测效应为 2 美元，统计效力为 0.8。当集群的数量减少时，估计这种效应所需的总样本量会显著增加（见表 15-6）。对于 120 个集群，需要 600 个观测样本。如果只有 30 个集群可用，总样本将需要包含 1 500 个观察值。相比之下，如果有 90 个集群可用，则只需要 630 个观测样本。

表 15-6　评估 HISP$^+$：检测不同数量集群最低 2 美元影响所需的样本量

最小可检测效果	群集的数量	每个集群的单位	带集群的总样本
2 美元	30	50	1 500
2 美元	58	13	754
2 美元	81	8	648
2 美元	90	7	630
2 美元	120	5	600

注：集群数是集群的总数，其中一半是对照组的集群数，另一半是实验组的集群。如果设计没有任何集群，则每组需要 251 个单位，以确定 2 美元的最低可检测效应（见表 15-3）。统计效力 =0.8。

♣ HISP 问题 9：

A. 您建议使用多大的总样本量来估计 HISP$^+$ 对家庭自费医疗支出的影响？

B. 您建议卫生部部长在多少村庄推行 HISP$^+$？

超越基准案例

在本章中，我们重点讨论了使用完全符合随机分配方法实施影响评估的基准案例。这是最简单的场景，因此也是最适合传达统计效力计算背后的直觉。然而，统计效力计算的许多实际方面尚未讨论，需要仔细考虑与这里讨论的基本情况的偏差。下面将讨论其中一些偏差。

（1）采用准实验方法。在其他条件相同的情况下，准实验影响评估方法（如断点回归设计、匹配法或双重差分法）往往需要比随机分配基准更大的样本。例如，第六章强调，当使用断点回归设计时，只能在合格阈值周围的观察才能使用。在这一阈值附近需要一个足够大的样本。需要进行统计效力计算来估计所需样本，以便在阈值附近进行有意义的比较。

另外，多轮数据的可用性有助于提高给定样本量的影响评估能力。例如，关于结果和其他特征的基线数据可以帮助更精确地估计治疗效果。项目实施以后，重复测量结果的可用性也可以有所帮助。

（2）检查不同的项目模式或设计创新。在本章所展示的示例中，样本总量在实验组和对照组之间平均分配。在某些情况下，评估的主要政策问题可能需要在项目模式或设计创新之间比较项目影响。如果是这样的话，预期影响可能比接受项目的实验组与没有受益的对照组相比要小。因此，两个实验组之间的最小期望效果可能小于实验组和对照组之间的最小期望效果。样本的最佳分布可能导致实验组相对大于对照组。① 在使用多种实验手段进行影响评估时，可能需要根据主要的政策问题，进行统计效力计算，以分别估计每个实验组和对照组的规模。

（3）分组比较。在其他情况下，一些影响评估问题可能侧重于评估项目影响是否在不同群体（如性别、年龄或收入类别）之间有所不同。如果是这种情况，那么样本量要求将更大，并且需要相应地调整统计效力计算。例如，一个关键的政策问题可能是，一个教育项目对女生的影响是否大于对男生的影响。直观地说，需要在实验组和对照组中每个性别的学生人数足够多，以检测每个分组的影响。开始比较两个小组之间的项目影响可以使所需的样本量翻倍。考虑更多群体之间的异质性（如按年龄划分）也可以显著增加所需样本的大小。如果要在依赖随机分配影响评估的背景下进行这种组间比较，最好在实施随机分配时也考虑到这一点，特别是在区块或地区内进行随机分配（即在待比较的每个分组内）。在实践中，即使不进行组间比较，分层或分组随机分配也有助于进一步最大化给定样本量的统计效力。

---

① 实验成本也可以考虑在内，并导致实验组和对照组规模不等。例如，参见 Duflo 等（2007）。

（4）分析多种结果。当影响评估试图测试一个项目是否会导致多个结果的变化时，在进行统计效力计算时需要特别注意。如果考虑了许多不同的结果，那么影响评估将有相对较高的可能性碰巧发现其中一个结果受到的影响。为了解决这一问题，影响评估团队需要考虑测试各种结果变化的联合统计显著性。或者，可以构建一些结果家庭产出指标。这些处理多重假设测试的方法对统计效力计算和样本大小有影响，因此在确定影响评估所需样本时需要考虑这些方法。①

（5）处理不完全依存或损耗的问题。统计效力计算通常提供所需的最小样本量。在实践中，实施问题通常意味着实际样本量小于计划样本量。例如，不完全依存可能意味着只有一部分受益人退出了项目。当出现不完全依存时，样本量要求增加。此外，即使所有样本都参加了项目，如果不是所有人都能被跟踪，那么在后续调查中也可能会发生一定的自然减员。即使这种不完全依存或损耗是随机的，不会破坏影响评估的一致性，这些方面也会影响评估能力。通常建议在统计效力计算预测的样本量上增加一个余量，以考虑这些因素。同样，数据质量越低，测算误差越大，相关结果变量越大，也需要更大的样本量。

本节中提到的更高级的考虑事项超出了本书的范围，但本章末尾列出的其他资源可能会有所帮助。在实践中，评估团队需要包括或签约一名能够进行统计效力计算的专家，该专家应该能够就更高级的问题提供建议。

【本章补充材料】

（1）有关本章的辅助材料和其他补充资源的超链接，请参阅《政策影响评估》官网（http://www.worldbank.org/ieinpractice）。

（2）有关如何在 Stata 软件和 OptimalDesign 软件程序中为说明本章的特定 HISP 案例进行统计效力计算的示例，请参阅本书网站（http://www.worldbank.org/ieinpractice）上的在线技术指南，该指南为具有统计学和计量经济学背景的读者提供了附加技术材料。

（3）有关采样的详细讨论（包括系统采样或多级采样等其他方法），请参

---

① 参见 Duflo 等（2007）或 Schochet（2008）。

阅以下资料：

√ Cochran, William G. 1977. Sampling Techmiques, third edition. New York：John Wiley.

√ Kish, Leslie. 1995. Survey Sampling. New York：John Wiley. – Lohr, Sharon. 1999. Sampling：Design and Analysis. Pacific Grove, CA：BrooksCole.

√ Thompson, Steven K. 2002. Sampling, second edition. New York：John Wiley.

√ 或者，在更基础的层面，Kalton, Graham. 1983. Intraduction to Survey Sampling. BeverlyHills, CA：Sage。

（4）采样实用指南如下：

√ Grosh, Margaret, and Juan Mufioz. 1996. "A Manual for Planning andImplementing the Living Standards Measurement Study Survey." LSMS Working Paper 126, World Bank, Washington, DC.

√ UN（United Nations）. 2005. Househald Sample Surveys in Develaping and Transition Countries. New Yorle United Nations.

√ Iarossi, Giuseppe. 2006. The Power of Survey Design：A User's Guide for Managing Surveys, Interpreting Results, and Influencing Respondents. Washington, DC：World Bank.

√ Fink, Arlene G. 2008. How to Conduct Surveys：A Step by Step Guide, fourth edition. Beverly Hills, CA：Sage.

（5）有关在输入某些特征后计算给定样本规模的统计效力计算电子表格，请参阅工具（www/iadb.org/evaluationhub）。

（6）有关统计效力计算和样本量的更多信息，请参阅世界银行影响评估工具包，设计模块3（Vermeersch、Rothenbühler 和 Sturdy，2012）。本模块还包括一份进行事前统计效力计算的指南、一篇关于使用二进制变量进行统计效力计算的论文，以及一系列关于统计效力计算的参考文献。（http://www.worldbank.org/health/impactevaluationtoolkit）。

（7）有关统计效力计算的几个博客文章，请参见世界银行发展影响博客（http：//blogs.worldbank.org/impactevaluations/）。

（8）关于在完全依存情况下，比随机分配基准条件更复杂的设计中统计效力计算的一些考虑因素的讨论，请参见以下内容：

√ Spybrook, Jessaca, Stephen Raudenbush, Xiaofeng Liu, Richard Congdon, and Andres Martinez, 2008. Optimal Design for Longitudinal and Multilevel Research: Documentation for the "Optimal Design" Sofware. New York: William T. Grant Foundation.

√ Rosenbaum, Paul, 2009. "The Power of Sensitivity Analysis and Its Limit." Chapter 14 in Design of Observational Studies, by Paul Rosenbaum New York: Springer Seriesin Statistics.

（9）关于多重假设检验的主题，请参见以下内容：

√ Duflo, E., R. Glennerster, M. Kremer, T. P. Schultz, and A. S. John. 2007 "Using Randomization in Development Economics Research: A Toolkit." Chapter61 in Handbook of Development Ecamomics, Vol. 4, 3895 – 962. Amsterdam: Elsevier.

√ Schochet, P. Z. 2008. Guidelines for Multiple Testing in Impact Evaluations of Educat ional Interventions. Prepared by Mathematica Policy Research Inc, for the Institute of Education Sciences, U. S. Dep artment of Education, Washington, DC.

（10）有兴趣进一步探索样本设计的人可以使用许多工具。例如，W. T. 格兰特基金会开发了可用于多层次和纵向研究的优化设计软件，该软件可用于集群存在时的统计效力分析。优化设计软件和手册可在 http://hlmsoft.net/od。

【本章参考文献】

[1] Cochran, William G. 1977. Sampling Techniques, third edition. New York: John Wiley & Sons.

[2] Duflo, E., R. Glennerster, and M. Kremer. 2007. "Using Randomization in Development Economics Research: A Toolkit." In Handbook of Development Economics, Vol. 4, edited by T. Paul Schultz and John Strauss, 3895 – 962. Amsterdam: Elsevier.

[3] Fink, Arlene G. 2008. How to Conduct Surveys: A Step by Step Guide, fourth edition. Beverly Hills, CA: Sage.

［4］Grosh, Margaret, and Paul Glewwe, eds. 2000. Designing Household Survey Questionnaires for Developing Countries: Lessons from 15 Years of the Living Standards Measurement Study. Washington, DC: World Bank.

［5］Grosh, Margaret, and Juan Muñoz. 1996. "A Manual for Planning and Implementing the Living Standards Measurement Study Survey." LSMS Working Paper 126, World Bank, Washington, DC.

［6］Iarossi, Giuseppe. 2006. The Power of Survey Design: A User's Guide for Managing Surveys, Interpreting Results, and Influencing Respondents. Washington, DC: World Bank.

［7］Kalton, Graham. 1983. Introduction to Survey Sampling. Beverly Hills, CA: Sage.

［8］Kish, Leslie. 1995. Survey Sampling. New York: John Wiley.

［9］Lohr, Sharon. 1999. Sampling: Design and Analysis. Pacific Grove, CA: Brooks Cole.

［10］Rosenbaum, Paul. 2009. Design of Observational Studies. New York: Springer Series in Statistics.

［11］Schochet, P. Z. 2008. Guidelines for Multiple Testing in Impact Evaluations of Educational Interventions. NCEE 2008 – 4018. National Center for Eduational Evaluation and Regional Assistance, Institute of Education Sciences. Washington, DC: U. S. Department of Education.

［12］Spybrook, Jessaca, Stephen Raudenbush, Xiaofeng Liu, Richard Congdon, and Andrés Martinez. 2008. Optimal Design for Longitudinal and Multilevel Research: Documentation for the "Optimal Design" Software. New York: William T. Grant Foundation.

［13］Thompson, Steven K. 2002. Sampling, second edition. New York: John Wiley.

［14］Vermeersch, Christel, Elisa Rothenbühler, and Jennifer Sturdy. 2012. Impact Evaluation Toolkit: Measuring the Impact of Results – Based Financing on Maternal and Child Health. World Bank, Washington, DC. http://www.worldbank.org/ health / impactevaluationtoolkit.

第十六章 寻找足够的数据来源

需要的数据类型

在本章中,我们讨论了影响评估可以使用的各种数据来源。我们首先讨论现有数据的来源,特别是管理数据,并提供一些利用现有数据进行影响评估的示例。由于许多评估需要收集新数据,因此我们将讨论收集新调查数据的步骤。清楚地理解这些步骤将有助于确保您的影响评估是基于不影响评估设计的高质量数据。作为第一步,您需要委托开发一份适当的问卷。与此同时,您需要从专门从事数据收集的公司或政府机构获得帮助。数据收集实体将招聘和培训现场工作人员,并对问卷进行试点测试。在进行必要的调整后,公司或机构将能够进行实地调查、收集数据,并将其数字标准化处理,然后才能交付、存储和由评估团队分析。

需要高质量的数据来评估干预对相关结果的影响。第二章中讨论的结果链为定义哪些指标应该在何时衡量提供了依据。整个结果链都需要指标[①]。

(1)结果数据。首先需要的是直接接受项目影响的结果指标数据。结果指标与项目预期实现的目标相关。如第二章所述,成果指标的选择最好符合 SMART 标准:具体、可衡量、可归因、现实和有针对性。然而,影响评估不应仅衡量项目直接负责的结果。也就是说,项目间接影响的结果指标数据,或捕捉非预期项目目标影响的指标数据,将影响评估产生信息的价值最大化,以及对项目整体效果的理解。

(2)关于中期结果的数据。有关中期结果的数据有助于了解所评估项目影响(或未影响)最终结果的渠道。影响评估通常在几个时间段内进行,您

---

① 在整个结果链中都需要指标来衡量最终结果、中期结果以及项目效益和实施质量。

必须确定何时衡量结果指标。按照结果链，您可以建立一个结果指标层级，从参与者仍在项目中时可以测量的短期指标（如在教育项目背景下的短期后续调查中收集的出勤率）到长期指标（可以在参与者退出项目后通过短期跟踪调查收集的入学率），从短期指标到长期指标（可以在参与者退出项目后通过长期跟踪调查衡量）。为了在短时间内令人信服地衡量影响，需要在项目或被评估的创新实施之前从基线开始收集数据。第十二章中关于评估时间的表述阐明了何时收集数据。

正如我们在第十五章统计效力计算中所讨论的，一些指标可能不适合在小样本中进行影响评估。检测对极不稳定、罕见事件或仅受干预措施轻微影响的结果指标可能需要大得令人难以置信的样本。例如，只有在包含数万名孕妇的样本中，才能确定干预对孕产妇死亡率的影响，因为死亡率是一个罕见的事件。在这种情况下，可能有必要将影响评估的重点重新放在与最终结果相关的更多中期指标上，但这些指标有足够的力量检测影响。就降低孕产妇死亡率的干预措施而言，一个中期指标可能与怀孕期间的保健服务利用率和住院分娩有关，这两者与死亡率有关。第十五章中讨论的统计效力计算问题有助于阐明可以检测到影响的指标，以及如果没有非常大的样本可能难以检测影响的指标。

（3）关于项目活动和输出的数据。成果链中描述项目活动和产出的部分也需要指标。特别是，项目监控数据可以提供有关干预实施的基本信息，包括受益对象以及他们可能获得的项目收益或产出。至少，需要监测数据来了解项目何时开始、谁受益，以及提供干预强度或质量的衡量标准。当项目不能以相同的内容、质量或期限交付给所有受益人时，这一点尤为重要。充分了解干预措施按设计实施的程度对于解释影响评估结果至关重要，包括这些结果是否突出了按设计实施项目的有效性，或在实施过程中存在一些缺陷。

（4）其他数据。影响评估所需的其他数据可能取决于所使用的方法。可能需要其他影响利益结果的因素数据，以控制外部影响。当使用比随机分配法依赖更多假设的评估方法时，这一点尤为重要。有时，还需要有关于长期结果和其他因素的数据来计算趋势，如双重差分法。考虑到其他因素和过去的趋势也有助于提高统计能力。即使是随机分配，有关其他特征的数据也可以更准确地估计实验效果。它们可用于包括额外的控制或分析项目影响的异质性以及相关特征。

当然，为影响评估选择的设计，也会影响数据要求。例如，如果选择匹配法或双重差分法，则有必要收集实验组和对照组的大量特征数据，从而可以进行一系列稳健性测试，如第二部分或第十一章所述（见表 11-2）。

对于每项评估，最好编制一个矩阵，列出所关心的问题、每个问题的结果指标、所需的其他类型的指标和数据来源，是非常有用的，如第二章结果链图 2-1 所概述的那样。编制影响评估计划和预分析计划是确定影响评估所需关键指标精确清单的其他重要机会。

利用现成的定量数据

在设计影响评估时首先要考虑的问题是，它将使用哪些数据源。一个基本的考虑因素是影响评估是否依赖现有数据还是需要收集新数据。

如第十五章所述，在影响评估开始时，几乎总是需要一些现成数据来估计指标的基准值或进行统计效力计算。在规划阶段之外，现有数据的可用性可能大大减少进行影响评估的成本。虽然现有数据，特别是管理数据，在一般影响评估中可能未得到充分利用，但需要仔细评估使用现有数据进行影响评估的可行性。

事实上，如第十二章所述，在实施影响评估时，数据收集费往往是最大的成本支出。然而，为了确定现有数据是否可以用于某一特定影响评估，必须考虑以下一系列问题：

（1）取样。实验组和对照组的现有数据是否可用？现有样本是否取自与相关总样本一致的样本框？是否根据概率抽样程序从样本框中抽取样本个体？

（2）样本大小。现有数据集是否足够大，足以检测结果指标的变化？这个问题的答案取决于结果指标的选择，以及第十五章中讨论的统计效力计算结果。

（3）基线数据的可用性。在项目或待评估的创新推出之前，实验组和对照组的现有数据是否可用？当使用随机分配法时，基线数据的可用性对于记录实验组和对照组之间项目特征的平衡非常重要，并且对于准实验设计的实施至关重要。

（4）频率。现有数据的收集是否足够频繁？随着时间的推移，它们是否适用于样本中的所有单位，包括根据结果链和干预逻辑需要衡量结果指标的时间？

（5）范围。现有数据是否包含了回答相关政策问题所需的所有指标，包括主要结果指标和中期结果？

（6）与程序监控信息的链接。现有数据能否与项目实施的监测数据相联系，包括观察实验组和对照组中的哪些单位，以及分配给实验组的所有单位是否都获得了相同的益处？

（7）唯一标识符。是否存在用于跨数据源链接的唯一标识符？

正如上述问题所强调的那样，对现有数据的要求相当重要，现有数据不足以进行影响评估的情况并不常见。尽管如此，随着信息系统的范围和覆盖范围的快速增长，以及从常规存储向来自广泛来源的数字数据的世界整体演变，越来越多的影响评估可以考虑使用现有数据。现有数据的一系列潜在来源可用于影响评估，包括人口普查数据、国家调查或行政数据。

人口普查数据可以为整个人口提供全面的数据。如果这些资料有足够的分级分类，可以在影响评估中使用，并包括了解那些单位属于实验组或对照组中的详细资料，例如地理或个人标识符。人口普查数据很少被公布，通常只包括一小部分关键指标。然而，人口普查数据有时会收集到信息系统或注册中心，它们为目标公共项目提供基础，包括可以支持与其他现有数据集联系的唯一标识符。

还可以考虑进行具有全国代表性的调查，如家计调查、生活标准测量调查、劳动力调查、人口和健康调查、企业调查或设施调查。它们可能包含一组全面的结果变量，但它们很少从实验组和对照组获得足够的观察结果，以进行影响评估。例如，假设想评估一项大型国家项目的成效，该项目将惠及某一特定国家10%的家庭。如果每年对5 000户家庭进行一次具有全国代表性的调查，那么大约有500户家庭接受了该项目。该样本是否足够大以进行影响评估？统计效力计算可以回答这个问题，但在很多情况下答案是否定的。

除了探索是否可以使用现有调查外，还应了解是否有任何新的国家数据收集计划正在规划中。如果计划开展一项调查，将涵盖相关人群，则可以在该调查中提出一个或一系列问题。如果已计划进行一项衡量所需指标的调查，则可能有机会对某一特定人群进行过度抽样，以确保适当覆盖实验组和对照组，以适应影响评估。例如，对尼加拉瓜社会基金的评估补充了一项全国生活水平衡量研究，增加了一个新的受益人样本（Pradhan 和 Rawlings，2002）。

管理数据通常由公共或私人机构收集，作为其常规业务的一部分，通常相对频繁，并经常用于监测所提供的服务或记录与用户的互动。在某些情况下，管理数据包含影响评估所需的成果指标。例如，教育系统收集学生入学率、出勤率或考试成绩的学校记录，还可以收集有关学校投入和教师的信息。同样，医疗卫生系统可以收集关于卫生中心的特征和位置、卫生服务供应和资源分配的数据。它们还可以整合在医疗中心收集的患者病历、人体测量和疫苗接种等历史数据，以及更广泛的疾病发病率和生命统计数据。公共事业机构收集水或电的使用数据。税务机构可能会收集有关收入和税收的数据。交通系统收集乘客和旅行时间的数据。金融系统机构收集客户交易或信用记录的历史数据。所有这些现有数据来源都可能用于影响评估。它们有时包括长时间序列，可以帮助跟踪单位的时间。

在考虑是否依赖管理数据时，对数据可用性和质量的评估至关重要。在某些情况下，来自行政部门的数据可能比调查数据更可靠。例如，马拉维的一项研究发现，与学校获得的行政记录相比，受访者在家庭调查的自我报告数据中夸大了学校出勤率和入学率。因此，如果基于管理数据的影响评估结果更可靠（Baird 和 Özler，2012）。同时，在许多情况下，管理数据是由大量提供者收集的，数据质量可能参差不齐。因此，在决定依赖管理数据进行影响评估之前，需要充分评估这种可靠性。一个关键方面是确保存在单一标识符，以便将管理数据与其他数据源连接起来，包括项目监控数据记录哪些单位获得项目福利。如果存在此类标识符时，例如持续使用国家识别号码，可能会避免大量准备和清理数据的工作。在任何情况下，保护保密机密性都是数据准备和数据管理协议的重要组成部分。保护人类受试者的伦理原则（见第十三章的讨论）也适用于现有数据的使用。

一些有影响力的回顾性评估依赖于行政记录，如关于阿根廷的水政策（Galiani、Gertler 和 Schargrodsky，2005），关于审计和政治家的表现（Ferraz

和 Finan，2008），关于美国的税收抵免（Chetty、Friedman 和 Saez，2013）。专栏 16-1 是关于阿根廷健康影响评估的一个例子。专栏 16-2 说明了洪都拉斯现金转移项目影响评估中使用的管理数据。

在某些情况下，可以通过推出新的信息或管理数据系统来收集影响评估所需的数据。这种推广可以与评估设计的实施相协调，以便多次收集实验组和对照组的结果指标。在启动新的干预措施之前，可能需要建立信息系统，以便对照组的管理中心在接受干预之前使用新的信息系统进行评估。由于管理数据的质量有差异，因此需要审计和外部验证来保证评估的可靠性。通过行政来源而不是通过调查收集影响评估数据，可以大大降低评估成本，但这么做有时并不可行。

【专栏 16-1】

构建阿根廷生子计划评估数据集

在评估阿根廷基于结果的健康融资计划——"生子计划"时，Gertler、Giovagnoli 和 Martinez（2014）将来自多个口径的管理数据结合起来，形成了一个庞大而全面的数据库用于分析。在之前的几个评估策略失败后，研究人员转向了工具变量方法。这需要从所研究的 7 个省份的所有出生记录中获取大量数据。

研究人员需要产前护理和出生结果的数据，这些数据可在公立医院的出生登记处找到。然后，他们需要确定这位母亲是否是"生子计划"的受益人，以及她去的诊所在她去的时候是否被纳入了计划。为了构建一个包含所有这些信息的数据库，评估团队将五个不同的数据源联系起来，包括公立妇产医院数据库、"生子计划"实施数据、药学记录、2001 年人口普查和卫生设施地理信息。妇产医院获取个人分娩的医疗记录是最具挑战性的任务之一。每个妇产医院都收集产前护理和分娩结果数据，但只有大约一半的记录被数字化，其余记录都是纸质的，需要评估团队将纸质记录合并到计算机系统中。

总体而言，该评估团队能够编制出一个涵盖评估期间 78% 的分娩记录的综合数据库。这产生了大量的数据集，使他们能够研究"生子计划"对罕见事件的影响，如新生儿死亡率。这通常不能通过调查收集较小的样本进行评估。评估发现，"生子计划"的受益人比非受益人在医院的新生儿死亡率降低了74%。

资料来源：Gertler、Giovagnoli 和 Martinez，2014。

【专栏 16-2】
利用人口普查数据重新评估洪都拉斯的 PRAF 项目

洪都拉斯的"熟悉阿西尼亚西翁方案"（Programa de Asignación Familiar，PRAF）旨在改善贫困儿童的教育和健康状况。它向符合条件的家庭提供现金转移，条件是父母定期送孩子上学和到卫生中心体检。该项目于1990年启动实施，1998年 PRAF 项目二期纳入了评估。Glewwe 和 Olinto（2004）以及 Morris 等（2004）报告了 PRAF 项目对教育和健康结果的积极影响。

几年后，加利亚尼和麦克尤恩（Galiani 和 McEwan，2013）使用不同的数据来源重新评估该项目的影响。虽然原始影响评估收集了298个城市中70份调查数据，但他们使用了2001年洪都拉斯人口普查的数据。他们将人口普查中的个人和家庭数据与社区治疗的市级数据统筹合并。这为研究人员提供了更大的样本量，使他们能够测试研究结果的稳健性，以及溢出效应。此外，由于研究人员拥有来自所有城市的人口普查数据，他们能够使用交替的对照组应用两种不同的断点回归设计（RDD）。对于第一个 RDD，研究人员使用了资格阈值；在第二种情况下，他们使用了市政边界。

与之前的影响评估一样，加利亚尼和麦克尤恩发现 PRAF 项目产生了积极且具有统计上显著的影响。然而，他们的研究表明，PRAF 项目的影响比初始评估发现的影响更大。他们发现，PRAF 项目使符合条件的儿童入学率比对照组增加了12%。交替断点回归设计的结果整体上证实了研究结果的稳健性。

资料来源：Galiani 和 McEwan，2013。

即使现有数据不足以支持整个影响评估，它们有时也可以用于部分影响评估。例如，在某些情况下，项目收集潜在受益人的详细目标数据，以确定谁符合资格。或者，人口普查数据可能在项目推出之前不久就可用。在这种情况下，现有的数据有时可以用来记录预编项目中的基线平衡实验组和对照组的特征，尽管仍然需要收集更多的随访数据来衡量更广泛的结果指标。

收集新测量数据

只有在相对罕见的情况下,现有数据才足以进行全面的影响评估。如果管理数据不足以进行评估,就不得不依赖调查数据。因此,就必须为收集新数据进行预算。虽然数据收集费通常是影响评估的主要费用,但它也可以是一项高回报的投资,评估的质量往往取决于它。新数据的收集提供了灵活性,以确保所有必要的指标都得到衡量,从而全面评估项目绩效。

大多数影响评估需要收集调查数据,包括在对干预或创新进行评估之前至少进行一次基线调查,以及在干预或创新实施之后进行一次后续调查。根据评估的项目和分析的单位,调查数据可能有各种类型。例如,企业调查以企业为主要观察对象,设施调查以保健中心或学校为主要观察对象,家计调查以家庭为主要观察对象。大多数评估以个人或家庭调查为主要数据来源。在本节中,我们回顾了收集调查数据的一般原则。尽管它们主要涉及家庭调查,但同样的原则也适用于大多数其他类型的调查数据。

决定是否使用现有数据或收集新调查数据的第一步是确定抽样方法,以及所需要的样本规模(如第十五章所述)。一旦决定为评估收集调查数据,就需要确定以下内容:一是决定由谁来收集数据;二是开发和试验数据收集工具;三是开展实地调查并执行质量控制;四是处理和存储数据。

这些不同步骤通常是通过委托实施的,但是了解它们的范围和关键组成部分对于有效地管理质量影响评估是必不可少的。

(1)确定谁将收集数据。需要尽早指定负责收集数据的机构。在决定由谁来收集影响评估数据时,必须考虑一些重要的权衡。这份工作的潜在候选人选包括:

①项目实施机构;

②其他有收集数据经验的政府机构(如国家统计机构);

③专门从事数据收集的独立公司或智库。

数据收集实体始终需要与实施该项目的机构密切协调,以确保在收集基线数据之前不执行任何项目操作。当项目运行需要基线数据时(例如,在基于断点回归设计的评估中，合格指数的数据），负责数据收集的实体必须能够快速处理数据，并将数据传输给负责项目运行的机构。在收集后续调查数据的时间方面也需要密切协调。例如，如果选择了随机推广，那么必须在该项目推广到对照组之前实施后续调查，以避免数据污染。

决定由谁来收集数据的一个极其重要的因素是，对照组和实验组都应使用相同的数据收集程序。执行机构通常只与实验组接触，因此无法很好地为对照组收集数据。但是，在实验组和对照组中使用不同的数据收集机构是非常危险的，可能仅仅因为数据收集程序不同而导致两组测量结果的差异。如果执行机构无法有效收集实验组和对照组的数据，应考虑委托外部机构实施相关工作的可能性。

在某些情况下，建议委托一个独立机构收集数据，以确保数据是客观的。对项目执行机构不收集客观数据的担忧是没有根据的，但一个与评估结果无关的独立数据收集机构可以增加整体影响评估工作的可信度。它还可以确保受访者不将调查视为项目的一部分，因此可将受访者为增加其参与项目的感知机会而给出战略性回应的风险降至最低。

由于数据收集涉及一系列复杂的操作，因此建议由专业且经验丰富的实体负责。很少有项目执行机构有足够的经验来收集影响评估所需的大规模、高质量数据。在大多数情况下，您必须考虑委托当地机构，如国家统计机构、专业公司或智库。

委托一个当地机构，例如国家统计机构，可以使该机构接触影响评估研究，并帮助建设其能力，这本身可能是影响评估的一个副作用。但是，国家统计机构可能并不总是有后勤保障能力在其经常活动之外承担额外任务。他们还可能缺乏为影响评估进行实地调查的必要经验，例如长期成功跟踪个人或实施非传统调查工具方面的经验。如果出现这种限制，与专门从事数据收集的独立公司或智库签订合同可能更实际。

在基线和后续调查中，无须使用相同的实体来收集信息，这可能在范围上有所不同。例如，对于培训计划的影响评估，相关人群包括报名参加课程的个人，负责该课程的机构可以在个人报名时收集基线数据。然而，同一机构不太可能成为收集实验组和对照组后续信息的最佳选择。在这种情况下，单独收集几轮数据有其优势，但应努力避免在两轮之间丢失任何有助于跟踪家庭或个人的信息，并确保基线数据和后续数据得到一致衡量。

为了确定收集影响评估数据的最佳机构，必须权衡所有这些因素，包括数据收集方面的经验、与项目执行机构协调的能力、独立性、能力建设的机会、对影响评估环境的适应性，以及每种情况下收集数据的预期成本和质量。一个确定最适合收集高质量数据组织的有效方法是编写明确的职责范围，并要求组织提交技术和财务提案。

由于数据的及时交付和质量往往对影响评估的可靠性至关重要，必须与负责数据收集的机构签订详细的合同。预期工作的范围和可交付成果必须非常明确。此外，通常建议在合同中引入激励措施，并将这些激励措施与明确的数据质量指标联系起来。例如，无响应率是数据质量的关键指标。为鼓励数据收集机构最大限度地减少不响应，合同可以约定样本的前80%的单位成本，80%—90%的单位成本较高，90%—100%的单位成本更高。或者，调查公司可以签署一份单独的合同，以跟踪未被调查的人。此外，数据收集合同可包括与数据核查相关的激励措施或条件，例如通过对影响评估调查的子样本进行回顾检查或质量审计。

（2）数据采集工具的研制与试用。在委托数据收集时，评估团队在就数据收集工具或问卷的内容提供具体指导方面发挥着重要作用。数据收集工具必须引出回答影响评估提出的政策问题所需的全部信息。正如我们所讨论的，指标必须在整个结果链中进行衡量，包括最终结果指标、中期指标，以及项目效益和实施质量指标。

重要的是要有选择地衡量哪些指标。选择性调查有助于限制数据收集成本，简化数据收集机构的任务，并通过尽量最小化对调查人员和受访者时间的要求来提高所收集数据的质量。收集不相关或不太可能被使用信息的成本非常高。其他数据需要更多的时间来准备、培训、收集和处理。由于可用性和注意力跨度有限，随着调查的拖延，受访者提供的信息质量可能会下降，而受访者将有更多的动机来偷工减料，以实现他们的调查目标。因此，无关问题不是"免费的"。对影响评估有明确目标，并与定义明确的项目目标保持一致，可以帮助确定必要信息的优先级。提前准备一份预分析计划（见第十二章和第十三章的讨论）将有助于确保调查收集影响分析所需的数据，并避免包含无关的（且成本高昂的）额外信息。

最好在基线和访谈时一致地收集结果指标和控制特征的数据。拥有基线数据是非常理想的。即使使用随机分配或断点回归设计,其中简单的干预后差异原则上可以用来估计项目的影响,基线数据对于测试影响评估的设计是否充分是必不可少的(见第二篇的讨论)。当随机分配法不起作用时,拥有基线数据可以为您提供一种保险策略,在这种情况下,可以使用双重差分法。基线数据在影响分析阶段也很有用的,因为基线控制变量可以帮助提高统计能力,并允许对不同分组的影响分析。最后,利用基线数据完善项目设计。例如,基线数据有时分析目标效率,或向实施项目的机构提供有关受益人的额外信息。在某些情况下,后续调查可能包括比基线调查范围更广的一套指标。

一旦需要收集的核心数据定义明确,下一步就是确定如何准确地度量这些指标。测量本身就是一门艺术,最好由专家来处理,包括影响评估研究团队、受雇收集数据的机构、调查专家和特定复杂指标测量方面的专家。成果指标应尽可能与当地和国际最佳做法保持一致。考虑在本地和国际类似调查中如何衡量相关指标总是很有用的。使用相同的指标(包括相同的调查模块或问题)可确保现有数据与为影响评估收集的数据之间的可比性。选择一个无法比较、衡量的指标可能会限制评估结果的有效性。在某些情况下,投资资源收集新的创新成果指标以及更成熟的替代办法可能是有意义的。

应特别注意确保实验组和对照组中所样本指标都能以完全相同的方式进行测量。使用不同的数据收集方法(例如,一组使用电话调查,另一组使用现场调查)会产生偏差的风险。两组在不同时间收集数据也是如此(例如,在雨季收集实验组的数据,在旱季收集对照组的数据)。这就是为什么要非常精确地制订衡量结果指标的项目方案。所有样本个体的数据收集过程应该完全相同。在调查问卷中,与项目相关的每个模块都应在不影响问卷其他部分的情况下予以介绍。事实上,如果可能的话,最好避免在数据收集过程中对实验组和对照组进行区分。在大多数情况下,负责数据收集的机构(或至少是调查人员)不应有理由知道调查中个体的待遇或比较状况。

一个重要决定是如何衡量结果指标,包括通过传统的问卷调查和自评报告,还是通过其他方法。近年来,在衡量与影响评估相关的关键结果或行为方面取得了一些进展。具体包括改进通过调查问卷收集自评报告数据的方法,以及直接测算关键结果的技术。

问卷设计一直是一个重要的研究主题。本书介绍了如何在特定情况下确定测量指标,包括如何在家计调查中提出问题的措辞方式。① 也有越来越多的证据表明,如何设计一份好的问卷以收集农业数据、消费数据,或就业数据,以最大限度地提高其准确性。② 最近的一些证据来自随机实验,该实验测试了不同的问卷结构方式,并比较了它们的可靠性。③ 同样,问卷设计需要注意国际最佳实践,以及测量指标的当地经验。问题的措辞或顺序的微小变化可能会对收集到的数据产生实质性的影响,因此在问卷开发中,对细节的高度关注至关重要。当试图确保不同调查的可比性时,这一点尤为重要,例如在一段时间内反复测量结果。专栏16-3与问卷设计相关的准则,并提供了额外的参考资料。

【专栏16-3】

问卷的设计和格式

虽然影响评估中的问卷设计对数据质量是不可或缺的,但它往往被忽视。设计调查问卷是一个复杂、漫长、反复的过程,涉及许多关于什么可以测量以及如何测量的决策。加州大学伯克利分校的应用影响评估方法课程(http://aie.cega.org)提供了问卷设计的指南,包括内容、起草和测试三个阶段。在这些阶段中,该模块强调了让利益相关者参与的重要性,为重复迭代和仔细测试留出了足够的时间:

(1)内容。确定要调查的内容,首先要确定需要测量的效果、观察对象以及与其他因素的相关性。然后需要将这些概念定义转换为具体的指标。

(2)起草。拟定问题以衡量所选指标。这是一个关键步骤,因为数据质量依赖于它。该模块提供了关于问题措辞、调查组织、格式和其他关键因素等

---

① 参见 Grosh 和 Glewwe(2000)和 UN(2005)中的参考文献。另见穆尼奥斯(2005);Iarossi(2006);Fink 和 Kosecoff(2008);Leeuw、Hox 和 Dillman(2008),为数据收集提供了丰富的实践指导。

② 参见 McKenzie 和 Rosenzweig(2012),了解近期进展概况。

③ 有关此类实验的示例,请参见 McKenzie 和 Rosenzweig(2012)关于一般问题的研究;Beegle、Carletto 和 Himelein(2012)关于农业数据的研究;Beegle 等(2012)关于家庭消费的测量的研究;以及 Bardasi 等(2011)关于劳动力数据的研究。

更深入的建议。

（3）测试。从问题、模块和整体调查三个层面对问卷进行测试。

问卷的格式对确保数据质量也很重要。由于提出同一调查问题的不同方式可能产生不同的答案，所有单位的问题框架和格式都应相同，以防止任何受访者或调查员的偏见。

联合国（2005）就家庭调查问卷的格式提出了六项具体建议。这些建议同样适用于大多数其他数据收集工具：

（1）每个问题都应该完整地写在问卷中，以便调查员可以逐字逐句地阅读每个问题，以进行采访。

（2）调查问卷应包括调查中使用的所有关键概念的精确定义，以便访谈员在必要时可以参考该定义。

（3）每个问题都应该尽可能简短，并且应该使用常见的日常用语。

（4）调查问卷的设计应确保使几乎所有问题的答案都是预先编制的。

（5）答案的编码方案应在所有问题中保持一致。

（6）调查应包括跳过模式，根据对前一个问题的回答，表明哪些问题不应被提问。

一旦受委托从事该文书工作的人员起草了一份问卷，就应将其提交给专家小组进行讨论。应咨询参与评估团队的每个人（政策制定者、研究人员、数据分析人员和数据收集人员），以确定调查问卷是否以适当的方式收集了所需的信息。专家团队的审查是必要的，但不是很充分，因为密集的现场测试总是最基本的。

越来越多的技术被开发出来，以便直接测量结果。例如，在医疗部门，有时使用小插曲向医疗工作者介绍特定症状，并评估提供者是否根据既定的准则和规程建议适当的治疗。这些小插曲提供了医疗供给者知识体系的直接衡量标准。最近的评估依赖于标准化患者（也称为隐姓埋名或模拟患者）访问医疗中心，并直接评估所提供的服务质量。[①] 在教育部门，许多评估试图评估课程对学生学习的影响。为了做到这一点，要使用一系列学习评估，或直接测量学生技能的方法。类似地，学龄前儿童发展干预的影响评估中，已经开发

[①] 衡量结果的创新示例，见 Holla（2013）、Das 和 Hammer（2007）以及 Planas 等（2015）。

了各种测试组,可以直接测量幼儿的认知、语言或运动发育。在直接衡量成年人的技能方面也取得了进展,包括社会情感技能或性格特征。除了直接衡量技能外,越来越多的影响评估试图通过直接观察教师在课堂上的行为来衡量教学质量。

当相关结果可能很难从受访者那里如实得出时,直接观察关键结果尤为重要。例如,为了避免依赖自评报告的数据来衡量与犯罪或暴力有关的结果,一些影响评估将训练有素的研究人员嵌入样本社区,让他们直接使用民族志方法观察人类受试者的行为。这种直接观察可以避免自评报告行为带来的问题,如果做得好,可以提供更准确的信息。最近的技术进步也允许对一系列人类行为进行直接测量,从而有助于限制自评报告数据的使用。例子包括直接观察改良炉灶的使用时间和强度,以及使用电子传感器直接测量水质、厕所使用情况和室内温度。

影响评估通常依赖传统的问卷调查和其他直接观察相关结果的方法。例如,在医疗部门基于成果的筹资的影响评估中,通过补充来源衡量了一系列指标(Vermeersch、Rothenbühler 和 Sturdy,2012)。医疗设施调查包括对设施进行评估,以衡量该设施的主要特征,通过访谈卫生工作者,衡量卫生工作者的特征;对患者退出进行访谈,以衡量所提供的服务,以及通过小插图和直接观察的组合来衡量护理质量指标。家庭调查包括关于家庭和个人行为的家庭层面数据,如到医疗机构就诊的频率、接受的护理和医疗支出,以及关于女性和儿童健康的个人层面的数据。除了人体测量外,还收集生物特征测量测试,直接测量贫血、疟疾或 HIV 的患病率。最后,社区问卷获取社区特征、服务、基础设施、市场准入、价格和社区层面的冲击。

在收集新数据时,除了制定指标并找到最合适的衡量方法外,另一个关键决定是所使用的数据收集技术。传统的数据收集方法以纸张为基础收集数据,然后将数据数字化,通常通过双盲数据输入方法,即两个独立的代理将相同的信息数字化,再比较数据以检查其是否准确。随着技术的进步,计算机辅助数据收集工具变得普遍。通过安装在智能手机或平板电脑上的应用程序进行数据收集,可以加快数据处理速度,也为实时数据质量检查和数据验证提供了机会。专栏16-4讨论了电子数据收集的利弊。

【专栏 16-4】

电子数据收集的利弊

计算机辅助个人面试（CAPI）为传统纸笔面试（PAPI）的替代方案。在 CAPI 中，调查被预装在电子设备上，比如平板电脑或智能手机。访谈人员从屏幕上读出问题，并立即将答案输入设备。已经开发了用于 CAPI 数据收集的各种软件和应用程序。评估团队必须仔细考虑 CAPI 的利弊。

一些优点：

（1）电子数据收集可以提高数据质量。在一项旨在比较坦桑尼亚消费调查中 CAPI 和 PAPI 的随机实验中，Caeyers、Chalmers 和 De Weerdt（2012）发现，纸质调查数据包含电子调查中可以避免的错误。研究人员发现，PAPI 数据中的误差与某些家庭特征相关，这可能会在某些数据分析中产生偏差。

（2）电子数据收集程序可以包括自动一致性检查。某些回答可能会触发警告信息，以便将数据输入错误最低化，并在访谈中向受访者澄清任何问题。例如，Fafchamps 等（2012）在加纳的一项微型企业调查中研究了一致性检查的好处。他们发现，当引入一致性检查时，利润和销售数据的标准差更低。然而，他们也发现，大多数时候不需要收集：85%~97% 的受访者确认了最初的答案。

（3）访谈可以更短，更容易进行。当使用 CAPI 时，调查问卷的设计流程可以个性化，以便通过跳过模式更好地指导调查人员，并尽量减少问卷中的错误和遗漏。Caeyers、Chalmers 和 De Weerdt（2012）发现，在坦桑尼亚的一项家庭调查中，CAPI 访谈的时间平均比纸质问卷短 10%。

（4）电子数据收集消除了手动重新输入数据的需要。这可以降低成本，加快数据处理速度。

（5）技术的使用可以带来一系列间接好处。例如，通过使用平板电脑或智能手机，GPS 坐标很容易收集，或拍摄照片。还可以介绍调查内容的实验变化。通过一些软件，可以记录访谈的部分内容，以便于质量和监督检查。

一些缺点：

（1）CAPI 的固定成本往往高于 PAPI，尽管可变成本可能更低。对于较小的影响评估预算来说，购买和编程电子设备的前期费用可能令人望而却步。此外，还需要足够的时间来确保电子问卷的正确编制和测试，而电子问卷往往是在纸质问卷编制完成之后进行的。

（2）需要专门的技术知识来编制电子调查表，并建立程序来管理电子收集的数据。在信息技术能力较低的发展中国家，这可能很难找到。此外，为非英语或罗曼斯语问卷开发软件也更具挑战性。

（3）技术问题可能会破坏数据收集或阻碍数据在安全位置的整合。当电子设备有一个小屏幕或访谈员不熟悉的操作界面时，在数据收集过程中可能会出现问题。电子设备的盗窃风险也高于纸质调查。最后，在安全位置的数据整合和同步需要明确的协议，以最大限度地减少数据丢失的风险。电子数据传输很方便，但需要最低限度的连接水平。

资料来源：Caeyers、Chalmers和De Weerdt，2012；Fafchamps等，2012。

在最后确定数据收集工具之前，对其进行广泛的试点和实地测试是非常重要的。对该仪器进行广泛的实验将检查其是否适合当地情况及其内容，以及任何替代格式和措辞选项、数据收集协议，包括技术。在实际情况下对完整数据收集工具进行现场测试，对于检查其长度和验证其格式是否足够一致和全面，以便对所有相关信息进行精确测量至关重要。现场测试是编制数据采集工具的一个组成部分。

（3）实施现场调查和质量控制。当委托数据收集时，需要对过程中涉及的所有步骤清晰理解，对确保所需的质量控制机制和正确的激励措施到位也是至关重要的。负责收集数据的实体需要协调大量不同行为者的工作，包括程序设计人员、主管人员和数据输入操作员组成的数据录入团队外，还包括统计员、主管人员、现场协调员和后勤保障人员。应该制订一个明确的工作计划，以协调各团队的工作，而工作计划是一个关键的可交付成果。

在开始数据收集之前，工作计划必须包括对数据收集团队的适当培训。应为培训准备一份完整的参考手册，并在整个现场工作中使用。培训过程也是一个很好的机会来确定表现最好的访谈者。为了确保所有相关人员收集数据的一致性。培训过程也是一个很好的机会，可以确定性能最好的枚举器，并在正常条件下进行最后一次仪器和程序的试验。一旦抽取了样本，设计并试验了仪器，培训了团队，就可以开始数据收集。确保实地调查计划让每个调查团队收集相同数量的实验和对照单元的数据是一个很好的做法。

如第十五章所述，适当的抽样对确保样本质量至关重要。然而，在收集数据时可能会出现许多非抽样误差。在影响评估中，一个特别关注的问题是，实验组和对照组中的错误可能不同。

当无法收集某些样本完整数据时，会出现无响应现象[①]。由于用于分析的实际样本仅限于那些可收集数据的个体，选择不回应调查的个体可能会使样本的代表性降低，并可能在评估结果中产生偏差。损耗是一种常见的无响应形式，当一些单位在数据收集轮之间从样本中遗失时，就会发生这种情况：例如，移民可能没有被全部跟踪调查。

在影响评估的背景下，由于无响应而导致的样本损耗尤其成问题，因为它们可能会在实验组和对照组之间产生差异。例如，两组的自然减员可能不同：如果数据是在项目开始实施后收集的，实验单位之间的响应率可能高于对照单位的响应率。这种情况可能会发生，因为对照单位不高兴没有被选中，或者更有可能迁移。问卷本身也可能出现无响应，通常是因为某些指标缺失或特定单位的数据不完整。

如果测量是系统性的，则测量误差是另一种可能产生偏差的问题。测量误差是响应者提供的特性值与真实值（但未知）之间的差异（Kasprzyk，2005）。这种差异可以追溯到调查问卷的措辞方式或数据收集方法的选择，也可以追溯到调查问卷的受访者或给出答案的受访者。

影响评估的质量直接取决于所收集数据的质量。在数据收集过程中，需要向所有利益攸关方明确质量标准；在统计员培训和参考手册中应特别强调这些标准。例如，制定详细的程序以最小化无响应现象或（如果可以）替换样品中的单位是有必要的。数据收集机构必须清楚了解可接受的无响应率和损耗率。为了提供一个基准，许多影响评估的目标是将无响应和损耗控制在5%以下。目标将取决于影响评估的时间和分析单位：基线调查后不久进行的调查预计自然减员相对较低，而多年后跟踪个人的长期影响评估自然减员相对较高。在流动人口很强的人口中，预计也会有较高的损耗率。调查对象有时会得到补偿，以尽量减少不响应，但引入此类补偿需要仔细考虑。有时，一旦确定了所有要跟踪的单元，这些单元的一个子样本将被随机选择用于非常密集的跟踪，

[①] 当某些样本的数据缺失或不完整时，会出现无响应现象。无回应会造成评价结果的偏差。

这可能包括额外的努力或某种形式的补偿。无论如何，与数据收集机构签订的合同必须包含明确的激励措施，例如，如果无响应率保持在可接受的阈值以下，则应提供更高的补偿。

必须为数据收集过程的所有阶段建立明确的质量保证程序，包括抽样程序和问卷的设计、准备阶段、数据收集、数据录入以及数据清理和存储。

应高度重视现场调查期间的质量检查，以尽量减少每个单元的错误。对于没有提供任何信息或信息不完整的单位，必须有明确的复核程序。在质量控制过程中应引入多个审核机制：例如，通过让统计员、监督员和现场协调员（如有必要）重新访问无应答单位，以验证它们的状态。无应答访谈问卷仍然应该清楚地编码和记录。一旦数据被完全数字化，就可以汇总无应答率，并对所有抽样单位进行充分说明。

质量检查也应对任何不完整数据，为一个对特定的调查单位。同样，质量控制过程应包括多个监督机构。其中，统计员负责在收集数据后立即检查数据。主管和现场协调员应在后期进行随机检查。

测量误差的质量检查更加困难，但对于评估信息是否准确收集至关重要。可以在问卷中加入一致性检查。此外，监督员或质量控制员需要通过参与访谈的方式进行抽查，以确保统计员按照既定的质量标准收集数据。可以在影响评估调查的子样本中进行回溯检查或质量审计，以确保收集的数据准确。这可以通过对比质量控制人员收集的问卷子集，与同一名被调查者之前的答案进行比较来实现。

现场协调员或评估团队成员也应参与质量检查，以尽量减少调查公司内部潜在的利益冲突。也可以考虑与外部机构签订合同，以审计数据收集活动的质量。这样做可以大大限制由于缺乏对数据收集团队的监督或不充分的质量控制程序所造成的问题范围。

最终，至关重要的是，在调试数据收集时，涉及检查质量的所有步骤都要在职权范围内明确规定。

（4）处理和存储数据。数据的处理和验证是收集新调查数据的组成部分。它包括将纸笔调查中数字化信息的步骤，以及使用笔记本电脑、智能手机、平板电脑或其他设备验证纸笔调查和电子数据收集的步骤。当使用纸笔调查时，必须制定数据输入程序，并建立一个系统来管理要数字化的数据流。必须建立规范和程序，必须对数据输入操作员进行精心培训，以确保数据输入的一致性。在可能的情况下，应将数据输入工作纳入数据收集工作（包括在试点测试阶段），以便在实地调研及时发现和验证收集数据的任何问题。总的来说，数据输入过程的质量基准应该是将原始物理数据在数字化版本中准确复制，在数据输入过程中不做任何修改。为了尽量减少数据输入错误，可以使用双盲数据输入程序来识别和纠正任何输入错误。可以使用计算机辅助现场调查法（Computer Assisted Field Entry，CAFE），通过纸笔调查收集数据，然后在现场将其数字化，并立即对其进行有效测定，以识别错误和不一致之处。

对于纸笔调查和依赖电子数据收集的调查，可以开发程序来执行可能在检查现场发生的非抽样错误（项目无响应和不一致），并验证数据。如果验证过程被整合到现场工作程序中，则可以将不完整或不一致的数据提交给现场工作人员进行验证。

这种整合对现场操作工作的组织流程并非没有挑战，但它可以在质量上产生实质性的收益，减少测量误差，并提高影响评估的统计能力。在规划数据收集时，应明确考虑使用这种综合方法的可能性。新技术的使用可以促进这些质量检查。

如前所述，数据收集包括一组操作，其复杂性不应低估。专栏 16–5 讨论了评估尼加拉瓜 Atención 危机试点项目的数据收集过程中，获得了高质量的数据，损耗和项目无响应非常低，测量和处理误差很少。只有在数据收集时制定了数据质量程序和适当的激励措施，才能获得这种高质量数据。

【专栏 16–5】

尼加拉瓜 Atención 危机试点项目评估数据收集

2005 年，尼加拉瓜政府启动了 Atención（Atención a Crisis pilot program）危机试点项目。我们开展了一项研究，以评估有条件的现金转移（CCT）与生产性转移（如为非农业活动投资或职业培训提供捐赠）相结合的影响。Atención a 危机试点项目是在世界银行的支持下，由家庭尝试组织实施。

评估采用了两个阶段随机分配法。首先，将 106 个目标社区随机分配给对照组或实验组。其次，在实验社区内，符合条件的家庭被随机分配到三个福利方案中的一种：有条件的现金转移；有条件的现金转移加上一项奖学金，允许一名家庭成员在系列职业培训课程中进行选择;有条件的现金转移加上生产性投资赠款,鼓励受益人开展小型非农业活动,以创造资产和实现多样化收入为目标(Macours、Premand 和 Vakis,2012)。

2005 年开展了基线调查,2006 年开展了第一次后续调查,2008 年在干预结束两年后进行了第二次后续调查。在数据收集的每个阶段都进行了严格的质量检查。首先,调查问卷经过了彻底的实地测试,并对统计员进行了课堂和调研条件的培训。其次,建立现场监督机制,所有问卷都由编审员、监督员、现场协调员和其他审查人员多次修改。最后,采用双盲数据录入系统,并采用全面的质量检查程序,以识别不完整或不一致的问卷。如果调查问卷在某些问题上存在信息缺失或不一致,则会系统地将问卷送回现场进行验证。这些程序和要求在数据收集公司的职权范围中要明确规定。

此外,还制定了详细的跟踪程序,以尽量减少人员流失。开始时,与社区领导人的密切合作,于 2008 年对居住在实验社区和对照社区的家庭进行了全面普查。由于居民迁徙很普遍,调查公司被激励在全国范围内跟踪个人流动情况。因此,在 2009 年初的 4 359 户家庭中,只有 2% 无法接受采访。调查公司还被委托跟踪 2005 年调查家庭中的所有成员。同样,只有 2% 的计划迁徙对象无法追踪到,(另有 2% 的人死亡)。2005 年接受调查的家庭中,所有儿童的流失率为 3%,所有个人的流失率为 5%。

自然减员率和无应答率是调查质量的一个好指标。要达到非常低的人员流失率,需要数据收集公司付出巨大的努力,同时也需要明确的激励措施。追踪调查家庭或个人的单位成本也要高得多。此外,彻底的质量检查增加了成本,拉长了数据收集时间。尽管如此,在 Atención 危机试点项目中,样本在基线后的三年到四年内仍然在家庭和个人层面上具有代表性,测量误差最小化,评估数据的可靠性得到了保证。因此,可以令人信服地分析 Atención 危机试点项目的长期影响。

资料来源:Macours、Premand 和 Vakis,2012。

在数据收集过程结束时,数据集应随详细文档一起交付,包括完整的代码簿和数据字典,并存储在安全的位置(见专栏 16-6)。如果收集数据是为了用于影响评估,则数据集还应包括治疗状态和项目参与的补充信息。一套完整的文件将加快对影响评估数据的分析,有助于及时产生可用于决策的结果,并促进信息共享和潜在的复制。

【专栏 16-6】

数据记录和存储指南

数据文档中的关键指引是要记录所有的影响评估数据。具体包括数据收集原型、调查问卷、培训手册等。此外,世界银行、泛美开发银行和千年挑战公司等都有开放数据倡议,通过数据目录公开这些数据。

数据存储可以分为三类:微观数据、宏观数据和标识(ID)控制文件。

(1) 微观数据是指在观察单位层面上的匿名数据,不包括任何个人身份信息。相关识别变量已通过 ID 匿名化,这些 ID 仅与 ID 控制文档中的受访者信息相关。

(2) 控制文档包含匿名信息之前的完整信息。它们应该只保存在一个安全的服务器中,而不能包括在一个数据目录中。

(3) 宏观数据包括所有与微观数据解释相关的支撑性文件,如数据字典、代码本、研究设计说明和问卷。

对宏观数据和微观数据进行编目有助于保护数据的安全,并遵循数据存储的国际标准。与计算机硬盘或便携式存储设备相比,中央数据目录更不易发生故障或黑客攻击。在某些数据目录中,数据在公开之前可以使用密码保护一段时间。

【本章补充材料】

(1) 有关本书的辅助材料和其他补充资源的超链接,请参见《政策影响评估实践》官网(http://www.worldbank.org/ieinpropice)。

(2) 有关问卷设计的指南,请参阅加州大学应用影响评估方法课程中的"应用实地考察"模块(http://aie.cega.org)。

(3) 有关数据收集的博客文章,请参阅世界银行发展影响博客上的精选文章列表(http://blogs.worldbank.org/impactevaluations)。

(4) 有关数据收集的更多信息,请参阅以下内容:

√ Fink. Arlene G. and Jacqueline Kosecoff. 2008. How to Conduct Surwys: A Step by Step Guide, fourth edition. London: Sage.

√ Iarossi, Giuseppe. 2006. The Power of Survey Design: A User's Guide for Managing Surveys, Interpreting Results, and Influencing Respondents. Washington, DC: World Bank.

√ Leeuw, Edith, Joop Hox, and Don Dillman. 2008. International Handbook of Survey Methodology. New York: Taylor & Francis Group.

（5）有关数据收集活动和数据质量监督的更多信息，请参阅世界银行影响评估工具包，数据收集模块5（http://www.worldbank.org/health/impact-evaluationtoolkit）。该模块包括一些调查报告、培训项目、家庭和健康设施的一些例子。

（6）有关准备调查的各种指导材料，请参见泛美开发银行评估中心（http://www.iadb.org/evaluationhub）。在数据收集部分，可以下载以下参考资料：

√ 问卷设计者手册。

√ 数据输入手册。

√ 几种不同类型调查的同意书、问卷样本、数据录入程序和实地调查手册，包括针对家庭、社区、卫生设施、学校和农民的调查。

√ 与调查问题和问卷示例的链接。

√ 高质量数据收集指南链接。

√ 国际家庭调查网（IHSN）网站上提供了用于数据存储和管理的工具。

（7）有关数据文档为什么重要、如何完成以及评估团队中的负责人的更多信息，请参阅世界银行影响评估工具包，数据存储模块6（http://www.worldbank.org/health/infectevaluationtoolkit）。

【本章参考文献】

［1］Baird, S., and B. Özler. 2012. "Examining the Reliability of Self-reported Data on School Participation." Journal of Development Economics 98 (1):

89 – 93.

［2］Bardasi, E., K. Beegle, A. Dillon, A., and P. Serneels. 2011. "Do Labor Statistics Depend on How and to Whom the Questions Are Asked? Results from a Survey Experiment in Tanzania." The World Bank Economic Review 25 (3): 418 – 447.

［3］Beegle, K., C. Carletto, and K. Himelein. 2012. "Reliability of Recall in Agricultural Data." Journal of Development Economics 98 (1): 34 – 41.

［4］Beegle, K., J. De Weerdt, J. Friedman, and J. Gibson. 2012. "Methods of Household Consumption Measurement through Surveys: Experimental Results from Tanzania." Journal of Development Economics 98 (1): 3 – 18.

［5］Caeyers, Bet, Neil Chalmers, and Joachim De Weerdt. 2012. "Improving Consumption Measurement and Other Survey Data through CAPI: Evidence from a Randomized Experiment." Journal of Development Economics 98 (1): 19 – 33.

［6］Chetty, R., J. N. Friedman, and E. Saez. 2013. "Using Differences in Knowledge across Neighborhoods to Uncover the Impacts of the EITC on Earnings." American Economic Review 103 (7): 2683 – 2721.

［7］Das, J., and J. Hammer. 2007. "Money for Nothing: The Dire Straits of Medical Practice in Delhi, India." Journal of Development Economics 83 (1): 1 – 36.

［8］Fafchamps, Marcel, David McKenzie, Simon Quinn, and Christopher Woodruff. 2012. "Using PDA Consistency Checks to Increase the Precision of Profits and Sales Measurement in Panels." Journal of Development Economics 98 (1): 51 – 57.

［9］Ferraz, C., and F. Finan. 2008. "Exposing Corrupt Politicians: The Effects of Brazil's Publicly Released Audits on Electoral Outcomes." The Quarterly Journal of Economics 123 (2): 703 – 745.

［10］Fink, A. G., and J. Kosecoff. 2008. How to Conduct Surveys: A Step by Step Guide, fourth edition. London: Sage.

［11］Galiani, S., P. Gertler, and E. Schargrodsky. 2005. "Water for Life: The Impact of the Privatization of Water Services on Child Mortality." Journal of Political Economy 113 (1): 83 – 120.

［12］Galiani, Sebastian, and Patrick McEwan. 2013. "The Heterogeneous Impact of Conditional Cash Transfers." Journal of Public Economics 103: 85 – 96.

[13] Gertler, Paul, Paula Giovagnoli, and Sebastian Martinez. 2014. "Rewarding Provider Performance to Enable a Healthy Start to Life: Evidence from Argentina's Plan Nacer." Policy Research Working Paper 6884, World Bank, Washington, DC.

[14] Glewwe, Paul. 2005. "An Overview of Questionnaire Design for Household Surveys in Developing Countries." In Household Sample Surveys in Developing and Transition Countries. New York: United Nations.

[15] Glewwe, Paul, and Pedro Olinto. 2004. "Evaluating the Impact of Conditional Cash Transfers on Schooling: An Experimental Analysis of Honduras' PRAF Program." Final report. University of Minnesota and IFPRI – FCND.

[16] Grosh, Margaret, and Paul Glewwe, eds. 2000. Designing Household Survey Questionnaires for Developing Countries: Lessons from 15 Years of the Living Standards Measurement Study. Washington, DC: World Bank.

[17] Holla, Alaka. 2013. "Measuring the Quality of Health Care in Clinics." World Bank, Washington, DC. http://www.globalhealthlearning.org/sites/default/files/page – files/Measuring%20Quality%20of%20Health%20Care_020313.pdf.

[18] Iarossi, G. 2006. The Power of Survey Design: A User's Guide for Managing Surveys, Interpreting Results, and Influencing Respondents. Washington, DC: World Bank.

[19] Kasprzyk, Daniel. 2005. "Measurement Error in Household Surveys: Sources and Measurement." In Household Sample Surveys in Developing and Transition Countries. New York: United Nations.

[20] Leeuw, E., J. Hox, and D. Dillman. 2008. International Handbook of Survey Methodology. New York: Taylor & Francis Group.

[21] Macours, Karen, Patrick Premand, and Renos Vakis. 2012. "Transfers, Diversifi – cation and Household Risk Strategies: Experimental Evidence with Implications for Climate Change Adaptation." Policy Research Working Paper 6053, World Bank, Washington, DC.

[22] McKenzie, David, and Mark Rosenzweig. 2012. "Symposium on Measurement and Survey Design." Journal of Development Economics 98 (May 1): 1 –

148.

[23] Morris, Saul S., Rafael Flores, Pedro Olinto, and Juan Manuel Medina. 2004. "Monetary Incentives in Primary Health Care and Effects on Use and Coverage of Preventive Health Care Interventions in Rural Honduras: Cluster Randomized Trial." Lancet 364: 2030 – 2037.

[24] Muñoz, Juan. 2005. "A Guide for Data Management of Household Surveys." In Household Sample Surveys in Developing and Transition Countries, chapter 15. New York: United Nations.

[25] Planas, M – E, P. J. García, M. Bustelo, C. P. Carcamo, S. Martinez, H. Nopo, J. Rodriquez, M – F Merino, and A. Morrison. 2015. "Effects of Ethnic Attributes on the Quality of Family Planning Services in Lima, Peru: A Randomized Crossover Trial." PLoS ONE 10 (2): e0115274.

[26] Pradhan, M., and L. B. Rawlings. 2002. "The Impact and Targeting of Social Infrastructure Investments: Lessons from the Nicaraguan Social Fund." World Bank Economic Review 16 (2): 275 – 295.

[27] UN (United Nations). 2005. Household Sample Surveys in Developing and Transition Countries. New York: United Nations.

[28] Vermeersch, Christel, Elisa Rothenbühler, and Jennifer Sturdy. 2012. Impact Evaluation Toolkit: Measuring the Impact of Results – Based Financing on Maternal and Child Health. World Bank, Washington, DC. http://www.worldbank.org/health/ impactevaluationtoolkit.

第十七章 结论

影响评估：有价值但复杂的练习

影响评估旨在生成证据，说明哪些项目有效、哪些无效，以及如何改进它们以实现更好的发展成果。这可以在一个经典的影响评估框架中完成，比较实验组和对照组之间的结果。还可以进行影响评估，以探索项目内的替代实施方案、测试创新或跨项目评估比较绩效。

我们认为，影响评估对于许多项目来说是一项值得的投资。再加上监测和其他形式的评估，它们提高了对特定政策有效性的理解；它们有助于改善项目管理者、政府、资助者和公众的问责制；它们为如何更有效地分配稀缺发展资源的决策提供信息；它们丰富了全球关于发展领域哪些措施有效、哪些无效的知识储备。

清单：精心设计的影响评估核心要素

影响评估是一项复杂的工作，有许多活动部件。以下清单强调了精心设计的影响评估核心要素：

（1）一种基于变化理论的、具体且相关的政策问题，可以通过影响评估来回答；

（2）为估算出显示评估项目与相关结果之间因果关系的反事实；

（3）完善的评估团队，盈余政策团队和研究团队之间组建良好的合作关系；

（4）在评估的设计和实施，以及相关数据的收集中，尊重道德标准，并

考虑到人类受试者,并关注开放科学原则,以确保透明度;

(5) 具有足够统计效力的样本,方便检测出政策相关的影响;

(6) 能够提供可推广到相关人群的结果方法和样本;

(7) 高质量数据,提供影响评估所需的适当信息,包括实验组和对照组的数据、基线和后续调查数据,以及计划实施的成本信息;

(8) 通过实施影响评估为政策对话提供信息的参与战略,以及及时向主要人类受试者分发影响评估报告和相关政策简报。

清单:减轻影响评估中常见风险的提示

我们还强调了一些提示,有助于减轻影响评估过程中固有的常见风险:

(1) 影响评估设计最好在项目实施初期,最好是作为项目设计的一部分,但至少要在项目实施之前进行。早期规划有利于选择最佳可用方法来开展前瞻性评估设计,并在项目实施之前提供项目规划和实施评估领域基线数据收集所需的时间。

(2) 影响评估结果应根据互补的过程评估和监测数据为基础,以清晰地描述项目实施情况。当项目成功时,了解原因很重要。当项目失败时,重要的是要区分实施效果不佳的项目和设计有缺陷的项目。

(3) 应收集适当的基线数据,并在影响评估设计中建立备选方法。如果原评估设计无效(例如,因为原来的对照组获得了项目福利),则设计备用项目可以帮助避免完全放弃影响评估。

(4) 应在观察单位的不同数据源之间维护一种通用标识符,以便在分析过程中轻松链接它们。例如,特定家庭在监测系统、基线影响评估调查和后续影响评估调查中应具有相同的标识符。

(5) 影响评估对了解项目如何运作以及测试项目替代方案都非常有用,甚至对正在进行的大型项目也是如此。精心设计的影响评估可以帮助测试创新,或提供对现有项目中捆绑提供的各种商品和服务相对有效性的见解。在大型评估的背景下,将一个额外的项目创新作为试点,可以利用评估为未来的决策提供有价值的信息。

（6）影响评估应被视为项目操作的另一个组成部分，并应配备充足的人员和预算，以及所需的技术和财务资源。对实施影响评估的成本和复杂性要现实一些。从头开始设计评估和收集基线数据的过程通常需要一年或更长时间。一旦项目开始实施，实验组需要足够长的时间接受干预以影响结果。根据项目的不同，这可能需要一年至五年的时间，或者更长的时间才能取得长期成果。收集一项或多项后续调查、分析并传播项目成果也需要数月甚至数年的努力。总而言之，从开始到结束的完整影响评估周期通常需要至少三年至四年的密集工作和参与。每一步都需要充足的财力和技术资源。

最终，个人影响评估为具体政策问题提供了具体答案。尽管这些答案提供的信息是针对特定实体的调试和评估付费定制的，但它们也提供了对世界各地的其他人有价值的信息，可以根据证据学习和作出决策。例如，非洲、亚洲和欧洲的现金转移计划借鉴了哥伦比亚的"家庭行动"计划、墨西哥的"进步"计划和其他拉丁美洲有条件现金转移计划的初始评估结果。因此，影响评估在一定程度上是一种全球公共产品。通过一次影响评估产生的证据增加了对该主题的全球知识。然后，这个知识库也可以为其他国家和地区的政策决策提供信息，并适时关注外部有效性。国际社会已迅速采取行动，加大对严格评估的支持力度。

在国家层面，更加成熟和要求更高的政府希望展示醒目成果，并对其核心选民更加负责。评价越来越多地由领导国家评价议程而专门设立了国家和地区职能部门和政府机构进行，例如墨西哥国家社会发展政策评价理事会和南非绩效监测与评价部。影响评估的证据也被用来为国会和议会在国家层面的预算拨款提供信息。在根据确凿证据和最终结果来评判项目的系统中，具有强有力的证据基础来捍卫积极成果的项目将能够蓬勃发展，而缺乏此类证据的项目将更难以维持资金。

世界银行和泛美开发银行等多边机构，以及国家发展机构、捐助国政府和慈善机构也要求提供更多和更好的关于有效利用发展资源的证据。此类证据对于贷款或捐赠人的问责，以及如何最好地分配稀缺的发展资源的决策都是必需的。

越来越多的机构主要致力于开展高质量的影响评估，包括来自学术领域的机构，如贫困行动实验室、贫困行动创新和有效的全球行动中心，以及支持影响评估的独立机构，如国际影响评估倡议（3IE）。许多协会汇集了对这个主题感兴趣的评估从业者、研究人员和决策者团体，包括影响评估网络和区域协会，如非洲评估协会、拉丁美洲和加勒比经济协会影响评估网络等。所有这些努力都反映出影响评估在国际发展政策中的重要性日益凸显。

鉴于影响评估的增长，精通影响评估的语言对任何从业者来说都是一项不可或缺的技能，无论是为生计进行评估，还是签订影响评估合同，还是使用影响评估的结果进行决策。通过影响评估产生的此类严格证据可以成为发展政策对话的驱动力之一，为支持或反对发展项目和政策投资提供基础。影响评估的证据使政策制定者和项目经理能够就如何更经济地实现成果作出明智的决定。有了来自影响评估的证据，政策团队的工作就是将这些结果反馈到决策过程中，从而形成闭环。此类证据可以为政府、多边机构和捐助者的辩论、意见，以及最终为人力资源和货币资源分配决策提供信息。

基于证据的政策制定从根本上讲是为项目设计提供信息并更好地分配预算，以扩大具有成本效益的项目，减少无效项目，并在现有最佳证据的基础上改进项目。影响评估并不是纯粹的学术工作。影响评估是由回答对影响人们日常生活的政策问题的需求驱动的。关于如何最好地将稀缺资源用于反贫困项目、交通、能源、医疗、教育、安全网、小额信贷、农业和无数其他发展项目的决策，有可能改善全球人民的福利。至关重要的是，这些决定必须尽可能使用最严格的证据来作出。

词汇表

术语表中的斜体术语在其他地方也有定义。

［1］活动（activity）。采取的行动或开展的活动，通过这些行动或活动，调动资金、技术援助和其他资源投入等，以产生特定的产出，如花费的资金、分发的教科书或参加就业培训的人数。

［2］管理数据（administration data）。作为项目管理的一部分，通常由公共或私人机构定期收集的数据，即在服务交付时收集的数据，包括提供的服务、成本和项目参与情况。监控数据是一种管理数据。

［3］备择假设（alternative hypothesis）。在统计学上，是与零假设相对的一个竞争性假设。在影响评估中，备择假设通常是指干预措施对结果产生影响的假设。

［4］损耗（attrition）。当一些单位在首轮数据收集和后续轮次的数据采集之间从样本中消失时，就会出现损耗，例如，当人们迁徙而无法定位时。损耗是单位无响应的一种情况。损耗会在影响评估中产生偏差。

［5］平均干预效果（Average treatment effect，ATE）。在完全依存的假设下，项目的影响；也就是说，分配给某个项目的所有单元实际上都注册了项目，并且没有一个对照单元接受项目。

［6］基线（baseline）。干预前的状态，可根据该状态评估进展或进行比较。在实施项目或政策之前收集基线数据，以评估之前的状态。基线数据的可用性对于记录实验组和对照组之间预编程特征的平衡非常重要。一些准实验设计需要基线数据。

［7］前后比较（before-and-after comparison）。也称为前后比较或反射性比较。该策略使用项目或政策实施前后的测量结果，跟踪项目受益人在一段时间内的结果变化情况，而不使用对照组。

［8］偏差（bias）。在影响评估中，偏差是指计算出来的影响与项目的真

实影响之间的差异。

［9］因果关系（casual effect）。参见影响。

［10］人口普查（census）。完整列举人口普查数据，涵盖人口中的所有单位，与样本对比。

［11］集群（cluster）。被分组并可能具有相似特征的单元。例如，就读于同一所学校的孩子会属于一个集群，因为他们共享相同的学校设施和教师，并且住在同一个社区。

［12］群集样本（cluster sample）。由集群组成的样本。

［13］比较组（comparison group）。也称为对照组，一个有效的比较组将具有与项目受益人组（实验组）平均相同的特征，除了比较组中的单位没有从项目中受益外。比较组被用来估计反事实。

［14］依存性（compliance）。当各单位遵守它们被分配给实验组或对照组的安排，就发生依从性。

［15］情境平衡效应（context equilibrium effects）。当干预影响特定环境中的行为或社会规范时，就会发生溢出效应，如实验地点。

［16］对照组（control group）。也称为比较组（参见定义）。

［17］相关性（correlation）。表示两个或多个变量一起波动。

［18］成本效益分析（cost benefit analysis）。评估项目的总预期收益，与总预期成本进行比较。它试图以货币形式量化项目的所有成本和收益，并评估收益是否超过成本。

［19］成本效益分析（cost effectiveness analysis）。比较两个或多个项目或项目备选方案在达成共同成果方面的相对成本，如农业产量或学生考试成绩。

［20］反事实（counterfactual）。如果项目参与者没有参加项目（P），他们的结果（Y）会是什么。根据定义，反事实是无法观察到的。因此，必须使用比较组进行估算。

［21］覆盖偏差（coverage bias）。当样本框与相关总体不完全一致时就会发生。

［22］交叉设计（crossover design）。也称为横切式设计。这是指随机分配两个或多个干预措施，从而可以估计单独干预和组合干预措施的影响。

［23］数据挖掘（data mining）。操纵数据以搜索特定结果的实践。

[24] 因变量（dependent variable）。通常是结果变量。要解释的变量，与解释变量相反。

[25] 双重差分（difference - in - difference）。也被称为双重差异或DID。双重差分比较实验组和对照组之间随着时间变化的成果。这消除了这些群体之间不随时间变化的任何差异。

[26] 效果大小（effect size）。干预引起的结果变化的幅度。

[27] 有效性研究（effectiveness study）。评估一个项目是否在正常条件下大规模工作。如果设计和实施得当，这些研究的结果可以比有效性研究更具普遍性。

[28] 效力研究（efficacy study）。评估程序是否能在理想条件下运行。这些研究是在非常特殊的情况下进行的，例如，在项目实施期间，研究人员需要有大量的技术参与。他们经常被用来测试一个新项目的可行性。在评估范围之外，他们的结果可能无法概括。

[29] 资格指数（eligibility index）。也称为强制变量。一种变量，它将相关总体沿着一个连续体排列，并具有一个阈值或临界值，以确定哪些人符合资格条件，哪些人不符合。

[30] 已注册和未注册的比较（enrolled - and - nonenrolled comparison）。也称为自选比较。该策略将选择注册的单位和选择不注册的单位的结果进行比较。

[31] 预估量（estimator）。在统计学中，预估量是用来从数据中估计一个未知的总体特征（技术上称为参数）的规则；估计是将规则实际应用于特定数据样本的结果。

[32] 评估（evaluation）。对已规划的、正在进行的或已完成的项目、计划或政策的定期、客观评估。评估用于回答特定问题，通常与设计、实施或结果相关。

[33] 评估团队（evaluation team）。进行评估的团队。它本质上是两个群体之间的合作关系：一个由政策制定者和项目经理组成的团队（政策团队），另一个是研究人员团队（研究团队）。

[34] 事前模拟（ex ante simulations）。使用可用数据模拟项目或政策改革对相关结果的预期影响评估。

[35] 解释变量（explanatory variable）。也称为自变量。用于回归方程右侧的变量，用来解释回归方程左侧的因变量。

[36] 外部有效性（external validity）。如果评估样本准确地代表了符合条件的单位群体，那么评估在外部是有效的。评估结果可以推广到符合条件的总人口。从统计上讲，要使影响评估在外部有效，评估样本必须代表相关群体。另请参阅内部有效性。

[37] 后续调查（follow-up survey）。也称为跟踪调查。在项目启动后开展的调查，一旦受益人从项目中受益一段时间，就进行的调查。一个影响评估可以包括几个后续调查，有时称为中期调查和最终调查。

[38] 一般平衡效应（general equilibrium effects）。当干预措施影响商品或服务的供应和需求，从而改变这些商品或服务的市场价格时会发生溢出效应。

[39] 通用性（generalizability）。在当地进行的评估结果在多大程度上适用于其他环境和其他人群。

[40] 霍桑效应（hawthorne effect）。仅当正在观察的样本使它们的行为或表现发生改变时，就会产生。

[41] 假设（hypothesis）。对可观察现象的解释。另见零假设和备择假设。

[42] 影响（impact）。也称为因果效应。在影响评估中，影响是直接归因于项目、项目模式或设计创新的结果变化。

[43] 影响评估（impact evaluation）。在项目或干预与一系列结果之间建立因果关系的评估。影响评估回答了一个问题：一个项目对相关结果的影响（或因果效应）是什么。

[44] 不完全依存（imperfect compliance）。预期实验状态与实际实验状态之间的差异。当分配给对照组的某些单位参与项目时，或分配给实验组的一些单位不参加项目时，就会出现不完全依存性。

[45] 指示（indicator）。衡量评估团队相关现象的变量。现象可以是输入、输出、结果、特征或属性。另请参阅SMART。

[46] 知情同意（informed consent）。保护人类受试者的基石之一。在影响评估的情况下，它要求受访者清楚地了解他们被要求参与的数据收集的目的、程序、风险和好处。

[47] 投入（input）。用于干预的财力、人力和物质资源。

［48］机构审查委员会（Institutional Review Board，IRB）。被指定审查、批准和监督涉及人类受试者的研究委员会。也称为独立伦理委员会（IEC）或伦理审查委员会（ERB）。

［49］工具变量（instrumental variable）。又称为"仪器变量"或"辅助变量"。工具变量法依赖于某些外部变异源或变量来确定实验状态。工具变量影响参与某项目的可能性，但它超出了参与者的控制范围，与参与者的特征无关。

［50］意向处理（Intention－To－Treat，ITT）。ITT估计值测量分配给实验组的单位与分配给对照组的单位之间的结果差异，而不管分配给任一组的单位是否实际参与项目。

［51］内部有效性（internal validity）。如果评估通过有效的对照组提供了对反事实的准确估计，那么该评估就是内部有效的。

［52］干预（intervention）。在影响评估中，这是要评估的项目、计划、设计创新或政策。也称为治疗。

［53］集群内相关性（intra－cluster correlation）。也称为类内关联。这是与其他集群中的单位相比，预先存在的群组或集群内的单位之间结果或特征的相似程度。例如，与未就读同一所学校的儿童相比，就读同一学校的儿童通常在居住地区或社会经济背景方面更为相似或相关。

［54］项目无响应（item nonresponse）。当某些采样单位的数据不完整时发生。

［55］约翰·亨利效应（john Henry effect）。约翰·亨利效应发生在比较单位更加努力地补偿没有参与项目的情况下。当我们将实验单元与那些更努力的对照单元进行比较时，对项目影响的估计会有偏差。也就是说，如果对照单元没有作出额外的努力，我们将估计项目的影响比发现的真实影响要小。

［56］缺乏共同支持（lack of common support）。当使用匹配方法时，缺乏共同支持是指实验组或登记组的倾向得分与未登记组的倾向得分之间不存在重叠。

［57］局部平均处理效果（Local Average Treatment Effect，LATE）。该项目对特定人群分组（如在存在不完全依存性的情况下符合其分配给实验组或对照组的单位）或在应用断点回归设计时在分界点分数线附近估计的项目影

响。因此，LATE 仅提供项目影响的局部估计，不应推广到整个人口。

［58］匹配（matching）。一种非实验性影响评估方法，使用大数据集和统计技术，根据观察到的特征为给定实验组构建可能的最佳对照组。

［59］机制实验（mechanism experiment）。在项目变更理论中验证某一特定因果机制的影响评估，而不是检测整个项目的因果效应（影响）。

［60］最小可检测效果（minimum detectable effect）。最小可检测效果是统计效力计算的输入；也就是说，它提供了影响评估设计的影响大小，以估计给定的显著性和影响力水平。评价样本需要足够大以检测具有足够统计效力的与策略相关的最小可检测效果。最小可检测效果是通过考虑结果的变化来确定的，这将证明干预措施的投资是合理的。

［61］综合方法（mixed methods）。结合定量和定性数据的分析方法。

［62］监测（monitoring）。收集和分析信息以评估项目、规划或政策执行情况的持续过程。监测通常跟踪投入、活动和产出，但有时也包括结果。监测用于为日常管理和决策提供信息。它还可以用于跟踪性能与预期结果，跨项目进行比较，并分析一段时间内的变化趋势。

［63］监测数据（monitoring data）。来自项目监控的数据，提供了实施干预措施的基本信息，包括受益人以及他们可能获得的项目收益或产出。监控数据是一种管理数据。

［64］无响应（nonresponse）。当某些采样单位的数据丢失或不完整时会发生。当某些样本个体没有可用信息时，即当实际样本与计划样本不同时，就会出现单位无响应现象。单位不响应的一种形式是损耗。当某些采样单元在某个时间点的数据不完整时，就会出现无响应。如果无响应与实验状态相关，则可能会导致评估结果出现偏差。

［65］零假设（null hypothesis）。根据观测数据可能被证伪的假设。零假设通常提出一般或默认立场。在影响评估中，零假设通常是项目没有影响；也就是说，实验组和对照组的结果差异为零。

［66］开放科学（open science）。旨在使研究方法更加透明的运动，包括通过实验注册、使用预分析计划、数据文档和注册。

［67］结果（outcome）。以项目受益程度衡量的相关结果。成果是指受益人使用项目产出后取得的成果。结果不受项目实施机构的直接控制，它们既受

项目实施（其提供的活动和产出）的影响，也受项目受益人行为反应（受益人对其接触到的利益的使用）的影响。结果可以是中期的，也可以是最终的（长期的）。最终结果是更遥远的结果。距离可以用时间来解释（需要更长的时间才能达到结果），也可以用因果关系来解释（达成结果需要许多因果关系，并且有多种因素影响）。

[68] 产出（output）。由项目活动直接生产（提供）的有形产品、商品和服务。交付结果直接受控项目执行机构。受益人使用产出有助于成果的变化。

[69] 安慰剂试验（placebo test）。用于评估方法背后的假设是否成立的证伪测试。例如，当应用双重差分法时，可以通过使用假实验组或假结果来实施安慰剂测试。也就是说，已知一个组或结果没有受到项目的影响。安慰剂测试不能确认假设成立，但可以在假设不成立的情况下突出案例。

[70] 相关人群（population of interest）。有资格接受干预或治疗的所有单位（如个人、家庭、公司、设施）的综合小组，其影响评估旨在评估项目影响。

[71] 效力（或统计效力）（power/statistical power）。当项目实际存在影响时，影响评估将检测到影响（即实验组和对照组之间的差异）的概率。统计效力等于1减去第Ⅱ类错误的概率，范围从0到1。常见的统计效力水平为0.8至0.9。统计效力越高越保守，这意味着没有检测到实际项目影响的可能性很低。

[72] 统计效力计算（power calculation）。确定影响评估所需的样本大小的计算，以准确估计项目的影响：即允许我们检测最小可检测效果的最小样本规模。统计效力计算还取决于相关结果的统计效力（或第Ⅱ类误差的可能性）、显著性水平、平均值、方差和聚类相关性等参数。

[73] 概率抽样（probabilistic sampling）。一种采样过程，为从样本框中提取的每个单元分配一个明确定义的概率。它们包括随机抽样、分层随机抽样和聚类抽样。

[74] 过程评估（process evaluation）。一种侧重于项目如何实施和运行的评估，评估它是否符合其原始设计，并记录其开发和运行。与影响评估形成对比。

[75] 倾向性得分（propensity score）。在使用匹配方法进行影响评估的情

况下,倾向性得分是一个样本个体根据观察到的特征加入项目的概率。该分数是一个介于 0~1 的实数,它总结了所有观察到的特征对注册项目可能性的影响。

[76] 倾向性得分匹配(propensity score matching)。一种根据倾向得分为给定的实验组找到比较组的匹配方法。

[77] 前瞻性评估(prospective evaluation)。在项目实施前设计并实施的评估。预期评估被嵌入项目实施计划。与回顾性评估相对应。

[78] 准实验方法(quasi-experimental method)。影响评估方法不依赖于随机分配的实验。双重差分法、断点回归设计和匹配法是准实验方法的示例。

[79] 随机分配或随机对照试验(randomized assignment or randomized controlled trials)。影响评估方法,使每个符合条件的单位(如个人、家庭、企业、学校、医院或社区)都有可能被某个项目选中接受治疗。由于单位数量足够多,随机分配过程确保了实验组和对照组观察到的和未观察到的特征相等,从而排除了选择偏差。随机分配被认为是估计反事实最稳健的方法,通常被称为影响评估的黄金标准。

[80] 随机推广(randomized promotion)。估计项目影响的工具变量法。该方法随机为一组单位分配推广或鼓励参加项目。随机推广旨在增加在人口中随机选择的子样本自愿参加项目的接受程度。项目推广可以采取额外的激励、刺激或信息等形式,以激励单位参加项目,而不会直接影响相关结果。这样,该项目可以向所有符合条件的单位开放。

[81] 随机样本(randomized sample)。基于概率抽样而绘制的样本,由此样本框中的每个单元具有已知的绘制概率。选择随机样本是避免样本不具有代表性的最佳方法。随机抽样不应与随机分配相混淆。

[82] 回归分析(regression analysis)。用统计学方法分析因变量(待解释变量)和解释变量之间的关系。回归分析通常不足以捕捉因果效应。在影响评估中,回归分析是一种表示结果指标 Y 值(因变量)与独立变量之间关系的方法,该独立变量在其他特征保持不变时,自动捕捉了实验组或对照组的分配。实验组和对照组的分配以及其他特征都是解释变量。回归分析可以是单变量(如果只有一个解释变量;在影响评估的情况下,唯一的解释变量是对实验组或对照组的赋值)或多变量(如果有几个解释变量)。

［83］断点回归设计（Regression Discontinuity Design，RDD）。一种准实验性影响评估方法，可用于依赖于连续指数对潜在参与者进行排名的项目，并且该项目沿指数有一个临界点，以确定潜在参与者是否有资格参与项目。项目资格的临界值为实验组和对照组提供了一个分界点。将处于分界点一侧的参与者的结果与另一侧的非参与者的结果进行比较。当所有单位都符合根据其资格指数及其对应的任务时，RDD 被称为"精准"的断点回归设计。如果在截止日期的任何一方都符合要求，RDD 则被称为是"模糊"的断点回归设计。

［84］结果链（results chain）。通过解释如何实现开发目标来阐明项目逻辑。它阐明了期望改善结果的投入、过程和产出的顺序。

［85］回顾性评估（retrospective evaluation）。项目实施后（事后）设计的评估。与前瞻性评估相对应。

［86］样本（sample）。在统计学中，样本是相关人群的子集。通常情况下，人口非常庞大，使人口普查或对人口中的所有值进行完全枚举是不切实际或不可能的。相反，研究人员可以选择人口的代表性子集（使用抽样框架），并收集样本的统计数据；这些可以用来做推论或推断人口。这一过程称为取样。与人口普查相比。

［87］抽样（sampling）。从相关群体中构建的样本框中提取样本个体的过程。可以使用各种替代取样程序。概率抽样方法是最严格的，因为它们为要绘制的每个单元分配了一个明确定义的概率。随机抽样、分层随机抽样和聚类抽样都是概率抽样方法。非概率抽样（如有目的抽样或方便抽样）可能会产生抽样误差。

［88］样本框（sampling frame）。相关人群中单位的综合列表。需要足够的样本框，以确保分析样本得出的结论可以推广到整个人群。样本框和相关人群之间的差异造成了覆盖偏差。在存在覆盖偏差的情况下，样本结果对相关人群不具有外部有效性。

［89］选择（selection）。当项目参与是基于参与者或项目管理员的偏好、决定或不可观察到的特征时发生。

［90］选择偏差（selection bias）。当存在选择时，预测影响偏离真实影响时，就会受到选择偏差的影响。当未观察到的项目参与原因与结果相关时，通常会出现选择偏差。当比较组不合格或自行选择退出项目时，通常也会出现这

种偏差。

[91] 敏感性分析（sensitivity analysis）。分析对假设变化的敏感性。在统计效力计算的背景下，它有助于统计学家了解在更保守的假设下（如预期影响较低、结果指标差异较大或统计效力水平较高），所需样本量将增加多少。

[92] 统计显著性（significance）。统计显著性表示发生第Ⅰ类错误的可能性，即检测到实际上并不存在影响的可能性。显著性水平通常用希腊符号 α（alpha）表示。常用的显著性水平是10%、5%和1%。显著性水平越小，就越有信心估计的影响是真实的。例如，如果将显著性水平设置为5%，则可以认为如果确实发现了重大影响，那么95%的人相信该项目已经产生了影响。

[93] 显著性检验（significance test）。检验备选假设是否达到预先确定的显著性水平，以便优先于零假设被接受。如果显著性检验给出的p值低于统计显著性（α）水平，则拒绝零假设。

[94] SMART。具体的、可衡量的、可归因的、现实的和有针对性的。一般设置良好的指标具有这些特征。

[95] 溢出（spillovers）。当实验组直接或间接影响对照组的结果时发生（反之亦然）。

[96] 稳定单位处理值假设（Stable Unit Treatment Value Assumption，SUTVA）。一个单位的处理结果不受其他单位处理的特定实验分配影响的基本要求。这对于确保随机分配产生无偏的影响估计是必要的。

[97] 统计能力（statistical power）。统计检验的威力是当备择假设为真时，检验将拒绝原假设的概率（也就是说，它不会产生第Ⅱ类错误）。随着统计能力的增加，发生第Ⅱ类错误的可能性降低。第Ⅱ类错误的概率称为假阴性率（β）。因此，统计效力等于 $1-\beta$。

[98] 分层样本（stratified sample）。通过将相关人群（样本框）分成几组（如男性和女性），然后在每组中抽取随机样本。分层样本是一个概率样本：每个组（或层）中的每个单位都有已知的绘制概率。如果每个群体都足够大，分层抽样就有可能不仅在总体水平上推断结果，而且在每个群体内得出结果。

[99] 替代偏差（substitution bias）。影响对照组的一种意外行为效应。未被选中接受项目的单位可能通过自主行动找到实验的良好替代品。

[100] 调查数据（survey data）。涵盖相关总样本的数据。与人口普查数

据形成对比。

[101] 合成控制法（synthetic control method）。一种特定的匹配方法，允许统计学家在单个单位（如国家、公司或医院）接受干预或暴露于某一事件的情况下估计其影响。该方法不是将实验单元与一组未实验单元进行比较，而是使用关于实验单元和未实验单元的特征信息，通过以合成对照单元与实验单元最接近的方式对每个未实验单元称重，来构建合成或人工比较单元。这需要对实验单元和未实验单元的特性进行长时间的跟踪观察。这种将对照单元组合成合成单元的方法为实验单元提供了比单独的任何未实验单元更好的比较。

[102] 变革理论（theory of change）。解释项目可以通过哪些渠道影响最终结果。它描述了一个特定项目、项目模式或设计创新如何以及为什么会达到预期结果的因果逻辑。考虑到研究的因果关系焦点，变革理论是任何影响评估的关键基础。

[103] 定常因素（time-invariant factor）。不随时间变化的因素，它是恒定的。

[104] 时变因素（time-varying factor）。随时间变化的因素。

[105] 实验（treatment）。参见干预。

[106] 实验组（treatment group）。也称为治疗组或干预组。实验组是接受干预的单位组，而不是不接受干预的对照组。

[107] 实验推断（Treatment-On-the-Tested，TOT）。TOT 估计值衡量实际参与实验的单位与对照组之间的产出差异。

[108] 第Ⅰ类错误（typeⅠerror）。也称为假阳性错误。拒绝零假设时犯的错误，即使零假设缺失成立。在影响评估的背景下，当评估得出某个项目产生了影响（即否定了无影响的零假设）时，即使实际上该项目没有影响（即零假设成立），也会出现第Ⅰ类错误。显著性水平是发生第Ⅰ类错误的概率。

[109] 第Ⅱ类错误（typeⅡerror）。也称为假阴性错误。接受（而不是拒绝）零假设时犯的错误，即使零假设不成立。在影响评估的背景下，即使项目确实产生了影响（即零假设不成立），当得出项目没有影响的结论（即没有影响的零假设不被拒绝）时，也会出现第Ⅱ类错误。犯第Ⅱ类错误的概率是1减去统计效力级。

[110] 单位（unit）。一个人、一个家庭、一个社区、一个企业、一所学

校、一所医院或其他可能接受或受项目影响的观察单位。

［111］ 单位无响应（unit nonresponse）。当某些单元的子集没有可用信息时，即当实际样本与预期样本不同时，就会出现这种情况。

［112］ 未观察到的变量（unobserved variable）。未被观察到的特征。这些特征可能包括动机、偏好或其他难以测量的性格特征。

［113］ 变量（variable）。在统计学术语中，表示可能变化的值的符号。

生态审计：环境效益声明

世界银行集团致力于减少其环境足迹。为实施这一承诺，出版和知识司提供了其位于世界各地区中心子书籍，并执行按需印刷的措施。这些举措共同降低了印刷量，缩短了运输距离，从而减少了纸张消耗、化学品使用、温室气体排放和废物。

出版与知识司遵循绿色印刷倡议制定的纸张使用标准。我们的大部分图书都是用森林管理委员会（Forest Stewardship Council，FSC）认证的纸张印刷的，几乎所有的书都含有50%—100%的可回收材料。我们书本中的再生纤维要么未经漂白，要么使用完全无氯（totally chlorine-free，TCF）、加工无氯（processed chlorine-free，PCF）或增强型无元素氯（enhanced elemental chlorine-free，EECF）工艺进行漂白。

有关世界银行环保理念的更多信息，请访问：http://www.worldbank.org/corporateresponsibility。

"《政策影响评估实践》简直是一部精品。它所倡导的影响评估方法，既追求科学可信，又注重工作实际。本书在这两个方面都提出了宝贵的见解，也是我在培训对影响评估相关专业人员时，采用的指定阅读书目。"

——丹·利维（Dan Levy），哈佛大学肯尼迪政府学院公共政策高级讲师，兼任"加强学习与卓越教学倡议"（the Strengthening Learning and Teaching Excellence Initiative）的主席。

"《政策影响评估实践》对当代发展议程作出了重大贡献。对政府、发展机构、大学和智库的评估人员来说，这是一本极其宝贵的资料。"

——莱昂纳德·旺切康（Leonard Wantchekon），普林斯顿大学政治学与国际事务教授、非洲经济学院创始人兼院长。

"本书旨在提供一本通俗易懂、全面清晰的影响评估指南。从评估的动机到不同方法的优势，再到统计效力计算和评估成本，本书都解释的非常清楚，其覆盖面之广泛也令人印象深刻。本书将成为被广泛参阅的指南,并将在未来数年内对政策制定产生影响。"

——奥拉西奥-阿塔纳西奥(Orazio Attanasio),伦敦大学经济学教授、英国财政研究所发展政策评估中心主任。

"新版《政策影响评估实践》的出版恰逢其时——不断增长的评估文化和兴趣,需要良好的技术工作来支持。《政策影响评估实践》对于评估人员、社会项目、政府部门以及其他致力于运用良好证据进行决策的人员来说,都是重要的参考资源。随着全球发展共同体减少贫困以及到2030年可持续发展目标任务的开展,影响评估的重要性与日俱增。"

——贡萨洛·埃尔南德斯(Gonzalo Hernandez),墨西哥国家社会发展政策评估委员会执行秘书。

关于《政策影响评估实践》的其他信息详见官网:http://www.worldbank.org/ieinpractice。